HEYNE BÜCHER
SACHBUCH

STEVE WALL

TÖCHTER DER WEISHEIT

Gespräche mit indianischen Frauen

Aufgezeichnet und fotografiert
von Steve Wall

Aus dem Englischen
von Karin Petersen

WILHELM HEYNE VERLAG
MÜNCHEN

HEYNE SACHBUCH
19/539

Titel der amerikanischen Originalausgabe:
WISDOM'S DAUGHTERS
Erschienen 1993 bei HarperCollins Publishers, New York

Umwelthinweis:
Dieses Buch wurde auf
chlor- und säurefreiem Papier gedruckt.

Ungekürzte Taschenbuchausgabe im
Wilhelm Heyne Verlag GmbH & Co. KG, München

Printed in Germany 1997
Lektorat: Matthias Wolf
Umschlagillustration: Bildagentur Mauritius/H. Schön, Mittenwald
Umschlaggestaltung: Atelier Adolf Bachmann, Reischach
Gesamtherstellung: Ebner Ulm

ISBN 3-453-12317-4

Für B. J.

Sie brachte mir bei,
was Liebe bedeutet.

Inhalt

Dank

Vor einiger Zeit sagte eine der Alten zu mir: »Wir sind Teil von dir.« Im Laufe der Zeit habe ich erkannt, wie wahr ihre Aussage ist. Deswegen bedanke ich mich bei allen Frauen in meinem Leben.

Einigen verdanke ich in einem ganz konkreten Sinne, daß es mich überhaupt gibt. Durch ihr Geben, ihre Geduld, Zärtlichkeit, Offenheit und absolute Ehrlichkeit sind meine Augen geöffnet worden, und ich kann aufrichtig sagen, daß ich wahre Liebe kennengelernt habe.

Kein Mensch erreicht etwas alleine. Wir sind alle miteinander verbunden, und viele sind nötig, damit etwas Wirklichkeit wird. Dieses Buch bildet keine Ausnahme.

Zuallererst muß ich meiner Familie danken. B. J. stellte sich auf mich ein, redigierte die ersten Fassungen und teilte während des gesamten Entstehungsprozesses ihre Weisheit mit mir. Lisa und Chris waren immer mit Liebe und Ermutigung für mich da und störten sich nie daran, daß sie als Zuhörerinnen herhalten mußten.

Auch andere trugen zu diesem Buch bei. Häuptling Leon Shenandoah, Tadodaho des Verbundes der sechs Stämme der Irokesen, unterstützte mich mit seiner Freundschaft und ständigen Ermutigung. Guy Crowe vertraute mir schon, bevor er mich richtig kennengelernt hatte, und auch noch danach.

Carl Bergman, ein Meisterkünstler der Fotografie, legte seine eigene Arbeit beiseite und nahm sich die Zeit, meine Fotos für dieses Buch fachmännisch zu entwickeln und für die Veröffentlichung vorzubereiten.

Mein aufrichtiger Dank geht auch an Hugh Van Dusen, den Cheflektor von HarperPerennial. Niemals ist mir ein Mensch von solchem Format und einer solchen geistigen Ausstrahlung und Aufrichtigkeit begegnet.

Beim Sammeln von Material zu diesem Buch und den weiteren Arbeiten daran ist mir mehr und mehr bewußt geworden, daß wir tatsächlich Teil voneinander sind. All den Menschen, die zu meinem Leben beigetragen und es bereichert haben, bin ich äußerst dankbar.

Vorwort

Ich bin ein Reisender, ein Grenzgänger. Etwa ein Jahrzehnt lang reiste ich mit dem Autor Harvey Arden hinter dem Wildledervorhang, traf mich mit vielen Männern und Frauen von den spirituellen Alten der amerikanischen Ureinwohner, nahm ihre Worte der Weisheit und uralten Philosophien auf, fotografierte ihre Familien und Gemeinschaften.

Nachdem ich mit Arden das Manuskript abgeschlossen hatte, das unter dem Titel *Wisdomkeepers* (dt.: »Hüter der Erde«) erschien, geriet ich ins Stolpern, und es schien, als würde mein Pfad sich vor meinen Augen verlieren. Auf der Suche nach einer Richtung erinnerte ich mich an die Worte einer Alten, die mich vor langer Zeit beschworen hatte: »Wir müssen unseren eigenen Pfad finden. Der Schöpfer hat jedem von uns einen Pfad gegeben. Das ist der einzige, den wir haben. Manchmal ist er schwer zu erkennen. Aber er ist da, direkt vor uns. Schau genauer hin und danke dem Schöpfer schon vorher dafür, daß er dir eine klare Richtung weist.« Schon bald stellte ich fest, daß mein Pfad mich – ohne daß ich wußte warum – wieder zu den Hütern der Weisheit führte. Diesmal leitete die Spur mich zu den indianischen Frauen, den Klan-Müttern, Glaubenshüterinnen, Müttern und Großmüttern – den Stammesmüttern des ursprünglichen Amerika. Sie sind die Trägerinnen des Lebens, die Vermittlerinnen des heiligen Wissens, die Hüterinnen der uralten Lebensweisen, das Herz der Stämme. Durch sie kommen und gehen die Generationen, bleibt die Weisheit der Jahrhunderte im Fluß. In ihrer Kultur als Bindeglied zwischen vergangenen Welten und Gegenwart hoch geachtet, werden sie verehrt, weil sie der kommenden Welt Leben schenken, sowohl körperlich als auch spirituell.

Schon kurz nachdem ich die Welt der *Töchter der Weisheit* betreten und damit begonnen hatte, die Tür zum Theater meiner verzerrten Wahrnehmungen zu schließen, erkannte ich, daß ich mich auf der tiefsten Ebene des menschlichen Dialogs befand. Wie schon andere vor mir glaubte auch ich, auf der Suche nach Geheimnissen zu sein, aber Geheimnisse sind fade – die offen und freiherzig geschenkte Wahrheit ist es, die uns verändert.

Indem ich zwei Grenzen auf einmal überschritt – diejenige zwischen Mann und Frau und die Grenze zwischen Weiß und Rot –, habe ich schließlich Barrieren überwunden, hinter die es kein Zurück mehr gibt. Zu meiner Überraschung habe ich dabei weniger über das Weibliche als vielmehr etwas darüber erfahren, was es heißt, männlich zu sein, und ich habe, statt über das Indianische, mehr über mein Leben als Weißer herausgefunden.

Indem ich die Frauen aufsuchte – was man als spirituelle Reise in meine eigene Seele bezeichnen könnte –, habe ich zum Brunnen gefunden, in dem das Leben sprudelt. Ich bin neben ihnen gegangen, während sie mir ihre innersten Gefühle mitteilten, habe ihnen zugehört, während sie mich sieben Generationen weit in die Zukunft mitnahmen, und ich habe mit ihnen an zahlreichen Zeremonien teilgenommen, zu denen ich eingeladen wurde. Ich bin überzeugt davon, daß die indianischen Prophezeiungen stimmen. Es ist in der Tat die Zeit, in der das Weibliche sich erhebt.

Jetzt geht die Arbeit weiter. Ich bin auf dem Weg in die Anden, auf der Suche nach dem Weg zum Kondor unter den Eingeborenen von Südamerika. Weitere Reisen wollen angetreten, weitere Grenzen überschritten werden.

Einleitung

Die Zeit der Frauen

»Ich weiß, was du tust. Es spricht sich herum.«

Ich hatte noch nicht einmal bemerkt, daß sie sich neben mich gesetzt hatte. Das Lächeln, das ihr unaufhörlich im Gesicht geschrieben stand, ließ sie viel jünger erscheinen, als sie tatsächlich an Jahren zählte. Ihre Augen blitzten und waren eine Spur schelmisch, andererseits war der Unterschied nicht zu übersehen, den ein langes Leben mit vielen Erfahrungen ausmacht. Ein Wissen umgab sie, ja, fast eine Andeutung von Hinterlistigkeit. Sie war der Typ Mensch, von dem du schwören könntest, daß du ihn schon immer gekannt hast.

Direkt, wie sie war, zeigte sie unverhohlen, daß sie etwas Bestimmtes vorhatte. Mit einer Frau wie ihr tauschte man keine oberflächlichen Nettigkeiten aus, auch wenn wir uns bei der traditionellen Zusammenkunft, die wir beide besuchten, schon früher begegnet waren.

»Es sind Kräfte am Werk, die die meisten von uns nicht anerkennen wollen«, begann sie. »Erst jetzt verstehst du soviel, daß dir diese Dinge eröffnet werden können. Ich komme vom Weiblichen her zu dir, denn *dies ist die Zeit der Frau,* die Zeit des Weiblichen. Wir haben unsere Prophezeiungen, und diese Dinge müssen bekannt werden.

Das Weibliche bewirkt den spirituellen Austausch. Oh, nichts gegen das Männliche. Handeln ist männlich. Produzieren ist männlich. Aber es muß einen Ausgleich geben. Wenn wir der freundlichen inneren Stimme lauschen, sind wir im Gleichgesicht. Aber paß auf! Es gibt zwei Stimmen; so ist es nun mal. Höre immer auf die gute Stimme, die, die sanfter spricht. Die andere Stimme ist dunkel, versucht zu herrschen und dich zu Dingen zu bewegen, die Zorn erwekken, dich selbstsüchtig machen und die verletzen. Jeder, der in diese Welt kommt, hat eine Aufgabe zu tun, und es gibt bestimmte Kräfte, die ihn leiten, damit diese Aufgabe gelingt. Um dafür den reinsten Ausdruck zu finden, mußt du seelisch und körperlich mit dem Geist zusammenwirken«, und dabei legte sie ihre beiden Zeigefinger zusammen, hob sie hoch vor ihr Auge und deutete damit direkt auf mich.

Dann fuhr sie fort: »Wir als an den Traditionen orientierte Indianer versuchen, danach zu leben, darum geht es bei unseren Zeremonien.

Die meisten Menschen kommen nie mit dem Geist in Berührung, weil sie über das Körperliche nicht hinauskommen können.« Hier machte sie eine Pause und klatschte einmal in die Hände.

Blitzartig, im Bruchteil einer Sekunde, war ich sexuell erregt. Ich hatte keinerlei Kontrolle über die Woge, die meinen Körper durchströmte. Es fühlte sich an, als würden sechs Paar Hände meinen Körper liebkosen. Ich war verlegen und begriff nicht, woher diese Stimulation kam. Sie lachte laut auf. »Wie ich schon gesagt habe, es gibt Verbindungen, die stimulierend wirken, ohne körperlich zu sein. Du mußt mich noch nicht einmal wollen, und trotzdem kann ich dich erreichen. Es gibt Kräfte«, sagte sie, zog eine Augenbraue hoch und warf mir einen schnellen, durchdringenden Blick zu. Dann flüsterte sie: »Die meisten jedoch kommen niemals mit dem Geist in Berührung. Das ist zu schade.

Andere kommen nicht über den Verstand hinaus . . . die Logik der Dinge.

Das Geistige erhält zu wenig Nahrung, aber es ist da. Frauen wissen, daß es da ist. Einige beginnen das zu begreifen und anzuerkennen. Ihr Männer begreift das besser auch!

Solange nicht alle das Geistige mit einbeziehen, wird es viel Unglück, Kriege, alle möglichen Formen von Drogenmißbrauch, Ansprüche, Verlangen, Hunger und unerfüllte Liebe geben. Es wird alle möglichen Formen von Gewalt zwischen Menschen, gegen Tiere, gegen die Erde und die ganze Schöpfung geben. Alle diese Schwierigkeiten reißen, auf lange Sicht gesehen, tiefe Wunden.

Jeder hat einen Pfad. Jeder! Um deinem Pfad folgen zu können, mußt du die Zusammenhänge verstehen, mußt

Liebe und Respekt entwickeln. Wenn du von diesem Pfad abkommst, wirst du Schmerz und Verwirrung empfinden, ganz gleich, was du sonst tust. Das gilt für ein Land als ganzes ebenso oder für die Welt. Das ist der Punkt, an dem wir heute stehen. Schau dir an, was überall passiert.

Die Dinge ändern sich. Dies ist die Zeit der Frau. Du kannst dich darauf verlassen, sie ist hier, ob man sie nun sieht oder nicht. Wir sind im Zeitalter des Empfangens, und Empfangen ist weiblich.

Wir, die Indianer haben nie vergessen, welche Stellung der Frau zukommt. Diejenigen, die sich von den Traditionen entfernt haben, verhalten sich vielleicht, als wüßten sie nichts mehr davon, aber innerlich wissen wir es alle. Unsere Erinnerung reicht weit zurück, so weit wie die Reihe der Generationen. Die Alten haben dieses Wissen immer weitergegeben. Uns wurde gesagt, wir sollten es niemals vergessen. Also erinnern wir uns und geben es auch weiter. Für uns gibt es keine Vergangenheit, alles ist jetzt, und die einzige Zukunft sind die Generationen, die nach uns kommen.

Wir behalten die Zeremonien bei. Daran teilnehmen heißt am Kreislauf des Lebens teilnehmen . . . am ganzen Kreis – sichtbar und unsichtbar. Sie erinnern uns daran, im Gleichgewicht zu bleiben, in Frieden miteinander zu leben, den Schöpfer und die Erde zu ehren, die Kräfte, von denen ich dir erzählt habe, anzuerkennen und zu respektieren.

Einige Menschen haben keine Zeremonien mehr. Keine Zeremonien haben heißt sich nicht erinnern können, welchen Platz menschliche Wesen in der Schöpfung einnehmen.«

Schon im Gehen nickte sie mir herzlich zu und sagte noch: »Ich weiß, was du tust. Mein Name ist unwichtig. Dies kommt von den Alten, und nichts davon ist mein Verdienst.«

Weg war sie und hinterließ nur die schwebende Wärme ihrer Gegenwart und das Echo ihres stillvergnügten Lachens.

Seither habe ich die Worte dieser mächtigen und doch freundlichen Frau immer wieder gehört. Ganz gleich, wo ich bin oder was ich tue, sie kehren immer wieder. Sie sind mehr als lediglich eine Erinnerung an diese Begegnung im Oktober. Ich höre *ihre* Worte in *ihrer* Stimme, vor allem das, was sie beim Weggehen sagte, Worte, die kaum hörbar über dem Lärm der Zusammenkunft schwebten: »Du hast die Worte der Alten gehört, jetzt mußt du sie dir nur noch zu Herzen nehmen und weitergeben.«

»Wir danken unserer Mutter Erde, denn sie erfüllt noch immer die ursprünglichen Weisungen, indem sie für die Gesundheit und das Wohlergehen der Menschen und anderer Lebensformen in der Welt sorgt. Bis auf den heutigen Tag hat sie uns niemals im Stich gelassen. Und deswegen hören wir nicht auf, ihr dankbar zu sein.

Und dann, des Nachts, sehen wir manchmal unsere Großmutter, den Mond. Auch sie hat eine Pflicht, nämlich den Zyklus weiblicher Lebensformen überall in der Welt zu regeln. Außerdem steuert sie die Bewegung sämtlicher Gewässer.

Sie hat diese Pflicht niemals vernachlässigt. Und so sind wir unserer Großmutter, dem Mond, besonders dankbar dafür, daß sie mit dem weiblichen Zyklus der Erde arbeitet.«

Auszug aus der Thanksgiving-Ansprache der Hotinonshonni, vorgetragen von Tekaronianekon (Two Skies Together) Stamm der Mohawk

»Die Frauen, die sich zeigen, sind das Herz der Stämme.«

Megisi, Turtle Mountain, Stamm der Ojibwa

Vickie Downey

Pueblo-Indianer

Am Anfang waren die Weisungen. Wir sollten Mitgefühl miteinander haben, zusammen leben und arbeiten und uns darauf verlassen können, daß wir uns gegenseitig unterstützen. Man sagte uns, wir wären alle miteinander verwandt und verbunden.

Heute nennen die Leute unsere Weisungen Legenden, weil sie als Geschichten zu uns kamen. Aber für das indianische Volk waren diese Weisungen zu einer bestimmten Zeit in der Geschichte Wirklichkeit. Die meisten indianischen Stämme, die uns bekannt sind, haben ihre eigene Geschichte über ihren Anfang. Einige werden dir sagen, sie stammten vom Himmel ab, von den Sternen. Andere erzählen, daß ihr Volk aus der Erde oder aus einem See hervorkam. Es ist fast so, als ob sie mit diesem Auftauchen auch ihre Sprache gewählt hätten, ihre Art, sich zu kleiden, ihre Lieder und Tänze.

Das also war der Anfang.

Zu dieser Zeit, am Anfang, lauteten die Weisungen, sich trotz aller Unterschiede der Kulturen und Sprachen gegenseitig zu lieben und zu achten.

Man sagte uns, daß wir alle denselben Ursprung hätten. Wir kämen von derselben Mutter, denselben Eltern. Die Weisungen lauteten, auf gute Art zu leben und jeden und alles zu achten. Man sagte uns, wenn die Weisungen verlorengingen, würde Schaden über die Menschen kommen.

Am Anfang sagten uns die Weisungen, wie das Leben zu leben sei. Das wurde bis heute von Generation zu Generation weitergegeben. »So soll das Leben gelebt werden.«

Man sagte uns, wir sollten gut zueinander sein. Uns gegenseitig respektieren. Uns um andere ebenso kümmern wie um uns selbst. Das sind einige unserer Weisungen. Solange wir tun, was von uns erwartet wird, sind dies die grundlegenden wichtigen Dinge, dann haben wir keine Probleme.

Wenn wir aber anfangen, unsere Nachbarn zu hassen, zu bestehlen und anzulügen, wenn wir unsere Nahrung nicht selbst anbauen, sondern uns davon abhängig machen, daß andere sie für uns anbauen, dann bringen wir uns aus dem Gleichgewicht. Das ist es, was uns die Legenden, was unsere Geschichten sagen.

Die Geschichten erzählen uns auch, wie wir irgendwann einen Fehler gemacht haben. So wie Koyote, der in den Geschichten immer der Gauner ist und der unser Volk daran erinnern soll, nicht in die gleiche Richtung zu gehen. Darum haben wir diese Geschichten, damit wir sie an unsere Kinder weitergeben können, so daß sie ihre eigenen Fehler verstehen.

Wir erzählen unsere Geschichten nicht überall, denn es gibt das Fernsehen, und das nimmt den Platz des Geschichtenerzählers ein. So werden die Weisungen nicht mehr an die Kinder weitergegeben.

Die Worte unserer Grosseltern zusammensammeln

Heute haben wir mehr Bücher, mehr Fernseher, mehr Kommunikation, und wir haben mehr Verkehrsmittel, um von einem Ort zum anderen zu kommen, ja, das können wir in meiner Generation jetzt beobachten. Meine Generation muß sich die Worte, die unsere Großeltern uns gesagt haben, zusammensammeln. Nicht, daß sie genau gesagt hätten, das und das passiert 1992, 1991 oder im Jahre 2000, sondern sie sagten einfach nur: »Wenn ihr das und das nicht tut, werdet ihr Probleme bekommen.«

Wir haben diese Probleme nicht vorausgesehen, aber als wir älter wurden, haben wir es selbst erfahren; heute wissen wir, welche Probleme gemeint sind.

Beten ist die Antwort

Das Wichtigste im Leben ist einfach Liebe, Achtung.

Alles ist so einfach, und wir machen alles so kompliziert. Darum sind wir verwirrt.

Alles, was wir tun müssen, ist, wieder einfach zu sein, dann werden die Dinge sich schon von selbst für uns fügen.

Wir müssen beten, immer wieder beten.

Die entscheidende Botschaft für die Welt heißt heute, daß jetzt jeder für die Erde beten soll. Wir, vor allem die Frauen, können die Erde spüren, die Lage, in der sie ist, den Kampf, den sie kämpft; wir fühlen aber auch, was sie tun muß, um sich zu heilen; wir können ihr helfen, und wir können auch uns helfen. Denk über sie nach und bitte für sie um Beistand, denn alles, was sie durchmacht, machen auch wir durch.

Das spüren die Frauen jetzt, und der Schmerz wird heftig. Tränen fließen. Die Gefühle und der ständige Kampf in unseren jeweiligen Gemeinschaften vermehren ihre Tränen. Das nährt diesen Kampf. Es wird immer schwerer, das zu tragen. Es ist wie eine Last, die wir tragen müssen.

Wir müssen Verantwortung übernehmen

Wir wollen, daß Menschen Verantwortung übernehmen, nicht, daß sie anklagen. Wir Indianer geben den Weißen keine Schuld. Wir müssen Verantwortung übernehmen.

Ich muß sagen: »Ja, ich bin verantwortlich.«

Wir müssen vergeben und vergessen und gleichzeitig die Alten anerkennen. Sie sind arm, aber sie kämpfen immer noch um das Land, und sie kämpfen darum, die Erde zu erhalten. Sie ringen. Die Menschen müssen sich bewußt machen, was passiert und fragen: »Wie ändern wir uns?«

Die Menschen sind egoistisch und habgierig. Die Umweltschützer bitten die Indianer um ihre Philosophien, um Ideen, um Hilfe, aber dann gehen sie hin und machen es doch selbst. Sie beziehen die Indianer nie mit ein. Die Einstellung, daß man Indianern nicht vertrauen kann, gibt es noch immer.

Sich auf die Geister verlassen

Zu unserem Schutz vertrauen wir auf die Welt der Geister. Wir lauschen. Die Geister sind unsere Führung. Sie sagen uns, daß es Zeit ist, die Dinge auszusprechen.

Nach der Vision suchen

Zu der Zeit, als Jesus auf der Erde lebte, ging er hin und fastete vierzig Tage und vierzig Nächte lang und hatte seine Vision. So ist es auch in der indianischen Kultur. Wir fasten. Wir nehmen keine Nahrung zu uns.

Wir enthalten uns, wir geben dem Körperlichen nichts. Wir haben unseren Körper, dann haben wir unseren Geist und dann unseren Verstand. Diese drei sind miteinander verbunden.

Um zum Geist vorzudringen, dürfen wir keine Nahrung und kein Wasser zu uns nehmen. Dann gelangen wir zu unserem Geist. Das ist unser Gebet.

Beten heißt nichts anderes, als einen Zustand zu erreichen, in dem du deinen Geist erkennst. In diesen Zustand oder in diesen Geist, deinen eigenen Geist, kommst du durch das Gebet. Wenn du dahin gelangst, empfindest du dieses Mitgefühl und diese Liebe, die die Grundlage von allem ist, die Quelle, aus der du stammst.

Dem Schöpfer danken

Du dankst bereits, bevor du deine Gaben vom Schöpfer erhalten hast. Wenn du bittest, dankst du. Deine Gebete sind Danksagungen für alles – die Sonne, den Mond, den Schnee, das Wasser, das Feuer, die Steine. Du siehst sie als Lebewesen, die ein eigenes Leben haben. Ein Baum hat sein eigenes Leben, aber schau dir nur einmal an, wie viele Bäume zu Weihnachten umgebracht werden.

Wir haben in unserer Sprache ein Wort, das zweierlei bedeutet. Zum einen bedeutet es »lauschen«, und dann könnte man fast sagen, »sich richtig verhalten«. Wenn wir uns richtig verhalten, lauschen wir, und das heißt, wir sind wach, bewußt. Wir sind uns dessen bewußt, was in unserer Umgebung geschieht. Wir üben diese Art der Wahrnehmung. Indem wir ständig auf das, was geschieht, lauschen, und zwar nicht nur mit unseren Ohren, sondern auch mit unseren Augen, beobachten wir die Dinge. Unser Geist muß sich das, was geschieht, immer wieder bewußtmachen. Das erfordert Übung.

Die Menschen müssen ihre Wahrnehmung üben, um diesen Geisteszustand in ihrem Denken, in ihrem Leben zu erreichen. Wenn wir unseren Kindern, solange sie noch klein sind, beibringen, wach zu sein und ständig zu lauschen, können sie einige der Auseinandersetzungen vermeiden, die sie möglicherweise erwarten.

Heutzutage ist es schwer, unseren Kindern etwas beizubringen, denn das Fernsehen macht uns Konkurrenz. Und auch mit dem Radio, mit Mode, Sport und allem, was von außen auf sie zukommt, müssen wir um ihre Aufmerksamkeit konkurrieren, mit den Videopassagen, dem Kino. Dadurch wird es schwer für uns, wache, bewußte Menschen aus ihnen zu machen. Früher gab es das alles nicht. Da wußten die Kinder, daß sie Aufgaben hatten wie Holz zu sammeln, auf die Jagd zu gehen oder den Schnee wegzufegen, wenn er ins Haus wehte. Sie waren ein Teil dieser Arbeiten, dieser gemeinsamen Arbeiten, bei denen wir etwas zusammen machten. Aber heute ist das anders. Damit müssen wir uns auseinandersetzen.

Zuhause und die eigene Veränderung

Der Grund, mich zu ändern, war, glaube ich, die Erfahrung, wie es draußen in der Welt zugeht, und dann die Rückkehr in meine Gesellschaft und die Erinnerung an meine Großmutter, an das Leben, das sie führte. Es bedeutete auch die Erfahrung, wie es in New York zugeht, das hektische Leben, die Kälte zwischen den Menschen dort, die ständig streiten. Da sagt man sich nicht »Guten Morgen« oder »Guten Tag«. Alle Menschen sind in Eile, und es liegt Ärger in der Luft. Den Ärger kannst du sehen.

Du steigst in ein Taxi und fährst wahnsinnig schnell, Menschen hetzen nur irgendwohin. Und dann die ganzen Verbrechen.

Während ich zu verstehen versuche, warum Menschen dort bleiben, erzählen mir aber andere, daß sie diese Stadt lieben, daß sie dort zu Hause sind. Na gut, ich respektiere das.

Als junger Mensch war ich ziemlich durcheinander und wollte weg von dem, was meine Großeltern mir über Traditionen erzählten. Ich wollte damit nichts zu tun haben. Also ging ich fort, und ich lernte sehr viel. Da erst konnte ich schätzen, was ich zu Hause hatte. Aber als ich nach Hause zurückkam, wollte ich die Dinge dort verändern. Die Menschen waren dazu nicht bereit. Das enttäuschte mich zutiefst, und ich ging wieder fort. Und wieder kehrte ich zurück. So ging es lange Zeit. Bis ich jetzt schließlich zu Hause bin und mich wohl fühle. Ich bin glücklich. Ich fühle mich sicher. Und ich setze mich mit den Problemen auseinander, die wir hier haben. Ich arbeite daran.

Wenn ich jetzt irgendwohin fahre, freue ich mich gar nicht so sehr darauf. Trotzdem sage ich mir immer, daß ich überall, wo ich hingehe, zu Hause bin, denn es ist Teil der Erde. Wenn ich woanders hinfahre, nehme ich etwas von hier mit und versuche, es mit anderen zu teilen, den Menschen dort etwas zu geben. Dann komme ich zurück und versuche, mich auch mit dem auseinanderzusetzen, was ich von dort mitgebracht habe.

Wenn du nach Hause zurückkommst, spürst du einfach, wie friedlich es ist.

AIDS und die Weisungen

AIDS betrifft uns jetzt ja alle. Diese Krankheit ist da, um uns beizubringen, liebevoll zu sein. Das ist der Grund dafür, daß es sie gibt. Durch unsere Liebe zueinander überwinden wir diese Krankheit. Liebe ist die Antwort auf alles.

Wenn ein Mensch AIDS hat, gibst du ihm Liebe, damit er weiß, daß er geliebt wird, ganz gleich, welche Krankheit er hat und wie bedrohlich diese Krankheit für dich ist. Du liebst diesen Menschen trotzdem, damit er Liebe bekommt, um sich zu heilen. Er muß Liebe bekommen, um seine Krankheit loszuwerden.

Wenn du ihm Angst gibst, weil du Angst hast, mit ihm in Kontakt zu kommen und dich anzustecken, dann flößt du diesem Menschen einfach nur Angst um sein eigenes Leben ein. Wenn du ihn bemitleidest, tut er sich selbst leid, und das kann er nicht gebrauchen. Gib ihm einfach Liebe.

Am Anfang waren wir alle miteinander verwandt

Am Anfang der Zeit kamen wir aus der Liebe. Wir waren alle miteinander verwandt. In unseren Legenden ist von einer Zeit die Rede, in der wir mit den Tieren sprechen konnten, und sie verstanden uns, und wir konnten uns untereinander verständigen. Irgendwann im Laufe der Zeit gehorchten wir den Weisungen, dem universellen Gesetz nicht mehr, also konnten wir auch nicht mehr miteinander kommunizieren. Und so entfernten wir uns von der Liebe.

Heute sind wir an einem Punkt, wo wir uns gegenseitig nicht mehr respektieren und lieben. Es gibt Rassismus, Vorurteile, Ungerechtigkeit. Wenn wir zur Liebe zurückkehren, schließt sich der Kreis wieder. Nur durch die Liebe zueinander kann die Menschheit gerettet werden.

Lieben heißt, offen zu sein, heißt, daß wir den anderen als Teil von uns akzeptieren können. Jeden und alles. Liebe hat mit Gefühl zu tun; du fühlst für diesen Menschen.

Es ist leicht, auf jemanden loszugehen, wenn wir ärgerlich sind, aber es ist sehr schwer, jemanden zu lieben, der uns verletzt. Aber genau das ist erforderlich, diese Liebe, um den Menschen zu ändern, den wir nicht mögen.

Ich habe von AIDS gesprochen, aber es gibt auch Naturkatastrophen wie dieses Erdbeben in Kalifornien, bei dem die Brücke auf die Leute fiel. Das veranlaßte die Menschen zu helfen. Von überall her kamen Menschen und halfen einfach. Manchmal braucht es solche Ereignisse, um Menschen zusammenzubringen, damit sie sich gegenseitig helfen und sich umeinander kümmern. Leider gehen wir nach dem Unglück zurück und kämpfen wieder für uns selbst, verdienen Geld für uns selbst. Vielleicht brauchen wir eine große Katastrophe, damit die Menschen begreifen und sagen: »Oh, das ist es, was die Indianer meinen.«

Als ich jünger war, las ich in den Geschichtsbüchern, was mit den Indianern passierte. Das tat mir sehr weh und machte mich so wütend, und weil ich jung war, richtete sich dieser Ärger gegen alle Weißen. Ich haßte sie für das, was sie dem indianischen Volk antaten. Aber als ich erwachsen wurde und immer mehr erfuhr, lernte ich zu akzeptieren, und dann lernte ich, diese Rasse oder jene Nation zu lieben, obwohl das alles immer weitergeht. Ich schicke ihnen Liebe, ganz gleich, was weiter geschieht. Das ist schwer; es ist schwer, das zu tun.

Wir können Vorurteile, Ungerechtigkeit und Haß mit Liebe und Respekt bekämpfen. Das sind unsere Waffen.

Es ist schwerer zu lieben als zu hassen. Und trotzdem kann nichts die Liebe aufhalten. Es gibt keine Waffe gegen die Liebe.

Liebe ist die Medizin für all unsere Leiden. *Die* Medizin. Und auch die Heilung für die Erde.

Der Mangel an Liebe füreinander ist es, was die Menschen schmerzt, was die Gesellschaft schmerzt, die Nationen. Daher kommen auch alle Kriege und Krankheiten. Und der Grund für das alles ist Unwissenheit.

EIN ORT DES FRIEDENS FÜR ALLE MENSCHEN

Nur weil wir Indianer sind, stehen wir nicht auf der untersten Stufe der Leiter. Wir sind allen menschlichen Rassen gleich. Warum können die Leute das nicht begreifen? Wir müssen zusammenarbeiten, Seite an Seite, um eine Welt des Friedens für alle Menschen, für alle Kinder der Welt zu schaffen. Dann wird es jene Liebe geben, jene Einheit, Mitgefühl und Anteilnahme. Aber solange wir in dieser Unwissenheit leben, sind wir aus dem Gleichgewicht. Wir haben so vieles, über das wir uns ewig Sorgen machen können. Das kann bis in spätere Leben weitergehen, denn wenn wir sterben, wenn unser physischer Körper stirbt, lebt unser Geist weiter. Wir machen weiter und haben dieses Chaos dann in jenem Leben. Dann gibt es dort keinen Frieden. Wir schaffen uns auf ewig Schwierigkeiten, und das einfach deswegen, weil wir ohne Liebe sind.

Probleme zwischen Männern und Frauen

Ein Problem, mit dem viele zu tun haben, ist das Verhältnis zwischen Männern und Frauen in Beziehungen und in der Ehe. Manchmal kommt es zu Mißhandlungen, emotional und körperlich. Beides ist verletzend. Sehr oft will keiner der beiden da heraus, weil sie Angst haben vor dem, was außerhalb passiert. Aus Unsicherheit. Angst und Unwissenheit sind die großen Probleme, aber wenn du mißhandelt wirst, bleib nicht einfach da und nimm es hin. Manchmal gibt es keine andere Alternative, als sich zu trennen, um da herauszukommen. Das braucht Mut, muß aber getan werden. Wenn du dann auf die andere Seite des Problems gelangst, schaust du zurück und siehst, du hast es getan, und dann weißt du, daß du stärker bist.

Manche setzen die Beziehung fort und sagen, sie täten es wegen der Kinder. Das ist aber bestimmt nicht der beste Grund zu bleiben. Du mußt dir das ganz genau anschauen. Es kann sein, daß es für alle das beste ist, wenn du dich trennst. Jeder muß sich mit diesen Dingen auseinandersetzen und sein Bestes tun, aber wir können aus jeder Erfahrung lernen und daran wachsen.

Die Sterne sind unsere Verwandten

In unserem Denken ist die Erde die Mutter und die Sonne der Vater, und die Sterne dazwischen sind unsere Verwandten, unsere Brüder und Schwestern.

Die Erde, sie ist krank, weil all diese Firmen mit ihren Maschinen in ihr herumbohren, Bäume fällen oder Mineralien aus der Erde holen. Mineralien sind die Knochen von Mutter Erde, die Lebensader, sie sind wie die Organe des menschlichen Körpers. Die Erde ist aufgerissen worden. Wie wenn jemand daherkommt und einen Menschen operiert. So ist es auch, sie ist sehr krank, und sie ist sehr müde. Sie ist aufgebracht. Und sie wird sich auf ihre Weise heilen. Sie wird sich selbst heilen müssen, weil ihre Kinder nicht auf sie achten.

Wir sehen, was geschieht. Gerade jetzt heilt sie sich. Das können wir an den Veränderungen sehen. Viel Wasser kommt. Viel Wind. Überall bewegt sich die Erde, brechen Vulkane aus. Auf diese Weise heilt sie sich.

Wir als Menschen müssen das gleiche tun. Wir müssen als einzelne oder als Gruppe von Menschen zugeben, daß wir den Indianern und der Erde Unrecht getan haben.

Zeit der Frauen

Jetzt ist die Zeit der Frauen. Die Frau zeigt uns, was wir fühlen. Wenn ich mir verschiedene Frauen in meiner Umgebung anschaue, sehe ich Traurigkeit und eine Schwere in ihnen. Sie machen mit, was die Erde mitmacht – ihre Traurigkeit und Schwere, weil ihre Kinder heute solch ein Leben führen. Die Frauen spüren das; das Gefühl ist da in ihren Herzen, mehr als bei den Männern, denn die Männer sind immer am Tun. Der Mann muß erkennen, daß auch er einen weiblichen Teil hat, und er muß anfangen, das gleiche zu fühlen.

Frauen müssen anerkannt werden. Die Worte der Frauen müssen anerkannt werden. Die Frauen werden sich zeigen. Man kann das so kommen sehen oder auch nicht, aber das Gefühl ist so stark, daß die Frauen sich bemerkbar machen und ihren Gefühlen eine Stimme geben werden. Ob die Leute das hören wollen oder nicht, es passiert, weil es so sein soll. Die Zeit ist reif.

Vom Verstand ist den meisten Frauen nicht klar, was los ist. Sie spüren es. Es ist so ähnlich wie eine Depression, also gehen sie zu Psychiatern, Therapeuten und versuchen herauszufinden, was dahintersteckt. Oder es zeigt sich in körperlichen Beschwerden. Gefühle werden zu körperlichen Beschwerden. Also, sie wissen nicht, was los ist. Sie wissen, daß etwas passiert, aber sie können es nicht ausdrücken.

Als Volk, als Ureinwohner, versuchen wir unser Bestes, um der Welt zu sagen, das ist es, was mit dir geschieht. Das ist es, was mit uns geschieht. Das ist, was mit der Erde geschieht. Ganz gleich, wie viele Worte wir ihnen sagen, wie viele Bücher wir ihnen geben und wie viele Informationen, es wird ihnen so lange nicht helfen, bis sie endlich zu dem Ergebnis kommen: »Ich akzeptiere es. Ich bin krank. Ich bin eine kranke Gesellschaft. Ich bin eine kranke Welt. Ich bin ein kranker Mensch.«

Wenn wir das tun, können wir heilen. Dann machen wir kehrt und helfen uns gegenseitig. Dann haben wir keine Obdachlosigkeit. Dann haben wir keinen Hunger. Dann haben wir keine Kriege. Aber bis dahin, und wenn diese Zeit nicht kommt, gibt es jene Handvoll Menschen, die gerettet werden, weil sie wissen. Und der Rest der Welt wird einfach mit dem Wind verschwinden, mit dem Wasser, im Feuer oder sonstwie.

Wir Indianer, unsere Mentalität ist: Wir geben, und es wird zu uns zurückkommen. Es kommt in einer anderen Form, aber es kommt zurück. Vielleicht nicht materiell, vielleicht bekommen wir es in einer spirituellen Form, aber es kommt zurück. Der Kreis wird sich schließen.

In der nicht-indianischen Mentalität seid ihr... Ich nehme an, es ist Angst, vielleicht die Angst, daß ihr euch schützt und euch nicht um andere kümmert. Ihr denkt nur an euch selbst. Das kommt dabei heraus, wenn ihr keine Alten habt, denn die Menschen sind ständig am Tun und Machen. Sie haben keine Zeit.

Die nicht-indianische Welt ist ein einziges großes Fragezeichen. Ihr stellt alles in Frage, ich nehme an, weil ihr auf alles eine Antwort haben müßt – eine Logik, logisches Denken. Während wir, zumindest manchmal, keine Fragen stellen, sondern darauf vertrauen, daß es etwas gibt, das auf uns aufpaßt. Wir haben es im Hinterkopf, es ist da, das Wissen, daß die Probleme sich lösen. Vielleicht kämpfen wir mit einem Menschen oder mit etwas anderem, oder wir kämpfen mit finanziellen Schwierigkeiten, und trotzdem wissen wir, daß die Dinge sich klären werden. Wir verlassen uns einfach darauf, daß unsere Gebete das für uns erledigen.

Ein Nicht-Indianer denkt mit seinem Verstand. Ein Indianer denkt mit dem Herzen.

So gesehen ist die Frau dem Herzen näher.

Der Mann neigt eher zum Verstand. Was er versteht, kann er praktisch umsetzen.

Für Frauen ist es leicht, sich mit dem Geist zu verbinden, weil sie direkt fühlen können.

Männer mit besonderen Eigenschaften

In jedem Menschen gibt es das Männliche und das Weibliche. Bei manchen Männern überwiegt das Weibliche gegenüber ihrer eigenen männlichen Seite. Für diese Männer ist typisch, daß sie Frauenarbeit tun wollen, oder sie wollen reden wie eine Frau, gehen, sich so benehmen und so weiter und so weiter.

Vor langer Zeit galt das als etwas Besonderes, als ein Geschenk. Wir akzeptierten diesen Menschen als Teil von allem, was geschah. Wenn er zu Hause bleiben und arbeiten statt jagen gehen wollte, respektierten wir das, denn so fühlte er. Es gab in dieser Hinsicht keine Diskriminierung. Aber in der Zeit, in der wir heute leben, drücken wir den Dingen ständig Stempel auf. Also noch ein weiterer Stempel. Wenn du so bist, bist du anders. Manchmal hält man dich für schlecht.

Kinder des Aufruhrs

Was die kleinen Kinder betrifft, die spüren die Unruhe. Sie verstehen sie nicht, und wir können ihnen nicht sagen, was wirklich vor sich geht. Wenn wir das tun, denken sie an Selbstmord oder versuchen, wegzulaufen. Sie werden sich damit auseinandersetzen müssen. Die Welt muß sich mit der schwierigen Situation auseinandersetzen, in der wir sind. Wir können nicht davor weglaufen. Das ist wie eine Wunde; wir müssen sie reinigen. Wir müssen sie reinigen und gesundpflegen.

Im Augenblick sieht es so aus, daß die Menschen eine Wunde haben und sich einfach ein Pflaster draufkleben. Das wird aber nicht helfen, weil die Infektion ja immer noch da ist. Wir müssen als erstes zugeben, daß diese Infektion da ist. Wir müssen den Schmerz zugeben, und erst dann beginnen wir, von innen nach außen zu heilen.

Zusammen mit den Soldaten brachten die Spanier die Priester ins Land

Über unsere Religion, ja, wir haben sie lebendig erhalten, trotz der Ausbeutung, trotz der Versuche, unsere Religion zu zerstören. Wir haben sie uns bewahrt. Bei den Pueblo-Indianern gibt es in jedem Pueblo eine Kirche. Die Spanier brachten die Priester zusammen mit den Soldaten ins Land. Gemeinsam versuchten sie, unsere Gemeinschaften auszurotten, unsere Dörfer, unseren Geist. Aber wir haben uns unseren Weg bis heute erhalten. Es war ein Kampf, aber wir haben uns unseren Weg bewahrt. Auch in vielen anderen Indianer-Reservaten haben sie ihn sich bewahrt.

Bei einigen Indianer-Stämmen war es so, daß man ihnen ihre Religion völlig weggenommen hat. Die einzige Religion, die sie heute haben, ist die Religion der Kirche oder die christliche Religion – Baptisten, Protestanten, Katholiken, was egal ist. Sie praktizieren sie, und sie praktizieren sie in einem Geist, daß es eine Schande ist für die Religion der Weißen und für ihre Kirchen. Geh zu einer indianischen Gemeinschaft, die eine Kirche hat und diese Kirche besucht. Bei diesen armen Leuten ist der Geist in der Kirche, während viele andere Gemeinden diesen Geist nicht haben. Sie haben all diese Kirchen nur wegen des Geldes gegründet.

Indianer haben eine Beziehung zu Gott

Wir haben eine Beziehung zu Gott; nicht, daß das lange her wäre. Es passiert heute. Wir haben auch eine Beziehung zu Jesus. Er existiert. Er stammt nicht aus dem vorigen Jahrtausend. Er ist jetzt. Da er einmal lebte, lebt sein Geist immer noch. Für uns sind das alles Geister. Das sind unsichtbare Kräfte. Es ist das, woran wir glauben. Die Geister sind für uns ebenso real wie Fleisch und Blut. Warum können alle anderen nicht auch daran glauben?

Nicht die Kirche ist verkehrt. Es sind die Menschen in der Kirche. Wenn die Menschen bereit sind, kannst du den Geist in jedes Gebäude, jede Kirche, jede Umgebung bringen.

Heute sind es nicht mehr viele, die in die Kirche gehen. Und viele von denen, die hingehen, sind nicht mit dem zufrieden, was in dieser Kirche passiert. Einige von uns sagen ganz klar, daß sie mit der Kirche nichts zu tun haben wollen. Diese Gruppe gibt es bei uns. Andere von uns, die gehen nur an bestimmten Tagen hin wie Weihnachten, Ostern, und einige besuchen die Kirche jeden Sonntag. Einige der Alten sind in dieser Gruppe, sie sind der Kirche treu; sie sind ständig dort.

Meine Schwester ist ganz ausgetreten. Ihre Familie will nichts damit zu tun haben, obwohl sie getauft wurde. Ich bin, hm, ich würde sagen, irgendwo dazwischen. Ich gehe, wenn ich kann, und nicht nur an Weihnachten oder Ostern.

Für mich ist es so, daß ich den Geist darin sehe. Ich weiß, in diesem Gebäude ist ein Geist. Der Priester, den wir haben, ist nicht besonders gut. Er hat immer noch Vorstellungen, die reichlich veraltet sind. Er verurteilt Leute. Um das zu ändern, muß ich dort sein, um ihm sehen zu helfen. Ich kann alle Seiten verstehen, denn ich gehörte auch mal zu denen, die sagten, daß sie mit der Kirche nichts zu tun haben wollen. Ich bin lange Zeit ausgetreten. Zu der Zeit, und so war es nur zu Beginn der siebziger Jahre, waren die meisten in der Kirche. Und nur einige traten aus.

Jetzt, wo ich wieder zurück bin, sehe ich, daß die Mehrzahl der Leute nicht in der Kirche ist.

Nicht-Indianer kommen und suchen nach etwas

Viele Nicht-Indianer kommen und suchen nach etwas, während andere sich wie Touristen verhalten. Du versammelst die Menschen, denen es ernst ist, und fängst bei ihnen mit der Arbeit an. Das ist ähnlich wie mit einem Samen; du legst den Samen in die Erde und kümmerst dich darum. Du gießt ihn, gibst ihm Liebe und alles. Dann wächst er zu einer Pflanze heran. Das ist es, was wir tun müssen, ob es um Erziehung, um die Regierung oder unsere eigenen Familien geht. Wir müssen diese Samen säen und von vorn anfangen.

Indianer als die Alten für die Welt

Die Indianer sind die Alten der Nicht-Indianer. Sie sind nicht entsprechend respektiert worden. Das erkennen jetzt einige Menschen und sie wollen lernen. Es gibt Nicht-Indianer, die zu einem indianischen Alten kommen und ihn um Orientierung und Anleitung bitten, und der Alte ist dazu auch bereit. Aber sobald die nicht-indianischen Menschen diese Weisungen empfangen haben, glauben sie, sie könnten gleich eine Schwitzhütte leiten. Sie gehen los und tun das auch, ohne wirklich zu verstehen, wie man die Geister einlädt.

Wir wissen, daß bei unseren Zeremonien die Geister zu uns kommen. Deswegen haben wir Angst um die Leute. Auch sie können Geister einladen. Manchmal sind das keine guten Geister. Böse Geister können kommen und den Menschen da drinnen Schaden zufügen. Das ist die Gefahr, wenn man nicht im Gleichgewicht ist, während wir bewußt sind und versuchen, auszugleichen. Das ist das Schlimme an den Menschen mit der Schnellmedizin bzw. an den Nicht-Indianern, die sich eine Religion wünschen und danach suchen; denn einige von ihnen haben die Macht, jene Geister einzuladen.

Denke daran, wir sind Geist, wir sind Körper und wir sind Verstand. Wir als Volk versuchen, so spirituell wie möglich zu sein, wir versuchen, möglichst in jeder Sekunde unseres Lebens mit unserem Geist zu sein. Den nicht-indianischen Menschen geht es mehr um das Körperliche, um den physischen Körper. Sie glauben nicht wirklich, daß der Geist dazugehört.

Indianische Religion, Gott ist Du

Man könnte sagen, daß die Religion der Nicht-Indianer von außen kam, wie Gott, der irgendwo da oben im Himmel ist mit Seinem Königreich, und die Menschen hier unten versuchen, sich in den Himmel hochzuarbeiten.

In der Auffassung der Indianer dagegen bist du Gott. Er ist in dir, Teil von dir.

Und das ist unser Anfang, unsere Schöpfung, als wir zum ersten Mal erschaffen wurden. Das tragen wir in uns, und wir bringen unseren Kindern bei zu beten, während sie noch klein sind. Wir haben unsere Art, ihnen das Beten beizubringen, sie können es sehen.

Wenn wir tanzen, gehört das zu unserem Gebet. Wir tanzen, aber gleichzeitig beten wir auch. Oder selbst wenn wir Stockspiele spielen, Lacrosse, Spiele, ihr nennt das Spiele, du hast Spaß daran, aber das gehört auch zum Beten. Dein Geist, dein Körper und dein Verstand sind alle beteiligt. Das ist nichts Getrenntes. Du tust nicht einfach etwas Körperliches. Dein Verstand betet, und dein Geist ist da, und alles ist miteinander verbunden. Es ist nicht getrennt.

In der amerikanischen Gesellschaft wird immer alles getrennt und abgestempelt. Du mußt einen Namen für alles haben, und du erfindest diese Worte, die wirklich gewaltig sind. Dabei ist das, was sie bedeuten, ganz einfach und kurz.

Ein Beispiel sein durch unsere Lebensweise

Es ist sehr schwer, unseren Kindern zu helfen. Es ist sehr schwer, weil zwei Welten aufeinanderprallen und es keine Verbindung zwischen den beiden gibt. Das Beste, was wir tun können, ist, unsere Kinder so zu erziehen, daß sie stolz darauf sind, wer sie sind, was sie haben und woher sie kommen. Das geben wir ihnen; wir leben weiter durch Legenden, durch Liebe und Nahrung und indem wir einfach ein Beispiel sind durch unsere Lebensweise. Sei ein Beispiel, so daß sie es mit ihren eigenen Augen sehen können, wenn sie Lieder hören, wenn sie Liebe spüren.

Wenn sie dann in die Schule kommen und sich mit Mathe, Englisch, Bio und Sozialkunde herumschlagen müssen, haben sie das immer noch im Hintergrund und nehmen es mit ins Leben; sie haben es bei sämtlichen Erfahrungen parat, die sie machen; das wird sie bestärken. Etwas tritt in ihr Leben, und sie sagen: »O ja, meine Großmutter hat dann immer das und das getan«, oder: »Meine Großmutter hat immer gesagt . . .« Es bestärkt sie.

Als ich noch ein Kind war, sagten einige der Alten immer: »Du mußt zur Schule gehen. Du mußt lernen, was sie dir beibringen.«

Ich wollte nicht zur Schule gehen. Ich wollte nicht lernen, was sie mir zeigten, aber im Hinterkopf hatte ich immer den Gedanken: »Die Alten sagen, wir sollen lernen. Also muß es einen Grund haben.« Die Alten konnten bereits sehen, sie konnten voraussehen, wie wichtig es später sein würde, daß wir Bücher lesen können. Wir würden diese Informationen später einmal brauchen.

Heute kann ich den Grund sehen, denn heute müssen wir uns mit der Gesellschaft auseinandersetzen, in der wir leben. Wir müssen denken wie diese Gesellschaft, um weiter überleben zu können.

Menschen haben das Bedürfnis nach einem Zuhause

Das wirkliche Problem heute ist, daß Menschen das Bedürfnis nach einem Zuhause haben. Danach suchen sie, aber in Wirklichkeit ist ihr Zuhause direkt in ihnen selbst.

Um dorthin zu kommen, mußt du an dir arbeiten und auch mit deinen nächsten Angehörigen, mit Frau und Kindern, wenn du sie hast. Damit arbeitest du. Das ist der Ort, wo du mit der Erziehung beginnst – sich gegenseitig etwas beibringen, respektieren, lieben, miteinander teilen.

Kinder sind Lehrer

Die meisten Menschen betrachten die Alten als Lehrer. Das sind sie. Aber wir schauen auch auf die Kinder, wir betrachten auch sie als Lehrer.

Wir erforschen das Leben. Unser Leben ist ein Forschen. Wir erforschen alles und jeden, selbst das winzigste Insekt.

Wie neulich, als uns auffiel, daß die Ameisen früh am Tag ins Haus kommen. Was bedeutet das? Wir erforschen das. Wir beobachten die Ameisen, die Bienen oder die Bäume.

In jeder Sekunde unseres Lebens erforschen wir alles um uns herum. Die Geräusche. Die Musik. Außerhalb unserer Kultur haben Menschen dieses Bewußtsein nicht. Wir müssen dieses Bewußtsein zurückbringen. Es bedeutet einfach in Einklang mit dem Geist leben. Was die Menschen heutzutage machen müssen, ist, dieses Bewußtsein wieder zu entwickeln.

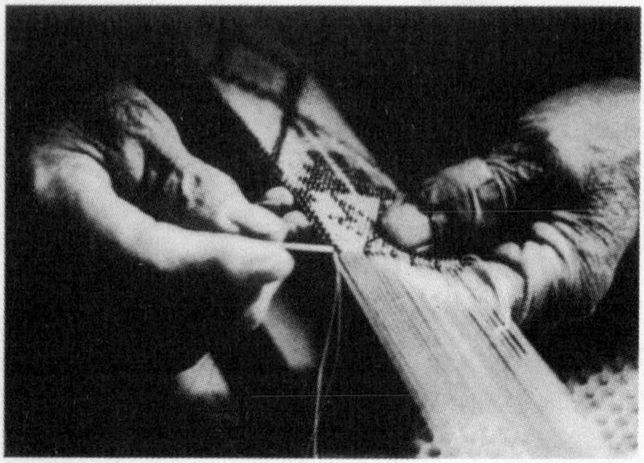

Die Rückkehr der weissen Brüder

Wir haben uns gegenseitig gefragt: Warum ist all dies geschehen? Warum kamen die Kolonialherren? Wir fangen an zu begreifen, daß wir diese Erfahrungen machen müssen. Auf lange Sicht gesehen werden unsere zwei weißen Brüder, wie die Prophezeiungen sagen, zurückkommen, ja, das wird sich zeigen.

Unsere weißen Brüder kommen zurück. Solange wir die Weisungen bewahren, bis sie zurückkommen, werden wir sie anleiten können. Als die Hippie-Bewegung in den sechziger Jahren entstand, gehörte das zum Zurückkommen der weißen Brüder.

Einige sagen, daß die Hippie-Bewegung durch Drogen kaputtgemacht wurde. Aber du mußt fragen: »Woher kamen die Drogen? Waren sie dazu da, die Energie zu spalten? Wer stand dahinter?« Vielleicht machte ihnen die Bewegung Angst.

Es gibt Gut und Böse, einen Kampf. Das Böse versucht ständig, zu spalten oder Dinge zu tun, die trennen. Aber am Ende kann das Böse niemals das Gute zerstören. Wir alle müssen den Weisungen folgen und diese Kraft im Gebet nutzen.

Juanita Centeno

Chumash

Ihre Augen waren voller Tränen, die ihr unkontrolliert über die Wangen liefen. Als sie versuchte, über das Tal zu sprechen, fiel es ihr sehr schwer, die richtigen Worte zu finden. Obwohl ich mein Gesicht in den Händen vergraben hatte und mein Herz heftig schlug, weil ihr Weinen mich berührte, konnte ich die majestätische Silhouette der goldenen Berge Kaliforniens sehen, die sich aus dem sanft abfallenden Tal erhoben. Der sich träge dahinwindende Fluß, der in breit geschwungenen Kurven immer wieder seine Richtung wechselte, hatte das Land seit Jahrhunderten genährt und ein wahres Meer von Wildblumen geschaffen, das alle Vorstellungen übertraf.

Ich hörte zu, während Juanita mich auf einem engen Pfad durch dieses unbeschreibliche Paradies der Farben und Düfte führte, in dem im rosa-orangenen Licht der untergehenden Sonne für einen Augenblick Zeit und Raum stillstanden. Irgendwo auf diesem Weg versuchte ein älterer Mann auf wackeligen Beinen mit seiner fröhlich-verspielten Enkelin mitzukommen und sie im Auge zu behalten.

»Vorbei und verloren!« Wieder ertönten diese Worte, ließen meine Begeisterung abebben und vernebelten das Bild, das sich vor mir entfaltet hatte. Juanita schluchzte erneut auf und zog mich damit gewaltsam weg von einem Ort, den ich nicht verlassen wollte. Es war, als erwachte ich aus einem Traum. Ich nahm meine Hände vom Gesicht und saß plötzlich wieder an dem Küchentisch, den ich niemals verlassen hatte. Ich war in die Realität zurückgekehrt, zurück in das Chumash-Indianerreservat Santa Ynez in der Nähe von Solvang, etwa 25 Meilen von Santa Barbara entfernt, zurück in Juanitas winzigen Wohncontainer, den die Regierung finanziert hatte; er stand inmitten weiterer Containerbauten, die wie Baracken eines Konzentrationslagers auf einem leh-

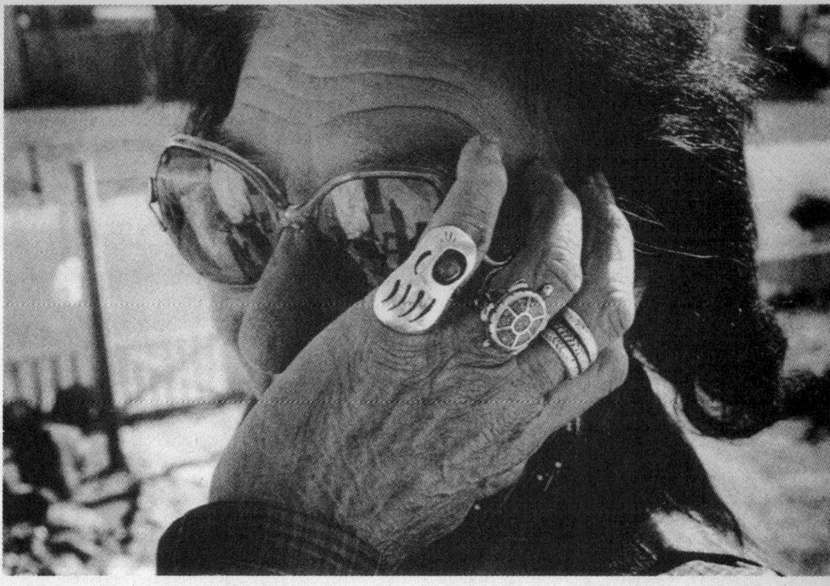

migen Hang im Schatten der Rancho del Cielo oder Ranch of Sky des früheren Präsidenten Ronald Reagan dicht zusammengepfercht waren.

Mein Schock angesichts ihrer Lebensumstände berührte Juanita nicht. Die Vision lief weiter wie ein Film, flackerte immer noch in ihren feuchten, rotgeweinten Augen. Sie hatte mir von dem Tal erzählt, von den Blumen, von ihrem Großvater und sich selbst. Dann sah sie einfach durch mich hindurch und sagte: »Das Tal der Blumen. Alles vorbei, jetzt gibt es keine Blumen mehr.«

Juanita wischte neue Tränen fort und fügte unter Schluchzen hinzu: »Letztes Jahr im Juni oder Juli hatten wir hier unser Blumenfestival, die Leute kamen nicht. Warum hätten sie auch kommen sollen? In den Feldern voller Blumen, die wir immer hatten, stehen nur noch Wohnanlagen. Es ist kein Platz mehr für Blumen. Es ist einfach traurig. Ein einziges Schlamassel.

Und die Leute sollten endlich aufwachen. Die Welt ist heute voller Mörder, Kinder schießen aufeinander, werden entführt, all das geschieht. Zerstöre die Natur, und du zerstörst dich selbst.«

Das Tal der Blumen gibt es nicht mehr, wird es niemals wieder geben, und es leben nur noch wenige, die sich daran erinnern können. Für Juanita geht es jedoch nicht um Erinnerungen. Sie lebt sie. Das Tal durchzieht ihr Leben, und sie geht zwischen den Blumen spazieren und atmet ihren Duft ein, während sie immer noch auf jenem engen Pfad vor ihrem Großvater herläuft. Ich zähle mich zu den Privilegierten, denn, obwohl meine Reise nur eine Traumreise war, habe auch ich dieses Tal besucht, mich an seinen Wohlgerüchen erfreut und gestaunt über den Strom von Blumen, der in das offene Meer zu fließen schien.

In dem tapferen Versuch, den Geist dieses Tales aus allgegenwärtigen, wenngleich längst vergangenen Zeiten wieder zum Leben zu erwecken, bearbeitet Juanita den Boden in ihrem kleinen eingezäunten Garten. Pflanzen und Blumen wachsen im Überfluß, aber nur wenige blühen. Viele sind verwelkt. Der Boden kann sie einfach nicht nähren. Trotzdem zeigt Juanita sie mit Stolz im Gesicht, während ihre Hände behutsam die Stengel streicheln und ihre Finger sanft über die trockenen Blätter fahren. Ihre Schätze mit liebevoller Fürsorge hegend, kämpft Juanita zusammen mit ihren Pflanzen darum, zu überleben, zu blühen und die Landschaft aufzuhellen – einen von der US-Regierung zur Verfügung gestellten Flecken des einst weiten Gebietes, das sich an der kalifornischen Küste entlangzieht. Beginnend mit der spanischen Kolonialisierung durch franziskanische Priester 1769, ist das Land der Chumash allmählich immer weiter abgetragen worden. Bodenerosion ist ein Problem, seit das Land der Chumash 1769 durch spanische Franziskaner kolonisiert worden ist.

Obwohl sie die ursprünglichen Einwohner des Landes waren, wurden die Chumash mit jedem neuen Zustrom von Außenseitern immer weiter von ihren traditionellen Ländereien verdrängt. Da waren die Spanier, die Holländer, die

Oststaatler, die Opportunisten, wohlhabende Ranchbesitzer, Sonnenanbeter; die Liste wird noch immer weiter ergänzt und schließt heute auch millionenschwere Filmstars ein. Mit jeder neuen Welle, jedem neuen Ansturm wurden die Chumash auf die niedrigste Stufe der ständig wachsenden sozio-ökonomischen Leiter verwiesen. Selbst die Ansammlung der Chumash-Küstendörfer, an die sich Juanita noch gut erinnern kann, Notcho und Hondo eingeschlossen, wurde überrollt und von Bulldozern plattgewalzt, um Platz für die über 40 000 Hektar große Vandenberg-Luftwaffenbasis zu schaffen.

Juanita jedoch steht aufrecht da als Hinweis und Warnung, um zu zeigen, daß es nicht nur sie immer noch gibt, sondern auch ihr Volk, und es wird dieses Volk auch morgen und an allen zukünftigen Morgen noch geben. Sie trägt ihren Teil dazu bei, den Chumash jetzt in der siebten Generation eine Zukunft zu sichern. Sie bewahrt und lehrt die Kultur ihres Volkes nicht nur, sie *ist* diese Kultur und schreit sie mit jeder Faser ihres Wesens heraus. Selbst ihr Haus, in dem jeder Quadratzentimeter Wand und Flur mit Werkzeugen, Kunst und Gebrauchsgegenständen bedeckt ist, die auf die Lebensgebräuche der Chumash verweisen, ist ein einziges lebendiges Museum, das die Weiterexistenz der Chumash als lebensfähiges Volk bezeugt.

Niemand spricht für Juanita Centeno, aber wenn sie in ihrer Küche, die übersät ist mit Kulturgegenständen, spricht, wendet sie sich an das Herz der gesamten Menschheit.

Ein Leben im Paradies

Dies war ein Paradies, als ich heranwuchs. Das war es wirklich. Mein Großvater fuhr nur alle zwei Wochen zum Laden, um das Nötigste zu kaufen. Wir hatten die Kaffeebeere, die Frucht des Kaffeebaums. Heute ist sie zum Anschauungsmaterial für die Kinder geworden, wenn ich sie unterrichte. Wir machen Halsketten daraus. Damals machten wir Kaffee, und das ist Arznei. Sie nannten es heilige Rinde, aber es ist eine Kaffeebeere, ein Kaffeestrauch.

Vielen Menschen ist nicht klar, daß wir das alles immer noch verwenden. Wir holen unser Senfgemüse hoch oben in den Bergen, aber wir müssen es zwei-, dreimal kochen wegen der Luftverschmutzung und der Umweltgifte.

Die Brunnenkresse, du kannst die Brunnenkresse nicht essen, weil die Kühe und die Flüsse vergiftet sind, als hätten sie den Quellen die Adern abgezapft. Sie stinken; du kannst sie nicht mehr verwenden.

Ich nenne die Hügel und Täler mein Einkaufszentrum aus alten Zeiten; die Hügel und Berge waren unsere Einkaufszentren, wo wir Rohrkolben, Teichbinsen, Beeren und Schilf für unsere Schuhe, unsere Röcke und zum Essen holten. Du kannst die Wurzel des Rohrkolben essen. Du kannst einen Auflauf daraus machen. Und die wilden Tomaten, wir hatten *alles*, was du dir denken kannst. Das Mehl aus den Eicheln, dann die Kirschsteine. Die Catalina-Kirschen. Den Kern benutzten wir als Medizin ... bei Husten und ähnlichem. Aus der Weide machten wir Wiegen. Auch die Häuser waren aus Weiden. Und bei Kopfschmerzen kaute man Rinde. Bring deine Zähne mit Eichenrinde in Ordnung. Mein Großvater zeigte mir vieles und brachte mir bei, wie wir es verwenden können. Heute gibt dir der Arzt eine Pille, um deine Nerven oder was auch immer zu beruhigen ... O je!

Das Geschenk des Sehens

Ich wurde in der Zeit der großen Grippewelle geboren, als die Menschen wie die Fliegen starben. Dann bekam ich Keuchhusten und hustete mein rechtes Auge aus der Augenhöhle. Mein Auge trocknete aus. Sie brachten mich ins Bezirkskrankenhaus nach Santa Barbara. Sie konnten nichts machen. Ich blieb dort zwei Jahre. Meine Schwester war bei mir. Eines Tages schob sie mich im Rollstuhl durch den Flur, und da rief mich dieser kleine alte Mann: »Hey, kleiner Cowboy, komm mal her!«

Ich weiß nicht, warum er mich Cowboy nannte, aber ich trug kleine Stiefel. Ich war immer im Western-Stil gekleidet. Und ich sagte: »Okay.«

Ich sagte zu meiner Schwester: »Laß uns hingehen und sehen, was er will.«

Er lag dort im Bett und sagte: »Hey, Cowboy, ich habe gehört, daß du dein Auge verloren hast.« Er sagte: »Würdest du gern wieder sehen können, Cowboy?« Und dann: »Ruf den Arzt her.«

Also ließen wir den Arzt kommen. Doktor Lovern. Ich erinnere mich an den Namen, für mich war er wirklich ein Doktor Love, ein Arzt der Liebe, dieser Doktor Lovern. Und der kleine alte Mann, ich glaube sein Name war McKenzie, dieser McKenzie sagte zum Arzt: »Ich bin ein alter Mann. Ich kann jede Minute sterben. Ich würde gern mein Auge spenden, wenn ich dem Cowboy hier helfen kann, wieder zu sehen. Ich möchte alles spenden, was sie für ihre Auge braucht.«

Und er sagte zu mir: »Wenn ich nicht mehr bin, Cowboy, dann behalte mich bitte immer bei dir.« Das tue ich. Ich habe ihn ständig bei mir. Er spendete seinen Nerv, und am nächsten Tag starb er. Sie setzten mich unter Narkose, als sie ihn operierten, damit sie den Nerv gleich mit meinem Auge verbinden konnten. Aber ich kann sehen. Sie brachten das Auge wieder zum Leben. Es war geschlossen, und mein Augenlid war wie aus Leder; du konntest darauf trommeln. Es war ausgetrocknet. Dann machte der Arzt mein Auge mit dem Nerv dieses kleinen alten Mannes wieder lebendig. Damals war ich acht oder neun Jahre alt.

Der Verlust des Tals der Blumen

Sie nahmen uns unsere Nahrung weg. Wir können uns nicht einmal mehr Senfgemüse holen oder Pilze. Wir können noch nicht einmal Wildkaninchen jagen. Es gibt keine mehr. Rehe sind ausgestorben. All unsere Tiere sind ausgestorben. Unsere Fische sind weg. Unsere Wasserströme sind weg. Wir trinken ihr giftiges Wasser. Warum können sie uns nicht in Ruhe lassen? Warum können sie uns nicht zurück in die Hügel schicken? Sie denken, wenn sie uns einen Stuhl oder ein Möbelstück oder eine Keksdose wie dieses Haus hier geben, leben wir im Luxus, aber ... nachts müssen wir aufstehen, weil das Haus knarrt. Es bekam Risse. Als wir hierherzogen, mußten sie es flicken. Es hatte Risse. Dies sind Fertighäuser, immer zwei zusammengestellt. Das Haus kippte zur Seite. Sie sagen: »Was macht das schon! Das sind Indianer. Sie kennen es nicht anders.«

Schau dir an, was ich für die Regierung hier alles getan habe, sogar freiwillig. Ich bekam nur fünf Dollar die Stunde. Ich tat meine Arbeit, um zu schützen, was meine Vorfahren hinterließen. Ich wollte die Pflanzen retten, weil wir sie immer noch verwenden. Ich bin Korbflechterin.

Das Tal der Blumen. Jetzt gibt es keine Blumen mehr. Wir hatten hier letztes Jahr im Juni oder Juli unser Blumenfestival, die Leute kamen nicht. Warum sollten sie auch kommen? In den Feldern voller Blumen, die wir immer hatten, stehen nur noch Wohnanlagen. Es ist kein Platz mehr für Blumen.

Ich sammelte immer beim Squirrel's Nest. Ich kämpfte und kämpfte, um den Platz zu retten. Er war schön. Da kam die Petro Tech an, es kamen die Ölfirmen mit ihren Bulldozern, und sie walzten das Gelände für die Eisenbahn platt. Es gibt den Platz nicht mehr. Ist das noch zu fassen? All das habe ich versucht zu schützen. Alles weg. Und wenn wir heute unser Material sammeln gehen, ist es brüchig, es taugt nichts. Wir sind krank, aber wir machen immer weiter. Wir sind wie Roboter, ich sag's dir. Wenn wir irgend etwas aus dem Laden essen, werden wir krank. Wir dürfen nicht mehr fischen, aber sie schon. In der Vandenberg-Basis gehen sie jagen, die Luftwaffe. Sie bekommen, was uns zusteht. Wir können uns unsere Abalonen (Meeresschnecken, Anm. d. Ü.) nicht mehr holen; wir dürfen nicht fischen. Wir müssen eine Erlaubnis einholen. Wir müssen uns von den Sicherheitskräften der Luftwaffe begleiten lassen, damit wir den Ozean nicht klauen oder was weiß ich, was wir ihrer Meinung nach klauen könnten. Ich würde keine Rakete wollen. Und das war unser Land. Dort stand unser Dorf. Sie haben es uns weggenommen.

Wir rufen den Grossen Geist jeden Tag

Wir beten zum Großen Geist. Wir rufen den Großen Geist jeden Tag und bitten ihn um Einheit,

darum, daß wir dorthin zurückgehen können, wo wir herkommen. Nicht daß wir draußen im Freien leben wollten, wir könnten heute dort gar nicht überleben. Alles ist so verdreckt. Unsere Tiere wurden vertrieben oder sind ausgestorben. Die Ölgesellschaften haben unseren Quellen die Adern abgezapft. Sie haben die Quellen getötet, das Wasser vergiftet. Heute kannst du kein Wasser finden, und sie rationieren unser Wasser; sie rationieren alles. Selbst im Klo; wir zahlen jeden Monat dreißig bis vierzig Dollar für unsere Kanalisation.

Ich habe immer geweint, wenn ich sah, wie sie die Erde aufreißen. Mein Großvater ist dort gegangen. Sie haben sogar seine Fußspuren gestohlen . . . Gott weiß, ob sie sie jetzt nicht mit ihren Bulldozern plattgewalzt haben. Sie haben uns nichts gelassen, nicht einmal die Fußspuren meines Großvaters.

Die Windel, die nicht verschwindet

Der ganze Dreck . . . überall liegen Plastikwindeln herum. All die Bierdosen auf den Highways, und sie wollen, daß wir Amerika sauberhalten. Vor einiger Zeit fuhr eine Frau im Wagen hier durch. Sie warf beim Harris Grade eine Plastikwindel aus dem Fenster, das ist jetzt etwa acht Monate her, die Windel liegt immer noch dort. Autos sind drübergefahren. Die verrotten nicht, diese Dinger. Die Autos fahren drüber, eins nach dem anderen, ich bin auch drübergefahren, und sie liegt immer noch da. Sie ist flach, ganz flach und sieht jetzt aus, als gehörte sie zur Straße. Wir kommen am Harris Grade vorbei, wenn wir unsere Holunderbeeren holen. Auch wenn wir Eicheln sammeln oder was wir sonst noch kriegen, gehen wir dort vorbei. Wir sehen die Windel immer noch. Auch eine Gitarre lag an der Straße, eine alte, kaputte Gitarre; irgendwer muß sich dort geprügelt haben.

Die Gitarre ist weg, das ganze Holz von der Gitarre ist weg, aber diese Windel ist immer noch da. Sie machen diese Windeln aus Rohrkolben, den wir für unsere Wiegebretter nehmen; es stammt von Mutter Erde, und ich glaube, Mutter Erde will uns etwas sagen.

Man hat mich eine Barbarin genannt, weil ich Wildkaninchen für uns zum Frühstück geschossen habe. Aber wir haben nichts zerstört. Die Haut des Kaninchens war für unsere Ledergamaschen. Das Fleisch haben wir gegessen. Die Knochen waren für meine Großmutter Nadeln, mit denen hat sie Körbe genäht. Wir haben alles verwendet. Aber heute tun sie das nicht. Sie essen einfach, was sie wollen, und werfen den Rest in den Garten hinter unserem Haus.

Wagenladungen voll Wassermelonen, Kisten voll mit Bananen

Man bringt uns Sachen ins Reservat. Ich habe lauter Kisten voll Rosinen. Ich weiß nicht, was ich damit anfangen soll; ich kann sie nicht essen. Sie sind voller Maden, aber wenn ich sie wegwerfe, denken die Leute, ich werfe Lebensmittel weg und bin undankbar.

Eine ganze Wagenladung Wassermelonen wurde gebracht. Sie waren so weich, daß du sie nicht essen konntest. Dann kam eine Ladung Bananen, Kisten voll mit Bananen. Sie waren halb verfault. Überall im Reservat lagen Bananen herum. Auf dem Parkplatz Kisten voller Bananen. Alte Kleider bringen sie uns . . . warum sorgen sie nicht dafür, daß wir ein anständiges Bett zum Schlafen haben, Essen, gutes Essen, und Geld, um unsere Miete zu zahlen? Das könnten wir gebrauchen, nicht dieses ausrangierte Zeug.

Auf Lehm gebaut

Schau dir an, hier leben wir. Dieses Land gehört uns nicht. Es ist Bundesland. Und wir müssen 45 000 für diesen Schrott bezahlen. Der Boden . . . irgendwann demnächst werden wir einsinken. Der Abfluß ist einfach verrottet. Käfer fliegen herein. Wir haben Schlangen, Taranteln und alles mögliche hier drinnen.

Wenn es regnet, können wir nicht rausgehen; draußen ist nur Schlamm. Wir müssen unsere Wagen in der Straße drüben parken, weil wir hier sonst nicht rauskommen. Wir sitzen fest. Dann werden sie mutwillig zerstört, gestohlen oder geknackt und leergeräumt. Wir können uns nicht hinsetzen und unser Leben lang auf unseren Kram aufpassen.

Dieses Reservat ist verflucht. Wir haben Weiße hier, ich nenne sie das weiße Gesindel, denn es gibt auch gute Menschen unter den Weißen. Ich bin mit Weißen groß geworden. Ich habe weiße Schwiegertöchter, ganz wunderbare Menschen. Sie sind wie meine eigenen Töchter. Wir haben dieses Gesindel hier. Menschen, weiße Menschen, die herkommen. Die rauchen Haschisch und bringen's anderen bei. Unsere Leute lernen das von diesem Gesindel, das herkommt und sich in unserem Reservat breitmacht. Wir kriegen sie nicht weg. Einige Leute hier rauchen gerne Haschisch, und die lassen sie rein, weil sie was von dem Zeug haben wollen. Aber du solltest die Schmuddelecke des Reservats sehen. Alte Wohnwagen, alte Autos. Der reinste Müllplatz.

Wir leben nicht. Wir sind Roboter. Wir wissen nicht, ob wir lebend nach Hause kommen, denn wir sind umgeben von den großen weißen Farmern, wichtige reiche Leute überall um uns herum. Wir wissen nicht, ob wir lebend nach Hause kommen oder ob man uns irgendwo tot findet. Diese Angst haben wir. Oh, das passiert. Es passiert jeden Tag.

Vor langer Zeit trieben meine Leute Handel. Heute müssen wir verkaufen, was wir herstellen, um zu überleben. Dieser Platz ist kein Zuhause für mich. Es ist ein Haus. Es gibt keinen Baum oder ähnliches hier in der Nähe. Immerhin leben wir nicht dort, wo es diese Tornados und Wirbelstürme gibt. Dann wären wir schon hinüber. Diese Dinger hier, diese Fertighäuser, erwischt es zuerst. Wir machen noch nicht einmal die Heizung an; wir haben Angst, daß die Kabel nicht richtig verlegt sind.

Meine Ahnen waren frei

Wir sind heute schlechter dran als unsere Ahnen. Die waren wenigstens frei. Es gab keine Grenzen wie heute.

Hier ein Zaun und da ein Schild »Zutritt verboten«. Du kannst da nicht rein, und wenn du einen Farmer findest, der dich reinläßt, hast du Angst, denn wenn die anderen Farmer dich sehen, könnten sie auf dich schießen, weil sie denken, du willst ihren Nachbarn ausrauben. Wir sind in jeder Minute des Tages in Gefahr, und dabei sind wir Lehrer. Wir sind Lehrer der Kultur. Trotzdem müssen wir bei allem, was wir tun, um Erlaubnis bitten.

Ich lese viel. Ich studiere viel. Und ich bin von Menschen ausgebildet worden; deswegen kann ich weitermachen, gesund bleiben und mich in Form halten. Ich werde diesen Monat 73; an Thanksgiving ist mein Geburtstag. Ich studiere viel, erforsche immer mehr von der Kultur. Das alles gibt es, und auch uns hat es gegeben.

Das Volk der Chumash war das friedlichste, die besten Korbflechter, aber sie haben viel von unserer Kultur ausgerottet. Ich weiß nicht, was damit passiert ist. Manchmal gebe ich meinen Eltern Schuld, weil sie uns die indianische Lebensweise abgewöhnen wollten. Sie dachten, sie täten uns etwas Gutes, wenn sie sagten: »Erwähne am besten gar nicht, daß du Indianerin bist. Wenn du dich vorstellst, um einen Job zu bekommen, sage, daß du Spanierin, Portugiesin oder sonst etwas bist. Erzähle ihnen nicht, daß du Indianerin bist. Wenn du sagst, daß du Indianerin bist, bekommst du den Job nicht.«

Natürlich haben wir nicht daran gedacht! Wir haben gesagt: »Wir sind Indianer.«

»Wir werden Sie anrufen. Wenn wir Sie brauchen, rufen wir Sie an!«

Haben sie nie getan.

In unserer Haut stecken

Nur wenn du in unserer Haut steckst, kannst du wissen, wie schwer es ist, durch diese Tür nach draußen zu gehen.

Wenn wir hier einkaufen gehen, im Drugstore oder im Lebensmittelladen, sagen die Leute: »Wenn diese verdammten Indianer doch aus dem Reservat da verschwinden würden. Es sieht dort fürchterlich aus.« Ich spüre den Schmerz. Ich tue so, als wäre ich eine von ihnen und nicht etwa Indianerin. Ich kaufe schnell, was ich brauche, und mache mich davon.

Neulich waren wir in der Mission. Für all die Arbeit, die wir tun, laden sie uns nur zu einem Grillfest ein, aber mir ist das egal. Mir ist egal, was sie alles haben. Aber wir zeigten uns. Wir hatten unsere traditionellen Kleider an, aus Wildleder, und kamen alle mit unseren Tellern. Ich war die erste. Eine Frau kommt auf mich zu und sagt: »Oh, Sie mögen gern Gegrilltes«, sagt sie. Und ich sage: »Ja, und es riecht so gut.«

Sie sagt: »Ich dachte, Indianer essen nur Eidechsen und Schlangen.«

Ich wurde so wütend und sagte: »Ich, ich fresse auch Menschen. Sie kommen mir besser nicht unter die Augen.« Sie machte sich davon, weißt du. Ich sage: »Wir fressen Menschen.« Ich weiß nicht, warum Menschen so sind. Und damit hört es nicht auf; überall diese Gemeinheiten. Ich weiß auch nicht. Und wir haben Respekt. Sie respektieren noch nicht einmal die Fahne. Ich kämpfe für unsere Fahne. Wir sind unter dem Rot-Weiß-Blau geboren. Ich sehe es auf Tennisschuhen. Ich sehe es auf Mülltonnen. Ich sehe es auf Gardinen und Lastwagen.

Ich kann nicht verstehen, warum Menschen so sind. Was ist bloß los?

Was ist weiss?

Ich besuche Gefängnisse. Ich besuche Krankenhäuser. Ich besuche Colleges. Ich besuche Fernsehsender und sage: »Was ist weiß? Warum stoßen sie uns herum wie Fußbälle, Basketbälle? Warum dribbeln sie uns wie Basketbälle?«

Wir wissen, wer wir sind. Wir wissen, daß wir Indianer sind. Wir wissen, daß wir in ihren Augen Gesindel sind; aber wer sind sie? Was ist weiß?

Sie können unsere Kinder adoptieren. Sie können schwarze Kinder adoptieren. Sie können adoptieren; wenn sie unbedingt ein Kind haben möchten, schnappen sie sich eins. Sie zahlen Geld für ein Kind; sie geben einem Indianer oder einem Schwarzen Geld, um ein Ersatzbaby zu bekommen und tun vieles, was nicht erlaubt ist. Aber wenn wir vor dem Haus eines Weißen stehen, rufen sie die Bullen. Wie können wir ihnen begreiflich machen, daß wir Menschen sind? Sollen wir uns ins eigene Fleisch schneiden und vor ihnen bluten?

Es gibt so viele Aufschneider. Warum kommen diese Weißen her und wollen unseren Kindern Kultur beibringen? Was wissen sie von unserer Kultur? Was wissen sie von den Materialien, die unsere Leute verwenden? Was können sie uns schon erzählen? Es kommen Lehrer her und versuchen, unseren Kindern etwas über die Pflanzen, die Kleidung beizubringen, aber sie bringen die Kultur unseres Stammes mit den Kulturen anderer Stämme durcheinander. Und hier bin ich und versuche, an das Echte heranzukommen, meine Kultur.

Da war dieser Mann. Wir fuhren nach Lompoc, und er fuhr vor uns in einem alten Kombi. Plötzlich sahen wir, wie dieser Kombi über die ganze Straße schlitterte und dann eine Böschung hinunterfuhr. Wir gingen runter und holten ihn raus. Brachten ihn wieder rauf. Ich bin Krankenschwester. Ich weiß, was zu tun ist. Ich habe einen Abschluß als Krankenschwester. Also ging ich, Jose und ich gingen hin und holten ihn raus. Ich zog meine Weste aus und sagte Jose, er solle gehen und eine Jacke aus dem Wagen holen. Ich legte sie unter seinen Kopf und stoppte die Blutung. Ich nahm ein Kraut, ich weiß nicht, was es war, es stoppte die Blutung. Ich sorgte dafür, daß er bequem lag. Ein vorbeifahrendes Auto rief den Krankenwagen. Und der Arzt sagte, wir hätten unsere Sache gut gemacht. Wenn du keinen Abschluß hast, darfst du sie nicht anfassen. Du mußt sie liegen lassen, aber ich hatte meinen Abschluß als Krankenschwester.

Die Feuerwehr kam und der Krankenwagen. Als er dann zu sich kam und sie ihn im Krankenhaus untergebracht hatten, gingen wir ihn besuchen. Er sagte: »Ich möchte von Kopf bis Fuß untersucht werden, wenn diese Indianerin mich angefaßt hat.« Kannst du dir das vorstellen? Und: »Raus aus meinem Zimmer. Raus.« So ging er mit uns um. Er wollte desinfiziert werden. »Wenn diese Indianerin mich angefaßt hat, möchte ich gründlich untersucht werden, um sicherzustellen, daß ich mir nicht ihre Krankheiten geholt habe.«

Früher hatte ich mal einen Onkel in Santa Barbara, der sehr krank war, und meine Mutter hatte kein Geld, um ihn zu besuchen und bei ihm zu bleiben. Das Haus, in dem wir wohnten, war bezahlt. Die Nachbarin kam vorbei, und sie wußte, daß ich eine Lungenentzündung hatte und mein kleiner Bruder auch. Sie bekam mit, daß meine Mutter unbedingt zu ihrem Bruder nach Santa Barbara fahren wollte. Er hatte eine Rippenfellentzündung und lag im Sterben.

Die Frau sagte, sie würde ihr das Geld leihen. Meine Mutter sagte: »Können Sie mir so viel leihen, daß ich zu meinem Bruder fahren kann?«

Sie sagte: »Soviel Sie wollen. Hundert, zweihundert . . .«

»Leihen Sie mir zweihundert«, sagte meine Mutter. »Ich muß dort übernachten, und meine beiden Kinder hier sind krank.«

»Oh, ich gebe Ihnen auch dreihundert, wenn Sie wollen.«

Meine Mutter sagte: »Nein, zweihundert reichen.«

Meine Mutter, die unbedingt zu ihrem Bruder fahren wollte und dann uns Kinder hatte mit ihrer Lungenentzündung, unterschrieb also den Schuldschein. Die Frau sagte: »Wenn Sie hier bitte unterschreiben wollen.« Und meine Mutter unterschrieb.

Mein Großvater fuhr meine Mutter in einem leichten, vierrädrigen Wagen nach Santa Barbara. Als sie zurückkamen, war mein kleiner Bruder gestorben.

Es war unsere Schuld gewesen. Wir standen auf, und du weißt ja, wie sich Eis bildet beim Waschen, wenn Frost ist, und wir hatten von dem Eis gegessen. Mein kleiner Bruder starb. Und ich bekam eine doppelseitige Lungenentzündung.

Sie hatten ihn beerdigt und meiner Mutter nicht erzählt, daß mein kleiner Bruder gestorben war. Mein Onkel starb eine Woche später. Meine Mutter war völlig fertig. Mein Großvater sagte: »Ich werde eure Mutter abholen.« Also machte er den Wagen fertig und fuhr, um sie zu holen. Aber als er dort ankam, hatten sie meinen Onkel bereits unter die Erde gebracht.

Als sie zurückkam, erfuhr sie, was mit meinem Bruder passiert war, und als ob das nicht reichte, bekamen wir noch eine Räumungsklage. Die Frau, die ihr das Geld geliehen hatte, nahm sich das Haus. Wir versuchten zusammenzukratzen, was wir konnten. Sie konnten uns nicht um alles bringen, was uns gehörte. Wir kehrten ins Reservat zurück, um hier zu leben. Als sie uns unser Haus wegnahmen, sagten sie: »Ihr verschwindet besser hier, bevor ich den

Sheriff hole.« Uns blieb nichts anderes übrig. Das Haus in Lompoc steht immer noch. Wir sind dort geboren; meine Mutter ist hier im Reservat geboren. Ich habe mir ein Foto von dem Haus besorgen können.

Und jetzt sind wir wieder hier. Wir kamen zurück. Ich weiß nicht warum.

Wo Ronald Reagans Ranch steht, war früher unsere Welt

Ich bin in vielen, vielen von diesen Bergen gewandert. Ich steige hinauf und stelle mich auf den höchsten Gipfel, um hinunterzuschauen. Es gibt nicht einen Ort, den diese weißen Menschen nicht zerstört hätten. In den Schluchten liegen lauter alte, tote Kühe, die sie dort hinschleppen und reinwerfen, und dann Müll und alte Zäune. Da liegt auch immer irgendeine alte Pumpe, so eine Ölpumpe, mit der sie Mutter Erde vergewaltigen, die sie dort weggeworfen haben.

Es gibt heute keinen heiligen Ort für die Indianer. Dem weißen Mann ist kein Ort heilig. Er hatte niemals einen heiligen Ort, der ihm gehört. Er mußte ihn anderen wegnehmen.

Wo Ronald Reagans Ranch steht, war früher unsere Welt. Das war hier unser Weißes Haus. Die großen Viehfarmer kamen und übernahmen es. Am Ende arbeiteten wir für sie. Dann kaufte Reagan das Land und begann, die Bäume herauszureißen und auch alles andere, sogar den Friedhof. Wir hatten einen richtigen Friedhof mit Steinen und Kreuzen und alldem, und den haben sie plattgewalzt. Und auch die Wandmalereien unserer Ahnen hat er einfach zerstört. Er wollte das Land säubern für seine Parties und Versammlungen und was sie da oben sonst noch machen.

Ich war Sonderbeobachterin und Monitorin der amerikanischen Ureinwohner bei der Vandenberg-Luftwaffenstation. Ich arbeitete dort. Ich bin in Vandenberg aufgewachsen. Unser Dorf stand dort, bevor Vandenberg gebaut wurde. Sie brachten diese ganzen Pipelines her. Selbst unsere eigenen Leute haben sich verkauft. Die Pipelines brachten ihnen 18,75 Dollar die Stunde ein. Ich beobachtete Traktoren, die Bulldozer. Manchen Indianern ist es gleichgültig, was passiert. Sie geben einfach auf und wollen nichts mehr davon hören. Auch ich werde langsam so. Ich will einfach nicht hören, was passiert.

Es gibt keine Lösung. Wir stehen außerhalb und beobachten, wie sie die Erde zerstören. Wir beobachten sie. Wenn sie uns wenigstens in die Hügel und die Berge gehen ließen, damit wir das Echo unserer Ahnen hören können, unserer Großeltern, und uns wenigstens das Blatt sammeln ließen, das uns hilft, unsere Nerven zu beruhigen. Ich bin in meiner Jugend in diesen Hügeln herumgewandert. Warum kann ich nicht in diese Hügel gehen? Warum kann ich nicht zum Fluß gehen und mich dort sicher fühlen?

Wenn wir einfach nur auf diesem Land gingen, würden wir uns schon wohler fühlen, wenn sie uns wenigstens in den Fußstapfen unserer Ahnen gehen ließen. Es gibt dort oben immer noch Überbleibsel aus dem Leben unseres Volkes. Es gibt dort immer noch Wandmalereien. Und wer darf dort hoch? Nur Weiße können zu den Malereien. Jetzt gibt es dort den Zaun vor den bemalten Felsen, und wir müssen um Erlaubnis fragen, wenn wir die Malereien unserer eigenen Ahnen sehen wollen.

Wir werden niemals in Frieden gehen können, wohin wir wollen. Ich sehe die ganze Erde in allen vier Richtungen. Da gibt es keinen Weg, den wir gehen können. Keinen Pfad mehr, den wir nehmen könnten. Wir sitzen genau hier fest, wo andere uns haben wollen.

Den Ozean mit Tränen füllen

Ich fülle den Ozean immerzu mit meinen Tränen, wenn ich auf diesen Hügeln stehe und beobachte, was vor sich geht.

Als die Pipeline kam und ich sah, wie der Friedhof und alles plattgewalzt wurde, sagte ich, zur Hölle damit. Aber ich konnte einfach nicht. Ich konnte nicht. Ich kam nach Hause und weinte. Wenn wir dorthin wollen, müssen wir den ganzen Tag in Sonne, Regen und Wind laufen und sind halb verhungert, nur weil wir nicht die Hügel hinunter dürfen.

Als die Archäologen wollten, daß ich mit ihnen zusammenarbeite, dachte ich, ich würde das Feuchtgebiet schützen; ich würde die Pflanzen schützen, denn wir verwenden die Pflanzen. Aber dazu kam es nie. Es war ganz anders, völlig anders, als ich dachte. Ich dachte, es würde sein wie mit meinem Großvater, der Pflanzen geschützt hat. Nein, sie denken nur an sich. Sie bekommen die Zuschüsse, und sie benutzen unsere Namen, um Zuschüsse zu bekommen. Verstehst du?

Die Archäologen haben sich bestens amüsiert. »Dies sind menschliche Knochen. Wir müssen sie untersuchen lassen.« Ich sagte: »Das ist nicht Ihre Aufgabe. Lassen Sie diese Knochen doch in Ruhe.« Verstehst du, sie schaffen Jobs für sich, um Geld mit unseren toten Leuten, unseren Gräbern zu machen. Mit welchem Recht buddeln diese Leute hier herum? Warum fragen sie uns nicht? Für mich sind sie, sind sie . . .

Als ich in Vandenberg arbeitete, gab es siebzehn Planierpflüge und acht Traktoren, und ich stand mitten unter ihnen und rannte ständig hin und her, um zu retten, was zu retten war. Wie sollte ich sehen können, was sie herumschoben? Und sie stellten mich nur dorthin, weil es Pflicht ist, bei jeder Ausgrabung einen Indianer dabeizuhaben.

Mein Großvater hatte gesagt: »Mach dich nie, wirklich nie an irgendwelchen Knochenresten oder Skeletten zu schaffen, die du findest, denn sie wandern in den Ozean. Sie wollen nach Hause zurück. Der Ozean ist ihr Zuhause.« Und diese Knochen reisten, reisten, bis sie kamen und die Straße plattwalzten, und nur Gott weiß, was mit den Knochen passiert ist, auf die ich geachtet hatte.

Wenn ich ein ganzes Grab fand, ließ ich es mit Stacheldraht einzäunen. Aber Jäger zerschnitten den Draht und gruben dort. Nichts ist heilig.

Die Menschen werden einen Indianer nie verstehen

Man hat uns beigebracht zu schützen. Man hat uns nicht beigebracht zu zerstören. Die Menschen werden einen Indianer nie verstehen.

Man hat uns nie beteiligt, nicht einmal an der Wahl. Wenn sie uns unsere Wahlunterlagen schicken, steht da Vietnamesisch und alle möglichen anderen Sprachen, aber eine indianische Sprache, so daß wir in unserer eigenen Sprache wählen können, suchst du vergeblich.

In meiner Jugend waren Arbeit und Freizeit das gleiche. Wir machten aus der Arbeit Freizeit, indem wir herausfanden, wer am schnellsten arbeiten konnte, wer am schnellsten rennen konnte, wer die Kuh am schnellsten melken konnte oder mehr Milch im Eimer hatte. Es war Arbeit und Freizeit zugleich. Es gab keine Langeweile. Tatsache ist, daß es immer etwas zu tun gab. Wir gingen früh zu Bett und standen früh auf.

Alles, was ich anderen beibringe, alles, was ich sage, kann die Kultur lebendig halten. Vielleicht wird irgendwer sich irgendwann an uns erinnern.

Wir sind Missions-Indianer

Aber wir sind Missions-Indianer. Meine Vorfahren waren Gräber-Indianer, weil sie ihre Nahrung ausgegraben haben. Sie waren Gräber-Indianer, weil sie gegraben haben. Wegen der Missionare wurden sie zu Missions-Indianern. Und das sind wir. Wir sind Chumash. Was sind Chumash? Ich bin eine Missions-Indianerin. So nenne ich mich. Eine Missions-Indianerin.

Wie fühlt man sich als Indianerin? Ich fühle mich wie ein Tier in der Falle. Kannst du dir vorstellen, wie sich ein Tier in der Falle fühlt? Denn es kann nicht sprechen! Es kann nicht zu dir sagen: »Bitte hole mich aus dieser Falle heraus«, oder »Bitte hole diese Kugel aus meinen Rippen«, oder »Bitte hilf mir«. So fühlen wir uns. Wie Tiere in der Falle. Wir können niemandem erzählen, daß wir verletzt sind. Sie lachen. Sie denken, ein Indianer hat keine Gefühle. Warum? Warum ist es so, daß die Leute uns nicht verstehen können?

Ich möchte frei sein, ich möchte nicht angestarrt oder auch nur angeschaut werden, weil ich weiß, wie man Körbe macht. Ich bin ein Mensch. Ich bin keine Maschine. Ich möchte als Mensch gesehen werden und nicht nur angegafft, weil ich Indianerin bin.

Ich bin nicht anders als andere. Ich spreche ihre Sprache. Ich kann sechs Sprachen – Japanisch, Chinesisch, Philippinisch, Spanisch, Englisch und meine eigene Sprache. Was erwarten sie denn von mir?

Alles, was ich herstelle, hat eine traurige Bedeutung. Es erinnert mich an das Leben meiner Vorfahren. Von dem, was du im Laden kaufst, hat nichts Bedeutung. Es geht kaputt. Selbst diese verdammten Stühle. Sie halten nicht. Zumindest die Dörfer, wo meine Leute lebten, gibt es noch – Felsen, Malereien. Sie sind verwüstet worden, aber es gibt sie noch von damals. Heute hält nichts mehr.

Der Grosse Geist hat uns geholfen

Der Große Geist hat uns geholfen. Wir sind niemals bankrott. Wir haben immer, was wir brauchen. Wir haben unseren Schrank voll Lebensmittel.

Amerika wird harte Zeiten durchmachen. Denk an die Arche Noah. Wasser. Diesmal wird es durch Feuer geschehen.

Wir sind mit unseren Pferden immer zu Ronald Reagans Ranch geritten, dann auf den Berg rauf und wieder bergab zum Haus meiner Großmutter in Santa Barbara. Heute sind dort überall Häuser und Zäune. Jetzt wollen die Archäologen die Grenze des Indianergebiets finden. Die Indianer hatten keine Grenze. Sie waren frei.

Ich hätte lieber die Sterne als Dach und die Erde als Fußboden, ich würde lieber unter einem Baum leben und einen Korb flechten oder tun, was ich immer getan habe.

Mein einziger Wunsch ist, daß wir freier wären und zu den Hügeln und Bergen gehen könnten, um dort einen Tag zu verbringen. Einfach um die Erinnerungen zurückzuholen, wie es war, als wir dort lebten. Ich konnte durch den Rattlesnake Canyon gehen, ohne von einer Klapperschlange gebissen zu werden. Heute gibt es keine Schlangen mehr. Noch nicht einmal sie konnten überleben, und diese Leute wollen, daß wir all das überleben, was uns angetan wird – die Bauunternehmer, die Erdschaufler und all diese Traktoren, die unsere Feinde sind, und Bulldozer.

Was ist Freiheit? Wir waren einfach frei. Wir brauchten kein Wort dafür. Wir hatten auch kein Wort für Fortschritt. Wir lebten frei, und das Alltagsleben war Fortschritt.

Nur deine Geburt und dein Tod gehören dir

Ich habe immer Schmetterlinge beobachtet. Und die Schlangen. Meine Großmutter sagte dann: »Bring mir die Schlange dort drüben, damit ich mir die Blase für meinen Korb nehmen kann«, oder: »Bring mir das Blatt«, »Bring mir das Spinnennetz«. Mein Leben war einfach wunderbar. Und heute ist es nur noch ein ... Wir haben kein Herz. Wir sind einfach leer. Wir sind wie Roboter. Wir sind nicht einmal lebendig. Wir können nicht dorthin gehen und unsere Kräuter sammeln.

Mein Großvater hatte recht. Er sagte: »Nur deine Geburt und dein Tod gehören dir. Mehr hast du nicht. Denk mal darüber nach«, sagt er. »Du hast gar nichts. Du kannst Millionen Dollar haben, Millionen Diamanten, Millionen, was hast du schon davon?«

Darum will ich gar nichts haben. Meine Leute waren glücklich nur mit dem, was sie aßen, was sie taten.

Ich weiß nicht, was sie von unserer Seite erwarten.

Die alten Leute konnten die Begabungen der Kinder sehen. Sie gingen von den Eltern oder Großeltern auf sie über, je nachdem, wer sie großzog. Du mußt ihren Fußspuren folgen. Deswegen folge ich den Spuren meines Großvaters und schütze Dinge. Ich kann heilen. Nur dafür verwenden wir die Wildpflanzen, um uns zu heilen, und auch als Nahrung.

Bei jedem von uns stimmt irgendwas nicht ganz. Wenn jemand dich beleidigt, solltest du lachen, lache, lache einfach mit. Damit sie sich wie Narren fühlen. Ich mache das und lache über mich selbst. Ich erzähle Geschichten über mich. Wie ich meinem Großvater ein Bein gestellt und gelacht habe, ich hätte ihm manchmal fast das Genick gebrochen. Manchmal blieb er einfach dort liegen, und er hatte mir diesen Klappergürtel umgebunden, damit er immer hören konnte, wo ich war. Ich wollte immer weit weglaufen, in die Büsche laufen und überallhin. Ich spannte ein Seil. Er wurde alt, armer alter Opa, und dann fiel er. Und ich lachte, statt ihm zu helfen. Aber er kam und nahm mich in den Arm. Dann fragte ich: »Hast du dir weh getan? Als du gefallen bist?«

Er sagte dann: »Nein. Als ich dich lachen hörte, ging es mir gleich besser. Ich habe mir das Bein gebrochen, aber durch dein Lachen ist es geheilt.«

Ich hatte viel Spaß. Ich hatte ein gutes Leben. Eine gute Kindheit, die ich gern weitergeben möchte. Ich wünschte, es gäbe Kopien von mir, fünf wie mich, die könnte ich in verschiedene Teile der Welt schicken, um anderen etwas beizubringen. Aber das geht nicht, das weiß ich schon.

Dieses Land war das Paradies

Ich wuchs bei meinem Großvater auf. Er brachte mich in diese Welt. Ich werde ihn nie vergessen. Er brachte mir alles bei, was ich weiß.

Nachts lag ich immer wach und konnte ihn sehen. Es war wie Fernsehen, ich sah mich mit ihm in den Hügeln. Ich konnte die Plätze sehen, wo ich mit ihm gewesen bin. Man kann das einfach nicht beschreiben. Mein Großvater half mir immer. Ich schrie und brüllte oft, und er war sofort da. Manchmal konnte ich ihn fühlen. In den Hügeln habe ich ihn öfter gesehen, weil ich dort immer mit ihm gewesen bin.

Meine Freundin, sie sagt: »Was ist los mit dir? Ständig höre ich dich Selbstgespräche führen.« Sie sagt: »Ich habe das Gefühl, daß du ein bißchen komisch bist.«

Ich erzählte ihr die Geschichte, und daraufhin sagte sie: »Es wird Zeit, daß du vergißt. Laß ihn gehen. Laß ihn ruhen. Du hast ihn die ganze Zeit nicht zur Ruhe kommen lassen.«

Mein Großvater hatte soviel Liebe für das Land, soviel Liebe für die Tiere, soviel Liebe für die Menschen in seiner Umgebung. Er half jedem, und ich glaube, das ist in jedem Indianer.

Ich denke, sie hatten ein wunderschönes Leben. Es war einfach, einfach paradiesisch. Du lebtest im Paradies.

Mein Großvater sagte immer: »Lache oder lächele niemals, wenn du mit einem Weißen zusammen bist. Ein Indianer lächelt nie.« Aber sie lächeln doch. Wenn wir zusammen arbeiten, lachen wir, als ob wir uns auskitzeln.

Ich habe auch von meinem Großvater geträumt. Er ritt auf einem Pferd und landete in einem Baum und hing mit dem Brustkorb im Baum. Ich hörte ihn schreien. Also stand ich auf, um ihm zu helfen, aber ich konnte nicht zu ihm kommen. Überall waren Schlangen. Ich lief und lief. Ich konnte sie spüren. Ständig trat ich auf sie. Und ich wachte schweißgebadet auf. Es war nur ein Traum, aber ich konnte nicht zu meinem Großvater kommen.

Mein Großvater nannte mich nie bei meinem Namen. Er nannte mich immer Rawhide (dt.: Rothaut) oder Redwing (dt.: Rotflügel). Mein Vater wollte einen Jungen, der sollte John heißen. Ich war ein Mädchen, also nannte er mich Juanita. Als ich getauft wurde, gab mein Großvater mir noch den Namen Barbara dazu.

Die Leute wollen uns adoptieren

Warum erzählen wir den Weißen von unseren Schwierigkeiten? Sie haben selbst Schwierigkeiten und sind nicht schuld an dem, was unseren Ahnen passierte.

Menschen, Lehrer von überall her, wollen uns adoptieren. Warum? Wir sind keine Kinder, wir sind keine Waisen.

Wir sind kein alter Pilz, den sie sich einfach pflücken können.

Es gibt Menschen, die erzählen: »Oh, wir sind schuld an dem, was unsere Leute eurem Volk angetan haben.«

Warum dieses Gerede? Warum sagen sie nicht: »Wir kommen und helfen euch, oder wir wollen von euch lernen. Wir können euch helfen. Braucht ihr irgend etwas?« Nein! Nehmen! Nehmen, was sie kriegen können.

Leben, um zu helfen und zu heilen

Ich wollte unbedingt eine Ausbildung machen. Ich wollte eine Ranch haben. Ich wollte anderen beibringen, was mein Großvater mir beigebracht hatte. Ich habe es geschafft, die Schule zu besuchen. Pferde und die Tiere und die Ranch, das würde mein Leben sein, wo ich allen helfen konnte. Es wurde nichts daraus.

Du kannst viel über Menschen erfahren, wenn du sie beobachtest. Das war meine Ausbildung. Dann ging ich nach Berkeley zur Universität, um Psychologie zu studieren, damit ich mit den Leuten zurechtkam. Heute kann ich reden. Früher hatte ich Angst. Ich brach immer in Tränen aus. Aber mein Chef sagte, ich müßte auf Leute zugehen, so schlau, wie ich wäre.

Ich unterrichte an der Schule; meine Enkel sind in der Schule. Ich sage: »Da drüben sitzt ja mein kleiner Indianerjunge.« Dann schämen sie sich und sagen: »Oma, ich hab' dir doch gesagt, daß ich nur zu Hause ein Indianer bin. Draußen bin ich kein Indianer.«

Es tut mir leid ... Es tut mir leid ... Ich kann nicht anders, ich muß weinen.

Das tut weh, wenn Menschen von meinem eigenen Blut verschweigen, wer sie sind.

Ich beschloß, nur Klassen für Lehrer einzurichten, denen ich beibringen würde, wie sie die Kinder in der Schule unterrichten können. Wie man sich einem Indianer gegenüber verhält. Wie besucht man ein Museum. Wie macht man einen Besuch im Krankenhaus. Welche Fragen stellt man den Kranken. Wie fragt man sie. Und wie antwortet man Kindern. Wie bringt man diesen Kindern etwas bei. Was wir jetzt tun, ist Lehrer unterrichten.

Ich war Krankenschwester. Ich bestand meine Prüfung als Krankenschwester in acht Stunden. Ich bekam mein Zeugnis, so daß ich Menschen helfen konnte, sie heilen konnte. Ich wollte immer in einer Welt leben, der ich helfen konnte.

Ich trug ständig die Narrenkappe

Als wir in die Schule kamen, hatten wir keine Philippinos und keine Schwarzen oder andere Kinder, es gab nur Weiße und Indianer. Wir wohnten hier im Reservat und gingen zur Schule. Die weißen Kinder verprügelten uns, weil sie dachten, wir hätten keine Gefühle; wir wären Tiere aus den Hügeln. Mein Großvater brachte mir nie bei zu kämpfen. »Kämpfe nicht. Sei die Dumme, laß den anderen Kerl den Klugen sein . . .« Das war seine Philosophie. Als er starb, sagte ich mir: Was zum Teufel mache ich da eigentlich? Lasse zu, daß diese Leute mir eins auf den Kopf geben? Ich habe Risse im Kopf, dort, wo sie mich geschlagen haben, und ich konnte nicht kämpfen.

Sie bauten ein Außenklo für uns. Wir durften die Toilette der weißen Kinder nicht benutzen. Sie stellten einen Trog auf, wo wir uns unsere Hände waschen sollten. Sie brachten draußen einen Wasserhahn für uns an.

Wir hatten immer Ordnungsdienst. Laß die Indianer putzen. Laß die Indianer die Papierkörbe leeren. Laß die Indianer den Hof fegen. Laß die Indianer das machen. So wurden wir anfangs in der Schule behandelt. Aber ich machte weiter. Ich bekam meine Ausbildung.

Wir erfuhren in der Schule, wer wir waren. Sie erzählten uns, die Indianer hätten andere skalpiert und all das. Wir erzählten es meinem Großvater, und er sagte: »Das nun wieder! Nein, nein, hört einfach nicht hin.« Aber wir mußten. Wir mußten in der Schule erscheinen, oder wir wurden bestraft.

Ich trug ständig die Narrenkappe. Als der Lehrer in der Schule über das Skalpieren sprach, sagte ich: »Ich habe Ihnen nicht zugehört.« Er sagte: »Du wirst schon zuhören.« Er zog mich am Ohr, setzte mir die Narrenkappe auf und stellte mich in die Ecke.

Wie man in den Wald ruft, so schallt es zurück

Die Nonnen wuschen uns den Mund mit Seife aus. Sie können einem leid tun, denn wie man in den Wald ruft, so schallt es zurück. Das gilt für die Weißen. Wie man in den Wald ruft, so schallt es zurück. Der Tag wird kommen. Ich habe viel gesehen, aber ich habe es für mich behalten. Diese Menschen haben uns Unrecht getan; manchmal bezahlen sie uns nicht. Sie denken, wir müßten umsonst arbeiten, wir hätten keine Gefühle und müßten nichts essen. Sie denken, wir würden wie die Schweine oder so leben, wir bräuchten nichts, wir könnten Abfall essen oder kämen ohne Essen aus.

Bringe den Kindern etwas bei, es ist später, als wir denken

Wer Kinder hat, sollte ihnen lieber beibringen, der Tradition zu folgen, die wir hinterlassen, denn bei allem, was passiert, ist es später, als wir denken.

Es gibt heute keinen Respekt. Die Kinder wollen ihre Großmutter nicht besuchen, weil sie sich dort langweilen. Aber es gibt auch keine Großmütter mehr. Die Großmütter wollen Teenager sein.

Wir bringen unsere Alten niemals ins Altersheim. Wir haben uns immer abwechselnd um sie gekümmert oder sie zu uns geholt. Heute läßt man sie im Stich. Die Menschen haben keine Zeit für die Alten. Schau dir an, wie die Alten mißhandelt werden; ich hab's selbst gesehen.

Die jungen Leute von heute sind so verdammt verwöhnt, daß sie nicht arbeiten gehen wollen. Es gibt Mörder unter ihnen, Kinder schießen aufeinander, werden entführt, all das geschieht. Zerstöre die Natur, und du zerstörst dich selbst.

Mach dir selbst ein Bild von mir

Vielleicht trage ich meinen Teil dazu bei. Ich weiß es nicht. Mach dir selbst ein Bild von mir. Ich arbeite nur. Ich erledige Dinge für andere. Ich versuche, die Pflanzen zu schützen, die wir immer noch verwenden, das Feuchtgebiet, wo wir immer noch Material sammeln für Wiegebretter, Röcke, Sandalen. Das ist schwere Arbeit. Selbst die Polizei kann das Land nicht schützen. Deswegen ist es für mich als einzelne Person so schwer, dieses ganze Gebiet zu schützen.

Die Menschen sagen: Es regnet nicht, es ist eine trockene Zeit. Gott, wenn sie meine Tränen sammelten, dann wäre es keine trockene Zeit.

Ich habe so viele Tränen vergossen, daß ich den Santa Ynez River zum Fließen hätte bringen können in dem Versuch, die Welt zurückzubringen, die mein Großvater kannte.

Lena Sooktis

Nördliche Cheyenne

Während der Nachmittag allmählich in die Dämmerung überging, rief Herman uns zusammen, und wir brachen zu den Hügeln auf, um Holz für die Schwitzhütte zu holen, die er nach Einbruch der Dunkelheit abhalten wollte. Etwa fünf, sechs Meilen hinter Lame Deer, Montana, Richtung Ost, zweigten wir von der Hauptstraße ab und fuhren quer über das Feld. Wir achteten sorgfältig darauf, den Fahrrillen früherer Holzfällerwagen und damit wahrscheinlich Herman zu folgen. Soweit das Auge reichte, waren die Hügel überzogen von den surrealistisch verkohlten Skeletten der Bäume, die dem heftigen Waldbrand im letzten Jahr zum Opfer gefallen waren. Tausende von Hektar waren verbrannt, die Bäume waren für die Holzverarbeitung nicht mehr zu gebrauchen, für das Schwitzhüttenfeuer aber gerade richtig.

Herman Bear Comes Out (dt.: der Bär kommt heraus), der Traditionalist und spirituelle Führer der Nördlichen Cheyenne, ging mit seiner Kettensäge wie ein Fachmann um. Mit chirurgischer Präzision fällte er die schwarzen Baumreste und schnitt sie in Stücke, die wir tragen konnten. Doch der Schalk saß ihm im Nacken, und allmählich wurde uns Holzträgern klar, daß irgend etwas nicht stimmte. Die Stämme wurden immer schwerer und sperriger, ohne daß wir verstanden, warum. Dann dämmerte es uns. Er tat das absichtlich. Er sägte sie nämlich gar nicht kurz. Zunächst machten wir untereinander leise Bemerkungen über das Gewicht der Holzprügel. Dann sagte einer von uns, ich weiß nicht mehr wer, etwas über die Länge. Wir sahen uns an. Dann sahen wir Herman an. Er lachte über das ganze Gesicht. Er hatte die ganze Zeit hinter unserem Rücken gelacht. Jetzt brüllte er vor Lachen.

Lachend versuchte er zu reden und sagte: »Das letzte Mal, als ich einen weißen Burschen mit hier draußen hatte, fragte ich ihn, ob er fällen oder tragen wolle. Er sagte, er habe noch nie eine Kettensäge in der Hand gehabt, er würde also lieber tragen.

Als wir fertig waren, sagte er, nächstes Mal würde er lieber die Säge nehmen, auch wenn er sich bei dem Versuch, damit umzugehen, selbst in Stücke sägen würde.

Ich nehme an, meine Stämme wurden einfach zu schwer und zu lang für ihn«, und Herman bog sich vor Lachen. »Tja, er sagte, er würde die Säge nehmen, auch wenn er sich damit umbrächte. Nun, ich ließ ihm die Wahl; es war seine Entscheidung.«

Während ich mit den letzten Stämmen durch diese abweisende Landschaft wanderte, schaute ich vorsichtig um mich und hatte das Gefühl, daß der gewesene Wald lebendig war. Die Bäume sahen aus wie überlange Gestalten, die auf der Suche nach ihrem früheren Leben herumschlichen. Sie erinnerten mich an die Geschichten, die die Ute-Indianer von den »Stock-Menschen« erzählen. Angeblich werden diese Stock-Menschen von Zauberern beim Medizin-Zauber ausgeschickt und für ihre Zwecke eingesetzt. Oder die Stock-Indianer der Hoh, die im Geist an die Regenwälder auf der Olympia-Halbinsel gebunden sind.

Die Silhouette der Baum-Leichen vor dem dunkler werdenden Himmel und die kalte Nachtluft, die uns die Tränen in die Augen trieb, verstärkten die unheimliche Stimmung. Ich war erleichtert, als die letzten Stämme aufgeladen waren und Herman den Laster schließlich aus dem Schlamm heraus und zurück in die Fahrrillen brachte, die zum Highway führten.

Nachdem wir die Stämme zerhackt und unter und um die Steine herum gesteckt hatten, waren wir alle vom Ruß der Bäume schwarz verschmiert. Mit einem einzigen Streichholz flammte der Stapel auf, und innerhalb weniger Minuten loderte ein offenes Feuer, erhellte den kleinen Hof und verzerrte die Schatten der Gestalten, die das Feuer bewachten, ins Gigantische.

Damit die Steine für die Schwitzhütte so heiß werden, daß sie für diesen Zweck brauchbar sind, muß das Feuer

richtig angelegt werden. Zuerst werden zwei Scheite Holz in einem halben Meter Abstand parallel zueinander auf den Boden gelegt. Dann kommt ein Fundament aus Papier, die Zündladung. Darauf folgt eine Reihe Holz, auf die in Pyramidenform die Steine geschichtet werden. Reihen von Holz umgeben die Steinpyramide und neigen sich schräg zur Mitte. Obendrauf kommt noch mehr Holz. Mit der Flamme eines einzigen Streichholzes wird dieser Bau angezündet, und durch die Form entsteht eine Kaminwirkung. Innerhalb von Minuten ist der Nachthimmel erleuchtet. Herman weiß, wie solch ein Feuer perfekt angelegt wird, denn er ist der Leiter der Schwitzhütte. Während das Holz verbrennt und allmählich zu Asche wird, fangen die Steine an, vor Hitze derartig gelb-rot zu glühen, als wären sie transparent. Man meint, man könnte wirklich durch sie hindurchsehen.

Herman gibt das Stichwort, weist uns mit ausgestreckter Hand und in seiner heiseren Stimme an: »Es geht los, ihr Schwitzferkel.« Und er lacht laut heraus, aber er meint es ernst und schlüpft zur Hintertür hinaus, nur mit seiner Badehose und einem Handtuch bekleidet. »Wir gehen alle hinein«, winkt er mir.

Die Hautfarbe spielt keine Rolle, wenn Herman zur Schwitzhütte einlädt. Alle seine Besucher sind eingeladen teilzunehmen, wenn die Zeit für die Schwitzhütte gekommen ist.

Einer nach dem anderen, ohne erkennbare Reihenfolge und ohne Eile, bahnen sich Männer in Badehosen und Frauen, notdürftig bekleidet und in Handtücher gewickelt, ihren Weg zur Tür und hinaus in die Nacht unter Montanas frostkaltem Himmel.

In einer Ecke des winzigen Gartens, der durch einen hohen Holzzaun vom nur wenige Fuß entfernten Nachbarhaus abgeschirmt ist, ragt ein dunkles, mit Segeltuch bedecktes Gewölbe direkt aus der Erde. Die Schwitzhütte.

Fast den Boden küssend, kriechen fünf oder sechs Männer und Frauen, darunter Hermans Frau, Sharon, und ihre zwei Jahre alte Tochter Lindi, durch die Segeltuchtür in den Bau, so weit nach unten gebückt, daß die Knie den Brustkorb berühren. Lindi ist die einzige, die aufrecht gehen kann und nur ihren Kopf leicht neigt. Während Herman die Klappe hochhält, gibt er Anweisungen: »Geht nach links, links um die Grube herum. Macht einen Kreis.«

Ich krabbele wie die anderen in die angewiesene Richtung und setze mich hin. Warten. Und zittern. Meine Zähne klappern, ohne daß ich es verhindern könnte. Vor uns die kreisförmige Grube, die aus der Erde ausgehoben wurde.

Als alle drinnen sind, setzt sich Herman an das Ende des Kreises – oder ist es der Anfang? –, ganz dicht an die Tür. Aber Hermans Bruder ist noch draußen. In wenigen Minuten wird klar, warum. Mike ist heute nacht nicht nur Teilnehmer, sondern auch Hüter des Feuers.

Nur mit einer Badehose bekleidet der Kälte trotzend, beginnt Mike die glühenden Steine mit einer Mistgabel hereinzubringen. Immer zwei, drei Steine auf einmal. Beim dritten Mal leuchtet Mikes Gesicht genauso rot-orange-gelb wie die Steine, die er trägt. Herman winkt ihm, »Genug«, und Mike flitzt zur rechten Seite der Tür herein.

Herman macht die Klappe zu, sperrt damit die Kälte aus und die Hitze ein. Dunkelheit, nicht einfach nur Dunkelheit, sondern Schwärze umgibt uns. Sofort fühle ich mich besser. Seufzer gehen im Kreis herum. Das Zähneklappern hört auf. Erleichterung.

Herman eröffnet die Zeremonie und spricht in ernstem, feierlichem Ton. Er fragt, ob es für jemanden die erste Schwitzhütte sei, und sagt dann: »Wenn euch die Hitze zuviel wird, bringt euer Gesicht dicht zur Erde. Dann wird euch kühler, und ihr könnt leichter atmen. Legte eure Hände hinter euch, dorthin, wo die Zeltwand den Boden berührt. Wenn euch immer noch zu heiß ist, legt euch hin. Wenn ihr denkt, ihr haltet es nicht mehr aus, könnt ihr rausgehen. Das gilt für jeden. Schlüpft einfach dort unter der Plane durch, wo ihr sitzt oder liegt«, witzelt er.

Eine ohrenbetäubende Stille kommt auf, als Herman eine Pause macht und wartet, als empfinge er Weisungen aus unsichtbaren Quellen. Langsam verlischt die Glut der Steine. Alle sitzen in ihre eigenen Gedanken versunken. Dann wird Zeder über die Steine gestreut, und der Duft erfüllt die stille Luft. »Nehmt euch auch eine Handvoll und streut es über euch«, sagt Herman plötzlich in die Stille. »Atmet es ein.«

Die Zeder vermittelt ein beruhigendes, heilendes Gefühl. Erdig. »Das ist für die Reinigung«, fügt er hinzu, während der Zederndu ft unsere Lungen füllt. Dann ist es wieder still, und jeder zieht sich zurück in seine eigene Gedankenwelt.

Wasser spritzte auf die Steine, rüttelte unsere Sinne wach und holte uns zurück ins Hier und Jetzt. Sofort stieg Dampf auf, wogte in Wellen von unerträglicher Hitze. Mein Körper wurde davon umzingelt, überwältigt, verschlungen. Meine Nasenlöcher brannten, und meine Lungen arbeiteten heftig, um nicht zu platzen. In meinem Kopf wirbelte alles durcheinander. Jede Pore meiner Haut schrie auf. Innerhalb weniger Sekunden floß der Schweiß von Kopf bis Fuß über meinen Körper und weichte auf dem Weg zum Boden, auf dem ich saß, meine Badehose ein.

Nichts wie raus hier, nur weg! schrie es in mir. Aber ich saß still, beruhigte mich, wobei ich mich wie ein Embryo zusammenkrümmte. Während ich mir im stillen zuredete, allmählich friedlicher wurde und mich dem, was geschah, hingeben konnte, nahm ich wahr, daß eine höhere Macht meine Aufmerksamkeit auf sich lenkte. Ich spürte die kühle Erde, fühlte die Nähe der Menschen, die mich umgaben, spürte die Verbundenheit des Kreises, und es zog mich sogar noch näher zur Hitze der Grube.

Während ich den Gedanken nachhing, die mir durch den Kopf liefen, begannen die Trommelschläge. Zu meinem Erstaunen schienen das Pochen der Trommeln und der Rhythmus meines eigenen Herzens zu verschmelzen und eins zu werden. Ich bin zurück im Mutterleib, dachte ich. Ich wußte, das konnte nicht sein, aber der Gedanke schoß mir durch den Kopf. Ich fühlte mich getröstet, eins mit denen, die mich umgaben. Ich hatte gehört, daß man sich in der Schwitzhütte fühlt wie im Schoß von Mutter Erde. Jetzt erlebte ich es selbst.

Als die Trommelschläge allmählich verstummten und jeder von uns gebetet hatte, sagte Herman: »Diese Gebete sind nicht neu. Irgend jemand hat vor Tausenden von Jahren für uns heute damit angefangen. Damals schon haben sie an uns gedacht. Es sind noch immer die gleichen Gebete. Nur, daß wir jetzt an der Reihe sind, sie zu sprechen. Eines Tages werden andere an der Reihe sein. Ich bin dankbar dafür, daß jemand damit angefangen hat, und ich bin dankbar, sie weiterbeten zu können für die, die nach uns kommen.«

Während ich durch den dunklen Schoß meiner Gedanken trieb und mich fühlte, als befände ich mich im spirituellen Zentrum der Erde, mitten im Herzen der Mutter, wurde die Ausgangsklappe hochgeschlagen, und die Temperatur in der Hütte sank schnell. Unsere naßgeschwitzten Körper waren nicht auf den frostigen Atem der Nacht vorbereitet. Wir saßen ganz still, unfähig, uns zu rühren, aus Angst, die grimmige Kälte noch beißender zu spüren, wenn wir die Luft bewegten.

Mike rannte los, um seiner Aufgabe als Hüter des Feuers nachzukommen und in das Heiligtum der Schwitzhütte zurückzukehren. Obwohl er sichtlich vor Kälte zitterte, brachte er schnell noch mehr Steine aus dem verlöschenden Feuer

herein und legte sie sorgfältig in die Grube. Dann wurde die Klappe wieder geschlossen, und schon bald fiel die Hitze unsere Körper mit neuer Heftigkeit an. Eine neue Runde begann.

Viermal wurden Steine hereingebracht. Viermal wurde die Klappe geöffnet. Viermal füllte der wogende Dampf unsere Lungen, und viermal fiel die frostige Luft uns an.

Als die Klappe zum letzten Mal geöffnet wurde, eilte jeder ins Haus, so schnell er konnte. Bei aller Hast, der Kälte zu entkommen und nach drinnen in die Wärme zu gelangen, wußte ich, daß ich ein neuer Mensch geworden war, wie neu geboren. Nach einer entspannenden Dusche kamen wir wieder zusammen, der Kreis, der in der Schwitzhütte entstanden war, bildete sich erneut um den Treffpunkt traditionsbewußter Familien, den Küchentisch. Vor uns auf dem Tisch lagen geröstetes Brot, Kartoffeln, Salat, Hirsch- und Elchfleisch in einer solchen Fülle, daß kein Fleckchen mehr frei war. Von unserem Lachen, das zwischen Reden und Essen erklang, bogen sich die Balken. Durch den Geist des Kreises hatte sich eine Verbindung, eine Art Verwandtschaft entwikkelt und uns enger zusammengebracht.

Die spirituell eingestellten traditionellen Familien wie die Abkömmlinge des berühmten Häuptlings Braided Locks haben nur wenig Zeit zum Ausruhen. Ihr Rat und ihre Führung werden fast täglich in Anspruch genommen. In spirituellen Angelegenheiten arbeiten Lena und Herman eng zusammen, ergänzen und helfen sich gegenseitig. Herman sagt von Lena: »Ohne sie könnte ich meine Arbeit nicht machen. Sie ist immer da, ohne daß ich sie auch nur darum bitten müßte. Sie unterstützt mich bei der Arbeit.« Und er arbeitet viel. Er ist immer ansprechbar.

Die Kälte stieg zusammen mit der Sonne auf, als der Tag am Samstagmorgen über den schimmernden Hügeln von Montana dämmerte. Haufenwolken zogen vorüber, und hin und wieder fiel Schnee aus diesen flauschigen Gebilden. Der blaue Himmel mit seinen weißen, fadenartigen Streifen war von einer eigenartigen Schönheit. Jemand brachte die Nachricht, daß ein entferntes Familienmitglied sehr krank sei und im Krankenhaus liege. Man hatte um eine Heilungszeremonie gebeten. Man beabsichtigt, die Zeremonie noch in derselben Nacht abzuhalten. Herman sagt andere Verabredungen, die er für diesen Abend getroffen hatte, ab; er wird gebraucht, und auch Lena wird dasein. Schnell entscheidet man, daß die Zeremonie in der alten Hütte am hinteren Ende des Grundstücks abgehalten werden soll, am üblichen Platz, den Lenas Vater vor Jahrzehnten für solche Anlässe eingerichtet hatte.

Als Herman und seine Familie um neun Uhr eintreffen, sind schon viele Teilnehmer gekommen. Das Haupthaus ist voller Menschen, die meisten sitzen am Küchentisch und essen und reden. Nach etwa einer Stunde macht sich eine langsame, grüppchenweise Prozession von Männern und Frauen auf den Weg. Viele tragen Wolldecken und Kissen und gehen auf dem gewundenen Pfad durch die Talsenke und den sanft ansteigenden Hügel hinauf zu der alten Hütte. Drei oder vier Pferde tänzeln geräuschvoll an den Zaun in einer Kurve des Fußwegs und schnauben aufgebracht und neugierig, wer ihr ansonsten so friedliches Gebiet durchquert.

In dem winzigen Holzofen in der Mitte des kleinen, nicht isolierten Gebäudes, das nur aus einem Raum besteht, ist schon vor einiger Zeit ein Feuer angezündet worden, um die Kälte zu vertreiben. Trotzdem bleibt es kühl, aber es ist auszuhalten. Vor dem Ofen liegt ein großer hölzerner Rahmen, der mit Sand gefüllt ist. In der Mitte des Vierecks befindet sich ein aus Sand geformter aufgehender Mond. Medizingefäße stehen auf einer Seite. In einer Ecke liegt Zeder. Männer und Frauen sitzen ohne ersichtliche Ordnung an den Wänden entlang auf dem Fußboden. Die Gespräche in der Runde werden weitergeführt, aber nicht lauter als im Flüsterton.

Bald darauf beginnt ein Trommler die Trommel zu schlagen und ein Sänger die Gebete zu singen. Nachdem das Lied viermal gesungen wurde, wird die Trommel an den nächsten weitergegeben, und ein neuer Sänger beginnt vier Runden. Von einem zum anderen geht die Trommel, und jeweils ein anderer nimmt das Singen auf, während die Gefäße mit Medizin herumgereicht werden. Jeder trinkt und gibt sie weiter. Wieder und wieder geht die Trommel im Kreis herum.

Gelegentlich kommt jemand herein und verläßt die Hütte; es gibt keine Einschränkungen, obwohl die ganze Zeit über eine respektvolle Stimmung herrscht und die Aufmerksamkeit immer auf den Zweck der Zeremonie gerichtet bleibt. Die ganze Nacht lang gehen die Gebete ohne Pause weiter. Wieder und wieder kreisen Trommelschläge und Gesänge im Raum.

Als die Dunkelheit der Morgendämmerung weicht, begeben sich die Fürsprecher mit müden Augen aus dem weiß getünchten Schuppen zu einer Schwitzhütte, die bereits vorbereitet wurde, um dort die Anrufungen zu bekräftigen. Wie schnell der Heilungsprozeß vorangeht, liegt jetzt in den Händen des Schöpfers und bei dem Kranken selbst.

Gegen Mittag ist das Treffen zum Fest geworden, mit einem Festmahl aus Elch, Hirsch, Büffel, Hühnchen, Salaten, Gemüsen und natürlich Blaubeerpudding, das zwei Tische, lang wie für ein Bankett, bedeckt. An der Schmalseite der Tische, wo das Anstehen beginnt, erinnert der traditionelle Eimer mit Wasser die Versammelten daran, dankbar für die Grundlagen des Lebens zu sein und achtsam damit umzugehen. Einer nach dem anderen – wobei den Alten respektvoll immer der Platz ganz vorne in der Schlange eingeräumt wird – nimmt die lange, dünnstielige Kelle, trinkt sie mit einem kräftigen Zug bis zum letzten Tropfen aus und gibt sie an den nächsten in der Reihe weiter.

Am oberen Ende des Tisches sprach und lachte Lena mit denen, die geduldig darauf warteten, an die Reihe zu kommen, aber gleichzeitig achtete sie aufmerksam auf die Kleinkinder, die sich an die mit Tischtüchern bedeckte Tischplatte drängten, die höher war als sie selbst. Schnell drehte sie sich um, sprach sie an und unterbrach das Weitergeben der Kelle. Sie schöpfte Wasser mit der Kelle und reichte es den Kindern hinunter. Nachdem sie getrunken hatten, waren sie bereit für ihren Anteil an dem reichlichen Mahl.

Wenig später, als sie mit ihren Töchtern zusammensaß, die sich Schulter an Schulter hinter ihr aufgereiht hatten, sagte Lena: »Wir können morgen früh um acht reden. Ich komme zu dir in Hermans Haus.« Und dann nahm sie ihr immer wieder von Gelächter unterbrochenes Gespräch mit ihren Verwandten wieder auf.

Lena Sooktis. Mein Großvater war Häuptling. Ich stamme aus der Häuptlingsfamilie und der Gemeinschaft der Elk Horn Scraper (Elchhornschaber).

Wir haben hier keine richtigen Klans. Mein Onkel sagt immer, da mein Vater zu der Gemeinschaft gehörte, gehören seine Kinder auch dazu. Eigentlich sind es bei uns die Männer, die Mitglieder dieser Gemeinschaft sein sollen.

Heute redet man davon, daß es eine Schwitzhütte nur für Frauen geben sollte. Aber vor langer Zeit hat mein Großvater mir gesagt, daß es nie eine Schwitzhütte für Frauen gegeben hat. Männer und Frauen gingen immer zusammen. Die Männer kümmern sich um die Schwitzhütte; sie kümmern sich für die Frauen darum. Die Frauen bereiten das Essen vor und was dazugehört.

Den Töchtern beibringen, was ihre Rolle ist

In unserer Kultur der nördlichen Cheyenne haben Männer und Frauen unterschiedliche Rollen. Von der Frau wird erwartet, daß sie zu Hause bleibt, auf ihre Kinder aufpaßt, den Haushalt macht und weitergibt, was sie von ihrer Mutter gelernt hat. Eine Frau soll sich mit ihren Mädchen zusammensetzen und mit ihnen reden können, und das tue ich mit meinen Mädchen. Ich sage ihnen, wen und was sie zu respektieren haben.

Eine Frau sollte ihre Tochter korrigieren, wenn die etwas falsch macht. Kürzlich sprach ich mit meinen Mädchen darüber, wann sie schwitzen gehen können. Du mußt ein gutes Gefühl haben, wenn du reingehst, auch zum Schwitzen. Und du ziehst dir etwas an. Das hat mir meine Mutter immer gesagt. Du ziehst dir etwas Schönes an, gehst rein und schwitzt. Sprich über alles, was ihnen weiterhilft, was diesen jungen Frauen begreifen hilft, zeig ihnen als Frau, wo's langgeht.

Die Macht der Frauen schwächt die Männer

Eine Frau hat sehr viel Macht, wenn sie ihre monatliche Blutung hat. Sie sollte dann mindestens vier, fünf Tage in ihrem Zimmer bleiben, bis sie durch ist. In der Zeit sollte sie nicht an den Zeremonien teilnehmen. Dann schwächst du nämlich die Lebenskraft der Männer. In der Zeit hat eine Frau enorme Kräfte. Ich sage das meinen Mädchen immer wieder. Das gilt selbst für den Sonnentanz, selbst für die Peyote-Treffen. Vielleicht ist es der Geruch des Blutes, weißt du, Frauenblut, der sie schwächt. Ich sage meinen Kindern immer wieder, wenn ihr eure Periode habt, dann geht nicht zu den Männern, treibt euch nicht bei ihnen herum, denn sie merken, daß ihr sie habt. Ihr schwächt dann diesen Mann oder Jungen. Es ist wirklich schwer für einige von dieser jungen Generation, die nie mit den traditionellen Sitten großgeworden sind und eigentlich gar nicht wissen, was das bedeutet. Sie sagen immer: »Wieso, da ist doch nichts dabei. Das ist normal bei Frauen.« Aber hier unter uns, wenn du die traditionellen Wege gehst, die von Gott stammen, weißt du, so wie wir von ihm stammen ... es hat einen Sinn, daß der Schöpfer uns diese Wege gegeben hat, nämlich unsere Männer zu respektieren.

Das Blut der Frauen, könnte man sagen, schwächt die Männer, schwächt sie körperlich. Sie werden schwach, nehme ich an. Mein Vater sagte mir immer, es sei der Geruch des Blutes, der die Männer schwach macht. Dann wollen sie nicht arbeiten gehen, sondern einfach nur herumlungern. So wirkt sich das aus.

Die Macht der Frauen schwächt die Medizin

Das gilt auch für die Medizin. Mein Vater und meine Mutter haben mir immer erzählt, wenn Medizin im Haus ist, im Haus und in dir, und eine Frau ihre Periode hat, wird die Medizin vergiftet. Die Medizin wirkt nicht, wenn eine Frau in der Nähe ist, die ihre Periode hat.

Meine Mutter sagte uns immer, wenn du deine monatliche Blutung hast und jemand wird im Haus behandelt, wollen wir nicht, daß du hereinkommst, denn dann geht es dem Kranken noch schlechter. Er wird wirklich krank, denn der, der ihn behandelt, kann nicht mehr arbeiten, weil du blokkierst, was der Medizinmann tut. Du vergiftest die Medizin, die dieser Mensch gibt.

Die alten Leute haben mir immer gesagt, ich solle einfach darauf achten. Eine Frau hat sehr viel Macht und Einfluß bei den Zeremonien. Das müssen wir weitergeben. Dann können Menschen sich nicht selbst verletzen.

Wir als Indianer müssen dieser Tradition auch heute folgen, dem traditionellen Gesetz, das unsere Urgroßväter und unsere Mütter an uns weitergegeben haben, wir müssen alles an unsere Kinder weitergeben, was sie uns beigebracht haben.

Diese Macht aufgrund der Menstruation hat jede Frau auf dieser Erde. Du hast sie, ob es dir klar ist oder nicht, ob du's begreifst oder nicht.

Weißt du, wenn das nicht stimmen würde, woher sollten wir dann diese Dinge wissen, wie meine Mutter sie immer erzählt hat?

Der Schöpfer hat der Frau spirituelle Kräfte gegeben.

Um noch einmal auf die Zeremonien zurückzukommen, zum Beispiel unser letzter Sonnentanz, der dort drüben stattfand, da hatte eine meiner Töchter ihre Tage. Sie kam zu mir und sagte: »Mutter«, sagte sie, »ich glaube, ich kann beim Sonnentanz nicht dabeisein, ich kann nicht kommen und dir helfen.«

Ich fastete zu der Zeit gerade. Ich ging zum Sonnentanz. Sie sagte: »Es tut mir wirklich leid, daß ich nicht dabeisein kann. Ich habe meine Tage. Ich möchte nicht, daß du krank wirst oder einer der Männer. Ich werde etwas für dich kochen, aber ich werde dafür sorgen, daß mein Mann das Essen mit Zeder räuchert und es dann zu euch ins Lager bringt. Dann ist es gereinigt, und ich mache euch nicht krank.

Denn du sagst mir doch immer, ich solle niemals etwas kochen, ohne es zu reinigen. Ich versuche, mich daran zu halten, damit ich meinen Mann nicht schwäche oder irgendeinen anderen Menschen, der ißt, was ich gekocht habe.«

Ich sagte: »Ich bin froh, daß du das weißt. Wenn du zum Sonnentanz kommst, möchte ich, daß du im Osten oder im Süden stehst, denn der Wind geht in diese Richtung. Der Wigwam für den Sonnentanz ist . . . wenn du auf dieser Seite stehst, werden alle Jungen krank. Wenn du so herumgehst, stehst du aber da drüben, dann kannst du gut Abstand halten.«

Sie sagte: »Vielleicht sollte ich am besten ganz wegbleiben.«

Ich sage das meinen Mädchen immer wieder. Und sie wollen immer wissen, warum. Warum hat eine Frau jeden Monat ihre Periode? Warum haben sie . . . warum wirkt sich das auf Männer aus? Das ist für mich eine wirklich gute Frage. Ich habe meiner Mutter auch viele solcher Fragen gestellt. Das ist etwas, woran wir glauben und dem sich eine Frau fügen muß, sie müssen . . . wie bei den Männern gibt es auch für Frauen bestimmte Dinge, die sie nicht tun können, genauso wie es Dinge gibt, die nur Frauen und nicht Männer tun können. Wenn wir unsere Periode haben, ist das für uns Frauen die Zeit, um über den Mond nachzudenken, darüber, wie nahe wir ihm sind. Wir richten uns nach dem Mond.

Frauen richten sich nach dem Mond

Wenn Frauen früher ein Kind bekamen, richteten sie sich nach dem Mond, statt die Monate zu zählen. Frauen sind mit dem Mond verbunden. Die Frau sagte dann: »Dies ist meine Mondzeit, und das heißt, wenn der Mond kommt, wenn es Halbmond und dann Vollmond wird, dann werde ich mein Baby zur Welt bringen.«

Selbst bei den Peyote-Treffen sind es die Männer, die für uns auf den Mond achten. Uns aber gehört der Mond, denn wir müssen auch, ah, wir müssen uns bei unseren Zeremonien mit dem Mond verbinden. Die Männer achten auf den Mond, indem sie ... sie kümmern sich um ihn wie um ihre Mutter.

Wenn sie den Mond zerstören würden, wäre das, als würden sie ihre Frau verprügeln und genauso mit ihrer Mutter, ihrer Schwester oder ihrer Tochter umgehen. Wir müssen lernen, uns zu schützen, und bei den Peyote-Treffen beobachten, wie die Männer mit dem Mond umgehen.

Bei den Peyote-Zeremonien gehört der Mond zum Altar, er befindet sich im Sand. Von Männern wird erwartet, daß sie imstande sind, sich für uns um den Mond zu kümmern, daß sie etwas auf den Mond legen, das uns Frauen schützt. Selbst wenn die Zeit kommt, geht das zurück auf unsere monatliche Periode. Von Frauen wird erwartet, daß sie wissen, wie sie sich nach dem Mond richten können. So eng ist unsere Verbindung, ist die Verbindung der Frau zum Mond.

Ich schaue jeden Tag als erstes zum Mond hoch. Das muß mir keiner sagen; ich gehe einfach hinaus und schaue nach, wie der Mond steht. So eng ist unsere Verbindung zum Mond, weißt du.

Ich versuche, das an meine Mädchen weiterzugeben. Die Rolle der Frau ist, daß sie weitergibt, was sie von ihrer Mutter weiß.

Frauen, die sich selbst achten

Ich sage meinen Mädchen immer, daß sie in der Lage sein müssen, in bezug auf Männer ihren gesunden Menschenverstand zu benutzen. Wenn du schwitzen gehst, wenn du mit Männern schwitzt, mußt du die Männer respektieren. Wenn du mit Männern zusammensitzt, machst du nicht die Beine breit. Du lehnst dich nicht bei ihnen an. In der Hinsicht hat eine Frau sehr viel Macht.

Vor langer Zeit hat meine Mutter mir immer gesagt, daß eine Frau, die das tut, keinen Respekt vor Männern hat. Ein

Mann könnte dann durchaus denken, du wärst, na, daß du eine Cheyenne-Hure wärst. Männer können dich ausnutzen, sie können deinen Körper benutzen, wenn du nicht auf deinen Körper achtest. Das sage ich meinen Mädchen immer. Ich sage, achtet die Männer, und die Männer werden euch achten.

Ich sage meinen Mädchen immer wieder, sie sollen Respekt vor sich haben. Ich sage ihnen, daß sie vieles können müssen, was eine Frau in ihrem Leben und bei sich zu Hause weiterführen muß.

Wenn du erst Mutter wirst, erwartet man von dir, daß du dein Frau-Sein erfüllst... daß der Schöpfer dich auf diese Erde brachte und aus dir eine Frau gemacht hat, damit du diese Aufgaben erfüllst und damit du viel für den Schöpfer tust.

Pflichten vor der Ehe

Meine Eltern sagten immer zu mir: »Bevor du laut ja sagst, lerne erst einmal alles, was Frauen können müssen. Lerne Perlen aufziehen. Lerne kochen. Lerne Brot backen. Lerne Pudding machen. Das sind Dinge, die du lernen mußt, bevor du einem Mann das Jawort geben kannst.«

Meine Mutter sagte, meine Schwiegermutter würde mich auf die Probe stellen. Sie würde mich testen. Wenn du verheiratet bist, stellt deine Schwiegermutter dich auf die Probe, um zu sehen, ob du Frau genug bist, um zu heiraten und einem Mann das Jawort zu geben.

Es gibt also Dinge, die du als Frau lernen mußt. Deine Schwiegermutter wird dich ausfragen, sie wird dich fordern. Wenn du ihre Forderungen nicht erfüllst, wird diese Familie dich niemals akzeptieren.

Deine Schwiegereltern werden dich auf die Probe stellen, um zu sehen, ob du alles kannst, was man von dir erwartet. Ich versuche meinen Töchtern all das beizubringen, damit sie von anderen Frauen nicht hereingelegt werden können. Wenn du ein Eheleben führst, wirst du auf die Probe gestellt, du wirst ständig getestet.

Frauen tragen schwere Lasten

Frauen haben eine wichtige Rolle, was viele Männer nicht verstehen. Es ist, als schleppten sie Tag für Tag eine schwere Last, gleich morgens nach dem Aufstehen fangen sie damit an.

Der Tag, an dem du von deiner Hochzeit kommst, ist der Tag, an dem deine Familie nach Hause kommt. Du kochst für sie. Eine Frau, die beschlossen hat zu heiraten, die zur Ehe ja gesagt hat, sollte nie, nie aufgeben, weißt du.

Meine Mädchen sagen immer zu mir: »Mensch, uns war nie klar, daß das stimmt.« Wie meine Älteste, die weiß jetzt, daß eine Frau in einem Haushalt eine wichtige Rolle hat. Männer können vieles nicht, was Frauen können, sie können es nicht genauso machen. Ohne die Frau gibt ein Mann schließlich auf.

Das gilt auch für meine Mädchen. Ich sagte zu meiner Tochter, wofür wolltest du einen Mann? Wenn du einen wolltest, damit er alles für dich tut, hat Gott mit dir einen Fehler gemacht, sagte ich. Du mußt verstehen, daß Gott aus dir eine Frau gemacht hat. Man erwartet von dir als Frau, daß du vieles kannst.

All diese Dinge sollte eine Frau an ihre Kinder weitergeben können, damit die verstehen, worum es geht.

Die Macht der Frauen bei den Zeremonien

Eine Frau hat bei den Zeremonien sehr viel Macht. Wenn es die Frauen nicht gäbe, würden viele Zeremonien überhaupt nicht mehr stattfinden. Die Männer würden sie nie, nie abhalten, denn selbst bei den Peyote-Treffen, beim Sonnentanz und auch bei anderen Zeremonien tut die Frau alles. Wenn bei den Peyote-Treffen eine Frau Wasser für das Leben hereinträgt, heißt es, das ist das Leben der Neugeborenen. Eine Frau trägt das herein. Selbst bei der Geburt ist das Baby von Wasser umgeben. Aus diesem Grund heißt es, daß die Frauen Leben tragen. Wenn es die Frauen nicht gäbe, wie sollten dann Kinder geboren werden? Wie würde das Kind ... selbst bei der Geburt, wenn du eine Trockengeburt hast, ist die Frau in Schwierigkeiten. Das Baby im Schoß ist umgeben von Wasser. Deswegen heißt es, daß eine Frau Leben trägt, und Leben ist Wasser.

Bei den Peyote-Treffen trägt eine Frau Wasser herein. Sie bringt das Leben auf den Altar, damit jeder daran teilhat, teilhat am Wasser. Wenn die Frau kein Wasser brächte, müßten die Männer Tag um Tag bleiben. Sie könnten niemals ausführen, wofür sie beten.

Selbst beim Sonnentanz trägt eine Frau den Büffelschädel. Würde diese Frau das nicht tun, könnte der Mann die Zeremonie niemals abhalten. Bei alldem ist immer eine Frau beteiligt. Beim Sonnentanz wird der Schädel also von einer Frau hereingebracht, und die Männer bemalen ihn. Sie kümmern sich für diese Frau um den Schädel. Die Frau bringt beim Sonnentanz auch die Erde. Von dieser Frau erwartet man, daß sie die Erde tragen kann und sie in die Mitte bringt. So kann eine Frau die Wünsche aller erfüllen, die der Kinder und all derer, die auf dieser Erde leben.

Anders gesagt, wenn diese Frau stolpern und die ganze Erde fallen lassen würde, gäbe es keinen ... würden alle leiden. Alle würden sterben. Der Mann, der versuchte, den Sonnentanz in Gang zu bringen, würde dabei in Schwierigkeiten geraten. Eine Frau muß wirklich aufpassen, sie muß an all die Kinder denken, all die Menschen, die hier leben.

Es ist wirklich wichtig, daß diese Frau auf Mutter Erde achtgibt, auf der wir heute leben. Mutter Erde und der Mond, das sind starke Kräfte. Auch wenn deine Mutter stirbt, lebst du weiter auf dieser Erde. Du nennst sie Mutter Erde. Deine Mutter versorgt dich.

Deine Mutter ist der Mensch, der alles für dich tut. Und Mutter Erde tut das gleiche.

Deine Mutter Erde läßt Beeren für dich wachsen. Deine Mutter Erde tut alles, um dich am Leben zu erhalten.

Das sind die Dinge, die ich weiß. Ich bin als Frau etwas Besonderes, so daß ich manchmal Einfluß auf die Männer habe und ihnen Dinge sagen kann. Oft bin ich diejenige, die Entscheidungen treffen muß. Es macht mich stolz, daß ich im Haus das Sagen habe, auch über den Mann.

Ich habe viele junge Mädchen beobachtet, die ganz verloren sind, denen nie gesagt wurde, welche Rolle eine Frau hat. Es macht mich traurig, daß manche Frauen ihren Mädchen nichts erzählen und gar keine Beziehung zu ihnen haben. Als Frau wird von dir erwartet, daß du mit deinen Mädchen, den Frauen, eine enge Beziehung entwickelst, indem du ihnen diese Dinge sagst. Das ist ein Grund unter vielen, warum ich diese Botschaften an meine Mädchen weitergebe.

Eines Tages werden diese praktischen Dinge meinen Mädchen zugute kommen, all das, worüber ich mit ihnen spreche, all das, was ihnen sonst niemand mitteilt. Ich sage meinen Mädchen, wie sie diese Dinge weitertragen und an ihre Kinder weitergeben können. Sie können später einmal sagen: »Meine Mutter hat mir diese Dinge beigebracht.«

Meine Mutter hat immer zu mir gesagt: »Deine Großmutter hat mir diese Dinge immer erzählt.« Was ich meinen Mädchen sage, geben sie an ihre eigenen Kinder weiter. Ich möchte, daß meine Mädchen wissen, daß diese . . . daß es eine Ehre ist, eine Frau zu sein, daß du dich achten sollst, fühlen mußt, daß du geachtet bist durch all das, was wir Frauen tun. Es gibt mir wirklich ein gutes Gefühl, wenn zum Beispiel Männer mich bitten zu beten. Ich fühle mich geachtet und kann auf diese Weise viele Gebete erfüllen, in denen wir darum bitten, daß diesen jungen, heranwachsenden Mädchen geholfen wird.

Ich bin wirklich immer froh, wenn sie mich so oft wie möglich fragen; selbst beim Kochen, ich bin immer, wirklich immer froh, einem jungen Mädchen Kochen beizubringen, denn für mich war es ein Geschenk, kochen zu lernen und das an viele junge Mädchen weitergeben zu können.

Es ist ein Privileg für mich, die Tradition meiner Ur-Ur-Großmutter so weiterzugeben, wie sie an mich weitergegeben wurde. Meine Mutter lebt heute nicht mehr, aber ich benutze ihre Worte, um diesen jungen Mädchen beizubringen, was ich weiß. Das ist eine Ehre für mich.

Männer können sich einfach nicht beherrschen

Meine Mutter sagte immer zu mir, Männer können sich einfach nicht beherrschen. Wenn eine Frau hereinkommt, verliert ein Mann wegen ihr die Beherrschung über sich. Ich sollte zum Beispiel, sagte sie mir immer wieder, nie enge Kleider tragen, ich sollte nie sexy Kleider tragen oder mich vor einem Mann ausziehen, denn der kann sich nicht beherrschen.

Wenn Männer eine Frau sehen, denken sie als erstes: »Ich werde diese Frau herumkriegen, ich werde ihr Honig ums Maul schmieren und ihr Komplimente machen, mal sehen, wie ich sie zum Lachen bringen kann, oder ich gebe ihr Geld, damit sie sich was kaufen kann und auf mich zugeht.«

Das spukt einem Mann im Kopf herum, aber manche Frauen gehen auch darauf ein. Du mußt selbst Abstand zu den Männern halten, damit sie dich respektieren. Es ist krankhaft, wenn eine Frau sich einem Mann anbiedert.

Von einer Frau erwartet man vieles. Zum Beispiel, daß sie sich schützen kann. Sie sollte ihr Haar gründlich kämmen, aber wirf deine Haare niemals einfach weg, weil manche Männer ihre spirituellen Kräfte für schmutzige Dinge benutzen und dir mit diesen Haaren etwas antun könnten.

Es gibt viele Frauen, die sich verkaufen. Sie biedern sich an. Es heißt, wenn du dich als Frau verkaufst, mußt du in späteren Jahren dafür zahlen. Männer können einfach darüber hinweggehen und sagen: »Tja, ich habe sie benutzt.« Aber damit eine Frau sich bei Männern Respekt verschafft, muß sie sich ihren gesunden Menschenverstand bewahren und sich selbst achten können. Wenn ich mich aufgeputzt habe, hat meine Mutter immer zu mir gesagt: »Wenn ein

Mann dich mag, schaut er sich an, wie du bist, wie du dich benimmst. Er sagt dann nicht: ›Diese Frau zieht sich wirklich sexy an; ich werde mich um sie bemühen.‹«

Du solltest einem Mann zeigen können, was du alles kannst. Meine Mutter sagte immer zu mir: »Ein Mann muß dich mögen, und ihm muß auch deine Familie gefallen, deine Umgebung. Auf diesem Weg bekommt er dich.«

Wie mein Mann, er wußte, daß ich aus einer traditionellen Familie komme. Ich nehme meistens am Sonnentanz teil, ich koche und tue alles, was sonst noch ansteht. Er wußte, daß ich vieles kann, was unsere Ehe zusammenhält, und wir sind jetzt 23 Jahre verheiratet und haben uns nie getrennt, nie. Wir haben unsere Hochs und Tiefs, aber wir haben alle unsere Kinder großgezogen und unsere Enkel.

Eine Frau hat die Wahl

Eine Frau hat wirklich die Wahl. Ich sage meinen Mädchen immer, wenn ihr wirklich eine Familie gründen wollt, wenn ihr glaubt, ihr seid wirklich bereit für diese große Verantwortung, dann sagt ja zum Eheleben. Wenn nicht, wenn ihr euch nicht für einen Haushalt wie diesen entscheiden wollt und für all das, was ich durchmache, dann sucht euch noch keinen Mann. Wenn ihr euch einen Mann sucht und diese Verantwortung nicht übernehmen wollt, dann wird eure Ehe bestimmt nicht lange halten. Ihr müßt euch das überlegen. Ich will versuchen, mir und meiner Familie ein gutes, glückliches Leben zu schaffen. Wenn du und dein Mann heiraten wollt, dann werdet ihr auch Kinder bekommen, ein Kind fragt euch nicht groß um Erlaubnis, geboren zu werden. Du mußt auf dieses Kind aufpassen, es beschützen und ihm etwas beibringen.

Ich sage meinen Mädchen, ihr habt euch dieses Leben ausgesucht, um zu heiraten, also heiratet diesen Burschen. Wenn ihr dann verheiratet seid, dreht euch nicht nach anderen Männern um und flirtet mit ihnen herum. Damit macht ihr euch und euren Kindern nur was vor. Damit tut ihr euch weh. Ihr verkürzt euer Leben.

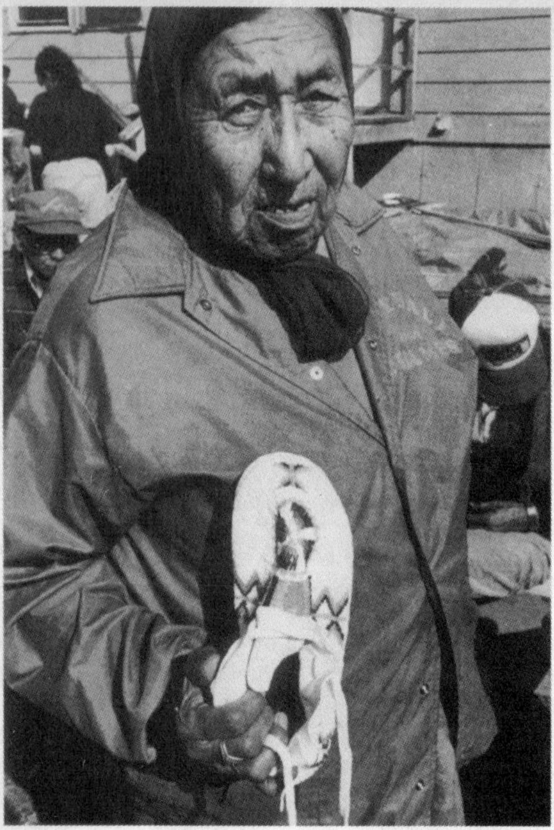

Eines Tages werde ich wahrscheinlich alt sein, und meine Mädchen wissen dann, woher ich kam. Ich hoffe, sie werden sagen: »Meine Mutter hat mich gelehrt. Das bleibt. Ich werde es nie vergessen.«

Wenn ihr für eure Familie ein gutes Leben führt, dann wird eure Ehe lange halten, und das zahlt sich am Ende für euch aus. Am Ende wartet eine Belohnung.

Jeanette Cypress · Agnes Cypress Susie Billie

Seminolen

Der Himmel wechselte die Farbe. Kleine gebauschte Wolken, wie Watteballchen geformt, zogen dahin. In der Ferne raste ein heftiger Wind über die Lichtungen. Keiner der Trauernden bemerkte es, alle rückten nur näher an das Grab heran, während der indianische Baptistenprediger seine Predigt mit den Worten beendete: »Er ist jetzt mit Jesus zum Himmel aufgestiegen. Besser tot, als fünfzehn Jahre alt werden und all das anstellen, was Kinder in dieser schlechten Welt von heute an im Sinn haben.«

Auf einen Wink hin packte der Bestatter den winzigen weißen Sarg aus Fiberglas, stieg in die flache Grube und legte ihn ins Grab.

Kaum hatte sich der Staub von der letzten Schaufel Erde gesetzt, mit der der aufgerissene Boden gefüllt wurde, als direkt hinter der Baumreihe ein Blitz einschlug, abprallte und in gewaltigen Schlägen wieder zum Himmel hoch fuhr. Donner grollte leise, verklang endlos lange. Eine einzige drohende Gewitterwolke zog über uns dahin, verfinsterte die Sonne und warf ihre schwarze Schattenkappe über die, die zurückgeblieben waren und sich weinend umarmten. Plötzlich verlor das wütende Monster seine Macht und wehte, als sei es nur ein Flüstern mit kühlem Atem, über das frisch gemähte Friedhofsgelände der Seminolen. Dann, gerade als der Regen mit heftigen, horizontalen Böen einsetzte, war auch schon alles vorbei. Stille kam auf, wo Minuten vorher noch ein Lärm wie von Tausenden von Stimmen aus einer anderen Welt geherrscht hatte. Der dunkle Schleier lüftete sich, die Sonne kehrte zurück, und wieder trieben Wolken träge am endlos blauen, sommerstillen Himmel. Blaze Kowakuce Tommie, geboren am 25. Juni 1991 und gestorben am 25. Juni 1991, war zur letzten Ruhe gebettet worden.

Eine dunkle Wolke angstvoller Vorahnungen hatte vergangenen Montag morgen meine Fahrt die Alligator Alley entlang überschattet, während ich so schnell wie möglich zum Big Cypress Seminole Reservat in Floridas Sumpfgebiet fuhr, um Jeanette Cypress, eine langjährige Freundin, zu besuchen. Ich hatte am Abend vorher mit ihr am Telefon gesprochen, und sie war besorgt gewesen. Ihre Wehen hatten eingesetzt, aber das Baby bewegte sich nicht, und sie fühlte sich nicht wohl. Ich wußte, daß etwas nicht stimmte. Das Beste hoffend, fürchtete ich doch das Schlimmste.

Etwa eine Woche vorher hatte ich mit Jeanette geredet, und sie war voller Vorfreude gewesen, denn dies würde Dannys und ihr erstes gemeinsames Baby sein. Sie beide hatten bereits Kinder aus früheren Ehen, aber dieses Baby, sagte sie, würde ihre Beziehung festigen und sie näher zusammenbringen.

Als ich die Büroräume des Stammes betrat, wurde dort nicht viel gesprochen. Alle waren freundlich, aber wortkarg, während ich auf Jeanette wartete. Schließlich sagte Mabel Jim, eine Verwandte, sie glaube, Jeanette sei zum Arzt nach

Fort Myers gefahren und Danny würde bald kommen, um mit mir zu sprechen. Irgend etwas stimmte nicht. Als Danny eintraf, bat er mich, mit nach draußen zu kommen, damit wir unter uns waren, und erzählte mir, daß Jeanette im Krankenhaus liege und das Baby tot sei.

Mein Grund dafür, mich so schnell nach Big Cypress zu begeben, war, daß ich die großartige Gelegenheit hatte nutzen wollen, die Ankunft einer neuen Generation in dieser Welt zu dokumentieren. Ich glaube, ich hatte auf ein Mädchen gehofft, denn ich war gekommen, um die weibliche Welt zu erkunden. Statt eines Mädchens war es ein kleiner Junge. Aber ob Junge oder Mädchen – statt auf die Freude des Lebens stieß ich auf die Traurigkeit des Todes.

Als jetzt der Regen herabprasselte und ich durch die beschlagenen Fenster nach draußen schaute, erinnerte ich mich, wie der Bestatter den kleinen Sarg in die Grube senkte, wie Jeanettes neunzehnjährige Tochter Blazes unbenutzte Windeln in einem Beutel daneben legte, an das Geräusch, mit dem die Trauernden die lose Erde zusammenkratzten, um sie in das Grab zu werfen. Wieder hörte ich im Geist den Wind und sah die kleine schwarze Wolke. Und dann der Regen . . . der Regen!

WOCHEN SPÄTER kehrte ich nach Big Cypress zurück und verbrachte mehrere Tage mit Jeanette, ihrer Mutter Agnes und ihrer 102 Jahre alten Großmutter Susie Billie. Die drei Frauen sprachen über den Tod des Kindes und die grundsätzlichen Weltanschauungen der Seminolen aus weiblicher Sicht.

Das Schwerste

Jeanette. Bei der Beerdigung fragten mich alle, ob es mir soweit gutginge. Für mich war nicht die Beerdigung das Schwerste, sondern das Warten auf das Kind, denn ich wußte, daß es bereits tot war. Trotzdem, als es dann kam . . . ich weiß nicht, wie ich es erklären soll. Das Schwerste war, als es schließlich kam, weil ich mir da eingestehen mußte, daß es nicht am Leben war, als es . . . als ich es schließlich zur Welt brachte. Als ich es noch trug, war da doch noch etwas Hoffnung, obwohl er sich nicht bewegte. Deswegen ging es mit den Wehen nicht voran, weil ich immer noch versuchte, an irgend etwas festzuhalten. Es war, als wollte mein Körper sagen: »Wenn du es zur Welt bringst, ist es nicht mehr . . . ist nicht mehr da.« Obwohl es ihn ja in Wirklichkeit auch vorher nicht mehr gab, was sein Leben betrifft.

Ich glaube, ich hätte nicht gewollt, daß es anders verlaufen wäre. Ich meine, ich wünsche das niemanden, und ich . . . ich hoffe, es geschieht nie wieder, wenn ich . . . wenn ich beschließen sollte, noch ein Kind zu bekommen. Aber ich glaube, ich bin froh, daß ich keinen Kaiserschnitt hatte, daß ich bei Bewußtsein war, das Kind gebar und es sah. Weil ich jetzt zumindest das Gefühl habe, daß die ganze Zeit über Leben in mir war, und dann, als ich in den Wehen lag und das Kind entbunden habe, zumindest etwas Zeit mit ihm verbringen konnte. Ich glaube, es wäre schlimmer für mich gewesen, wenn ich ihn gar nicht gesehen hätte.

Ich ging zum Bestattungsunternehmen, um alles zu arrangieren. Sie sagten, beim Tod eines so kleinen Kindes, das die Leute gar nicht richtig kannten, würde eine bescheidene Zeremonie reichen, wir müßten keine große Sache daraus machen. Daraufhin sah ich den Mann an und sagte: »Für mich ist es eine große Sache. Und ich möchte alles so haben wie bei einer ganz normalen Beerdigung. Sogar, daß sich die Leute wie sonst auch in einem Buch eintragen.«

Er sah mich an und wußte, daß ich es ernst meinte. Also arrangierte er alles für mich.

Die Beerdigung meines Babys sollte so verlaufen wie die eines jeden anderen Menschen auch, der tatsächlich am Leben gewesen ist und eine Weile gelebt hat. Früher wurden die Menschen anders beerdigt. Die Sitten ändern sich. Die Beisetzung verläuft heute zwar anders, aber Heilzauber, Medizin setzt man danach immer noch ein. Meine Mutter kann sich daran erinnern . . .

Beerdigungen in alten Zeiten

Agnes Cypress. In alten Zeiten haben wir die Menschen anders beerdigt. Wir haben keine Blumen im Laden gekauft. Wir haben kein Geld ausgegeben. Wir wurden angewiesen, alles stehen- und liegenzulassen. Nichts zu tun. Einfach im Lager zu bleiben, bis die vier Tage vorbei waren und der Geist gegangen war, bis die Zeremonien und alles vorbei waren. Es hieß, wenn wir anfangen würden, Geld auszugeben und uns in materielle Dinge zu verwickeln, würden wir immer so weitermachen. Also sind wir einfach still geworden, haben dem Toten unsere Aufwartung gemacht und nichts getan. Und es kamen auch nicht Scharen von Leuten ins Lager, die aßen und dann wieder verschwanden, denn früher lebten sie in Lagern. Wenn Menschen kamen, wohnten sie bei der betroffenen Familie und aßen das gleiche wie alle und blieben, bis die vier Tage vorbei waren, und dann gingen sie wieder. Aber sie setzten sich nicht an den Tisch, aßen, standen auf und gingen wieder nach Hause. Sie mußten den ganzen Ablauf mitmachen, der völlig anders war, ich nehme an, was wir heute machen, ist wahrscheinlich ... irgendwie tun wir's schon noch auf die alte Weise, denn wir verabschieden den Geist und all das, aber etwas ist auch verlorengegangen, denn heute kommen Leute von überall her, die sich einfach nur an den Tisch setzen und dann wieder gehen. Sie bleiben nicht die ganzen vier Tage.

Wenn sie von der Beerdigung zurückkamen, sollten sie sich eigentlich duschen, bevor sie nach Hause gingen und etwas aßen. Wir haben das immer so gemacht. Heute tun sie nicht mal das.

Wir haben sowieso immer versucht, den Toten zu beerdigen, bevor die vier Tage vorbei waren, denn wenn wir das nicht ... es hieß immer, wenn du den Toten nicht vor Ablauf der vier Tage begräbst, dann nimmt er einen anderen Geist mit, und gleich nach ihm stirbt noch jemand.

Gerade neulich erst war es so, daß einer nach dem anderen gestorben ist. Meine Mutter sagt, daß sie da die Leute erst nach den vier Tagen beerdigt haben. Ich weiß das selbst auch noch. Vielleicht haben die Alten recht.

Wir haben Leute niemals in der Erde begraben, weil es immer hieß, daß Indianer nicht beerdigt werden. Wir haben sie auf den Boden gelegt, und es hieß immer, wenn wir anfangen, unsere Leute zu begraben, dann wird unser Volk anfangen auszusterben. Heute sagt man, daß deswegen so viele bei uns sterben.

Die Menschen richten sich heute eher nach den Sitten der Weißen. Wir beerdigen unsere Leute wie sie.

Grossmutters Medizin

Jeanette. Als das Baby starb, mahnte meine Großmutter zur Eile, damit ich tat, was ich zu tun hatte. Sie begann mit ihrer Medizin für mich. Die Älteren wollen, daß ein Toter vor dem vierten Tag begraben wird, und sie wollen, daß du eine Art Reinigung vornimmst. Sie wollte, daß ich mich beeile und das alles hinter mich bringe. Sie dachte, sie würden einen Kaiserschnitt bei mir machen, aber das stimmte nicht. Das hat sie wirklich aufgeregt, weil ich dort zwei Tage mit dem toten Kind im Bauch lag. Die Alten haben es sowieso mit dem Tod, und sie sagte, das Baby ist bereits tot und es muß da herausgeholt werden.

Als ich wieder zu Hause war, konnte ich eine ganze Weile nachts nicht schlafen, und ich glaube, das war auch deswegen, weil das Baby abends immer viel munterer gewesen ist. Ich glaube, mein Körper wartete immer noch auf die Bewegungen, aber sie erklärte mir: Du hast das Kind zu lange getragen, nachdem es bereits tot war. Denn ich muß es etwa vier Tage getragen haben, weil es ja bereits tot war, als ich ins Krankenhaus kam, vielleicht habe ich es sogar noch fünf Tage getragen, nachdem es bereits gestorben war. Ich weiß wirklich nicht genau, ob es Samstag oder Sonntag gestorben ist. Montag haben sie entdeckt, daß es tot ist, und es dauerte noch zwei Tage, bis es entbunden war. Darum, sagte sie mir, bräuchte ich noch eine weitere Medizin, denn ich würde aus dem Grund nicht schlafen, weil der Geist des Kindes trotz der Beerdigung nicht wirklich gegangen sei, da ich es so lange getragen hätte. Sie wollte also noch eine andere Medizin für mich bereiten, damit ich darüber hinwegkam, denn nachts, so erzählte ich ihr, ging es mir wirklich schlecht. Sie sagte: »Geister« – ich nehme an, Nicht-Indianer würden von Gespenstern reden, aber wir nennen sie Geister, nicht wirklich Gespenster – »schlafen meistens am Tage und kommen nachts hervor. Da du das tote Kind eine Weile getragen hast, ist es wahrscheinlich nachts bei dir, und deswegen fühlst du dich nicht wohl.«

Meine Großmutter sagte immer zu uns:

»Wenn die Toten gehen, kommen sie manchmal zurück und sagen den Menschen, die ihnen wichtig waren, daß sie sie lieben, oder verabschieden sich zum letzten Mal von ihnen.

Dann erscheinen sie dir vielleicht in irgendeiner Form, oder du spürst, wie dich etwas berührt. Hab keine Angst.«

Ich hatte das Gefühl zweimal, nein, dreimal, bei drei Menschen, die mir wirklich nahe waren. Ich glaube also an viele dieser Dinge. Manche Leute denken wahrscheinlich,

»O Gott, das ist doch alles ein Witz«, aber du weißt, wenn du so etwas erlebst und ...

Meine Mutter kann das besser erklären als ich ...«

Den Geist verabschieden

Agnes Cypress. Bei uns Indianern ist es so, daß wir jedesmal, wenn es einen Todesfall gibt, den Geist verabschieden, damit er sich nicht herumtreibt; weiße Menschen dagegen haben keine solchen Rituale, oder wie du es nennen willst. Sie sprechen immer von Reinkarnation, was wahrscheinlich möglich ist, weil der Geist nie geht. Uns hat man aber beigebracht ... ich nehme an, das geht zurück auf ... bei uns kannst du das nicht mehr sehen, aber viele der älteren Leute haben Narben und andere Zeichen an den Händen. Sie haben sich sogar gebrannt, so daß die Haut wie die Asche von Blättern aussah, um sich Zeichen zu machen; und wenn sie sterben und ihr Geist sie verläßt, sollen ihnen diese Zeichen wie ein Leitlicht sein, das ihnen hilft, diesen Pfad zu gehen und das Böse fernzuhalten. Angenommen, du stirbst, dann leuchten diese Zeichen auf.

Wenn du stirbst, glaubten sie, glimmt ein Licht auf an der Stelle, wo du dich zuvor gebrannt hast. Sie nehmen einen Stengel, eine bestimmte kleine ... eine der Pflanzen, die wir für unsere Medizin verwenden. Wir nehmen ein kleines Stück davon, zum Beispiel ein kleines Stück vom Stiel. Das halten sie auf den Arm oder die Hand und zünden es an. Es muß durch die Haut gehen.

Denn sie glauben, wenn wir nicht die Medizin verwenden, um den Geist zu verabschieden, wie wir es tun sollen, damit er gehen kann, wohin er gehen muß, dann macht er uns krank. Sie treiben sich weiter herum, bis du zu ihnen stößt.

Es gibt einen Ort, so ähnlich wie eine Stadt der Geister ... den Ort für Geister. Wenn wir sterben, müssen wir dorthin gehen, wo die anderen Geister sind. Wir werden den Ort sehen, wenn wir, sagen wir, mit dem Baby wieder zusammenkommen.

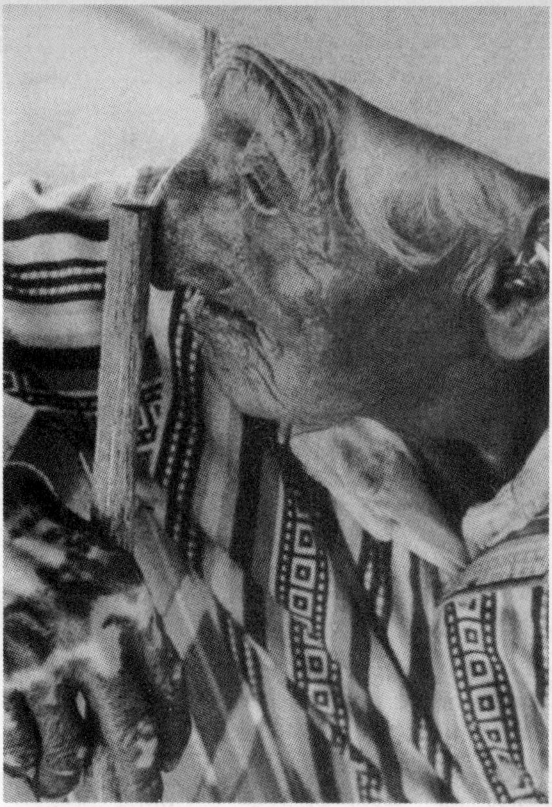

Wenn du ins Land der Geister gehst, mußt du einem bestimmten Pfad folgen, und wenn du die Leuchtzeichen nicht hast, weil es dunkel ist . . . da ist kein wirkliches Geschöpf, da ist etwas anderes . . . etwas Böses wartet dort, an dem du vorbeimußt, und wenn du die Leuchtzeichen nicht hast, kriegt es dich. Aber das Licht, das verscheucht es.

Wir sollten außerdem immer vier Stöcke verbrennen und sie dorthin legen, wo die Sachen des Toten draußen im Wald geblieben sind. Früher haben wir sie bei dem toten Körper gelassen, aber heute begraben wir sie mit dem Körper. Früher wurde er nicht unter die Erde gebracht. Es gab ... du nahmst Zypressenholz, das hast du geschichtet und den Körper daraufgelegt, damit er nicht direkt auf dem Boden lag. Er wird dann bedeckt. Sie ließen den Körper oben drauf liegen; damals wurde der Körper nicht begraben. Sie ließen ihn einfach liegen. Früher war es verboten, Menschen zu begraben, aber heute tun wir das.

Es gibt hier draußen Plätze – Großmutter kennt viele von ihnen – wo sie den Körper oder die Sachen des Toten auf dem Weg liegenließen. Wenn jemand starb, zum Beispiel vom Blitz erschlagen wurde, legten sie ihn zur Ruhe und bedeckten ihn mit einer Art Plane, so einer alten, dunklen Plane, und noch lange sahen einige Leute den Geist mit dieser Plane herumirren.

Die Toten bleiben unter uns

Jeanette. Deswegen hatten sie in den Gärten für alles Medizin, und sie hängten Lorbeerblätter auf. Dann mußten sie draußen im Chicki (offene, schilfgedeckte Hütte, Anm. d. Ü.) bleiben und durften etwa vier Monate nicht ins Haus. Jemand mußte aber im Haus schlafen. Es durfte nicht unbewohnt bleiben, weil der Geist dort blieb, wenn man einfach wegging.

Großmutter sagte, ich könne das kleine blaue Haus meines Onkels haben. Aber, sagte sie, ich müßte dann auch dort bleiben. Niemand wollte in dem Haus schlafen, aber ich mußte dort schlafen. Ich ließ eine kleine Lampe brennen. Die Kinder wollten da nicht bleiben. Gut, ich schlief in dem Haus.

Großmutter hatte uns gesagt: »Hab keine Angst, denn es gibt schlimmere Dinge. Du könntest vergewaltigt, überfahren, überfallen oder sonstwas werden. Dies ist dein eigener Verwandter. Vielleicht kommt er zurück, um etwas zu suchen, aber er geht auch wieder. Hab keine Angst davor.«

Als ich in dem kleinen blauen Haus wohnte, suchte ich einmal ihren Sozialhilfeausweis und konnte ihn nach dem Tod meines Onkels nirgendwo finden. Und in der allerersten

Nacht, ich glaube, es war dieselbe Nacht, in der er starb, hatte ich das Gefühl, als würde jemand auf mir sitzen. Ich schlief und ich . . . es war . . . er mußte es sein. Ich glaube, er kam nach Hause und wollte sich auf das Bett setzen. Er wußte nicht, daß ich in dem Bett lag. Und ganz plötzlich, du weißt ja, wie das ist, wenn jemand auf dir sitzt, da bleibt dir die Luft weg. Genau das passierte mir. Es war, als würde ich schlafen, und trotzdem auch wieder nicht. Ich begann zu reden. Ich weiß noch, daß ich zu ihm sagte: »Hey, ich bin es.« Und dann lag ich dort, und ganz plötzlich hob sich das Gewicht, und ich lag einfach da. Dann stellte er sich hinter mich. Ich konnte nichts sehen. Und da lag ein Buch oder etwas Ähnliches, und ich hatte das Gefühl, daß er die Seiten durchblättert. Danach verschwand es. Ich sah hoch, und ich dachte, ich könnte schwören, daß ich gesehen habe, wie er mich durch das Fenster anschaut.

Als ich das Großmutter am nächsten Tag erzählte, sagte sie, er habe sich einfach verabschieden wollen. Er kam ins Haus und wollte sich hinsetzen und setzte sich wahrscheinlich versehentlich auf mich. Er verabschiedete sich einfach und warf wahrscheinlich einen letzten Blick auf sein Haus und ging.

Ich ging ins Haus, und da lag ein altes Buch. Ich begann, es durchzublättern. Der Sozialhilfeausweis war in dem Buch. Ich fand ihn. Er hatte mir gezeigt, wo er war. In der Nacht, als er auf mir saß, hatten sie mit der Medizin noch nicht angefangen. Nach vier Tagen sollen sie gegangen sein. Wenn er nach vier Tagen nicht gegangen ist, treibt er sich wahrscheinlich noch herum.

Mit Palmer war es anders. Er trieb sich ständig weiter in meiner Nähe herum. Großmutter sagte: »Wenn sie nicht in der Zeit gehen, in der sie gehen sollen, und weiter dableiben, dann wollen sie dich mitnehmen.« Mit Palmer ging das fast zwei Monate so. Er muß sich ständig in meiner Nähe herumgetrieben haben, denn ich wurde krank.

Als Palmer im Bett lag und ich mich um ihn kümmerte, da hatte er diesen komischen Atem. Er war so . . . ich weiß nicht, wie ich es beschreiben soll. Es war kein Mundgeruch, aber so ein gewisser Geruch, den ich immer abbekam. Ich konnte das spüren. Er war so, wie ... als ob er ständig ganz mühsam atmete. Als er gestorben war, hatte ich das Gefühl, diesen Geschmack jetzt *selbst* im Mund zu haben. Ich konnte das schmecken und spüren. Ich hatte das Gefühl, daß ich mich ständig so verhielt wie er. Jedesmal, wenn ich ins Auto stieg, konnte ich spüren, wie er auf dem Rücksitz saß.

Ich hatte keine Angst vor ihm, es war nur so, daß er überall war, wo ich war. Ich wohnte bei einer Freundin in einer anderen Stadt, und er mußte mitgefahren oder sonstwie mitgekommen sein, denn er war auch in diesem Haus.

Mein Sohn war zu der Zeit noch klein, und er wurde wirklich krank und bekam Fieber. Er begann zu phantasieren und sagte zu Großmutter, da sei irgendwas. Am nächsten Morgen sagte sie: »Wir müssen Medizin für dich machen.«

»Warum?«

»Ich habe ihn gesehen.«

Ich sagte: »Wirklich?«

Daraufhin sie wieder: »Erinnerst du dich noch an die indianische Jacke, die du Palmer für die Beerdigung gemacht hast? Er trug sie. Als du aus dem Haus gegangen bist, sah ich aus dem Fenster. Du bist nach draußen ins Chicki gegangen, und er kam hinter dir her. Seit er gestorben ist, ist er ständig um dich. Deswegen fühlst du dich so merkwürdig.«

Also hielten sie Medizinrituale für mich ab. Danach machte er sich an meinen Sohn heran. Mein Sohn wurde krank und schrie, als würde jemand im Zimmer stehen. Aber da war niemand. Großmutter sagte, Palmer wäre wieder dagewesen. Da er mich nicht haben konnte, suchte er sich den aus, der mir am nächsten war. Mein Sohn wurde schlimm krank, also hielten wir auch für ihn Medizinrituale ab. Wir halten immer Medizinrituale ab, wenn die Beerdigung vorbei ist. Wir rauchen Lorbeerblätter und all das. Aber trotzdem sind einige Geister manchmal . . . er war hartnäkkig; er ist lange Zeit nicht gegangen. Aber schließlich ging er doch.

Vom Sterben und von der Seele

Susie Billie. Die Menschen müssen akzeptieren, daß es einfach nicht sein sollte. Dieser Mensch, dieses Leben sollte einfach nicht sein, also ging er weiter. Du mußt das einfach hinnehmen.

Unser Todesdatum steht bei der Geburt schon fest, und unsere Tage sind gezählt. Wenn du an den Punkt kommst, dann war es das. Da führt kein Weg dran vorbei. Manche Menschen haben von Anfang an einfach nie eine Chance.

Der Körper stirbt. Der Körper ist nur das, was die Seele hält oder was sie bewohnt hat. Die Seele lebt weiter.

Sie wandert an den Ort, wo alle anderen Seelen sind. Sie leben weiter wie vorher, denn sie schließen sich den anderen Seelen an, die auch dort sind. Sie treffen die anderen Familienmitglieder, die gegangen sind. Ihr Geist, oder wie du es nennen willst, macht dort das, was alle anderen auch machen.

Jeanette. Ich habe viele ältere Menschen beobachtet; sie regen sich nicht besonders darüber auf, daß sie sterben müssen. Ein wenig schon, aber sie haben trotzdem diesen inneren Frieden. Sie wissen, auch wenn wir sie nicht mehr sehen, sie gehen dorthin, wo sie hinzugehen haben. Sie wissen innerlich, daß kein Weg daran vorbeiführt. Das ist es. Sie akzeptieren es und versuchen nicht, es in die Länge zu ziehen.

Tagelang habe ich mich immer wieder gefragt, warum ich das Baby verlieren mußte. Warum mußte mir das passieren?

Meine Mutter sagte zu mir, ihrer Meinung nach ist das alles passiert, um mir etwas zu ersparen. Sie hatte das Gefühl, daß der da oben es für das Beste hielt, das Kind zu sich zu nehmen, und vielleicht war es nicht meine Zeit.

Sie sagte: »Du mußt einfach akzeptieren, was passiert, denn es gibt Gründe dafür. Es war zu diesem Zeitpunkt das beste.«

Du machst dir natürlich Gedanken. Ich weiß, daß ich mich richtig ernährt habe. Ich habe mich vorgesehen. Ich habe keine Drogen genommen und auch keinen Alkohol getrunken. Und dann kommen dir Gedanken wie, das ist doch absurd, die anderen Mädchen sehen sich überhaupt nicht vor, sie trinken, sie nehmen Drogen, und trotzdem bekommen sie gesunde Babys. Das ist für sie keine große Sache. Manche von ihnen wollen noch nicht einmal ein Baby.

Die Krankenschwester suchte nach dem Herzton und konnte ihn nicht finden. Ich fing sofort an zu weinen. Sie sagte: »Weinen Sie nicht, manchmal liegen sie verkehrt.« Aber als sie aus dem Zimmer ging und sagte: »Ich muß den Arzt holen«, konnte ich ihr am Gesicht ablesen, daß etwas nicht stimmte. Sie schlossen mich an den Monitor an. Ich konnte das Baby sehen; sein Kopf war so groß, wie ich's dir hier zeige. Man konnte nichts hören. Es war gestorben.

Sie leiteten die Wehen ein. Ich brauchte zwei Tage, um das Kind zu entbinden. Der Muttermund weitete sich nicht. Ich glaube, mein Körper kämpfte dagegen an. Sie wollten mir Schmerzmittel geben, weil es so weh tat, aber ich nahm nichts.

Ich fragte mich: »Könnte es möglich sein, daß mein Muttermund sich nicht weitet, weil ich tief in mir weiß, daß das Kind tot ist, und wenn ich es loslasse, war's das dann? Weißt du, wenn das Kind kommt, das war's dann, aber auch wenn es tot ist – solange ich es trage, habe ich immer noch das Gefühl, daß es zu mir gehört. Denn sonst muß ich es gehen lassen.«

Es war die ganze Zeit auch so, als ob ich mich selbst bestrafen wollte, wenn man das so sagen kann. Ich weiß nicht, ob ich nicht ganz tief innen dachte: »Das Baby ist gestorben, und dafür werde ich leiden.« Da gehen dir alle möglichen Gedanken durch den Kopf.

Als er geboren war, sah er aus wie ein vollkommen normales Baby. Das machte es so schwer. Er sah völlig, ja, glücklich sah er aus. Als würde er nur schlafen. Ich schaute mir seine Finger, seine Zehen, seine Hände genau an, alles. Er sah völlig normal aus. Dreieinhalb Kilo wog er.

Ich hatte sogar etwas zum Anziehen für ihn mit. Ich tat, als wäre es eine ganz normale Geburt. Als sie ihn geholt hatten, legten sie ihn gleich dorthin, so daß ich ihn sehen konnte. Dann wickelten sie ihn ein wie jedes andere Baby auch und sagten: »Möchten Sie das Baby halten?«

Und ich sagte: »Ja, das möchte ich.«

Sie gaben es mir, und ich hielt ihn im Arm. Sie fragten mich, ob ich eine Weile mit ihm allein sein wollte. Ich sagte: »Ja.« Also gingen sie aus dem Zimmer, und ich konnte mit ihm alleine sein. Dann fragten sie mich, ob sie den Vater holen sollten, falls er zurückgekommen wäre. Also kam er und er . . . ich gab ihm das Baby, als wäre es ein ganz normales Kind und sagte ihm, er solle es auf den Arm nehmen. Für ihn war es schwerer, glaube ich, weil er nicht wußte, ob er das Kind nehmen sollte oder nicht.

In Stille geboren

Es war so merkwürdig, daß das Baby ganz still geboren wurde. Ich war es gewohnt, gleich nach der Geburt zu hören, wie das Baby schreit. Aber hier gab es nichts, nur Stille, und trotzdem hatte ich das gleiche Gefühl. Das war schon merkwürdig. Es war, als ob ... Ich war glücklich, ein Kind geboren zu haben, obwohl er ... ja, obwohl er tot war. Also ich weiß nicht ...

Grossmutter hatte ihm schon vor der Geburt einen Namen gegeben

Er hatte bereits einen Namen. Großmutter hatte ihm schon vor der Geburt einen Namen gegeben. Das war ungewöhnlich. Sonst bekommen die Kinder später einen Namen, etwa einen Monat nach der Geburt. Manche Menschen bekommen gar keinen Namen nach der Geburt. Manche fragen Großmutter, wenn sie älter sind, nach einem Namen, und sie gibt ihnen einen. Bei den Namen überlegt sie sich manchmal, wie der Vater des Kindes sich verhalten hat oder ähnliches. Manchmal nimmt sie ihn auch aus einem Medizin-Gesang.

Großmutter hatte ihm den Namen schon gegeben, als ich noch gar nicht lange schwanger war. Sie wohnte bei uns, weil ihr Sohn krank geworden war. Als wir nach Hause kamen, saß sie auf dem Sofa da, als ob etwas nicht stimmte, und wir fragten sie: »Bist du krank?«

Und sie sagte: »Nein.«

Aber sie verhielt sich merkwürdig. So, als ob sie über irgend etwas nachdenken würde. Ich dachte mir, wenn etwas nicht stimmt, wird sie mir das schon noch sagen. Also fragte ich nicht weiter nach. Sie ging ins Bett, und wir saßen immer noch und sahen fern, ich glaube, es war etwa Mitternacht. Da kam sie aus dem Schlafzimmer und sah aus, als würden ihr die Haare zu Berge stehen, überall ihr Haar. Und sie: »Ich habe über den indianischen Namen des Babys nachgedacht.«

Also fragte ich sie: »Wie soll es heißen?«

Sie sagte es uns und erzählte uns auch, daß sie ihn aus einem der Medizin-Gesänge habe. Dann sagte sie noch: »Und vergiß ihn nicht.« Dann ging sie wieder ins Bett. Die ganze Zeit hatte sie darüber nachgedacht, wie das Kind heißen sollte.

Dem ungeborenen Kind einen Namen aus einem Gesang geben

Susie Billie. Ich hatte ihn aus einem Gesang für die Medizin, mit der wir Schlangen zähmen. Giftige Schlangen, die dir schaden können. Am Ende dieses Gesangs, da kommt der Name vor. Deswegen hatte ich diesen Namen gewählt. Wie ein Medizin-Gesang, um Schlangen zu zähmen. Aber da das Baby den Namen bekam, bevor es geboren wurde, kannst du denselben Namen auch für ein anderes Kind benutzen, weil es ja gar nicht wirklich so genannt wurde. Sie erhalten ihn erst, wenn sie geboren sind. Wenn Jeanette also noch ein Kind haben möchte, kann sie es genauso nennen.

Männern wurde mehr beigebracht als Frauen

Agnes Cypress. In alten Zeiten hatten sie Rituale, sie gingen raus und fasteten. Das war nur für die Männer. Männern wurde mehr beigebracht als Frauen, aber die Frauen saßen da und hörten den Onkeln oder sonstwem zu, und so lernten sie. Heute, wo viele der Männer aussterben, die von diesen Dingen wußten, tragen die Frauen das Wissen weiter. Wenn sie es nicht gelernt hätten, man könnte sagen, sich heimlich geklaut hätten, wäre es wahrscheinlich ganz verlorengegangen . . . und dann, wie du weißt, kommt ja auch noch die Menstruation dazu. In der Zeit durften die Frauen nirgendwo zuhören. Sie durften während der Menstruation noch nicht einmal die Gesänge hören.

Die Medizin-Arbeit war meistens Männersache. Wenn eine Frau um diese Dinge wußte, durfte sie nicht damit arbeiten, erst wenn sie älter war. Es gibt eine bestimmte Medizin für Schmerzen und Beschwerden. Man stellt bestimmte Dinge damit an und auch mit dem, der Schmerzen hat. Das können die Frauen nicht, aber die Männer schon. Das kannst du als Frau nur, wenn du ganz alt bist, wie eine wirklich alte Frau, die ihren Zyklus schon lange hinter sich hat. Dann kannst du mit dieser Medizin arbeiten. Die Krankheit hat mit Blut zu tun, und ich nehme an, sie bringen Menstruation mit Blut in Zusammenhang und allem, was da sonst noch irgendwie dranhängt.

Viele Mädchen halten sich nicht mehr daran, aber früher durftest du in dieser Zeit noch nicht einmal am Tisch mitessen oder vom selben Geschirr. Ich nehme an, sie dachten, daß das nicht sauber ist.

Dein Körper reinigt sich in dieser Zeit selbst. Sie denken, er sei schmutzig; du bist schmutzig in dieser Zeit. Und das wurde von Generation zu Generation weitergegeben. Das war bei uns immer eine kulturelle Sache – dir wurde beigebracht, wenn du deine Periode hast, tust du das und das einfach nicht. Du wartest, bis alles vorbei ist, und dann wäschst du dich, du duschst oder badest. Dann kannst du wieder mit am Tisch essen. Wenn du ein Kind geboren hast, schläfst du sogar vier Monate nicht mit deinem Mann. Du mußt Medizin einnehmen und dich an bestimmte Rituale halten.

Wenn du dich so daran hältst, wie es von dir erwartet wird, sind es immer vier Monate. Wenn du dich daran hältst.

Es gibt gute und schlechte Medizin

Es gibt gute und schlechte Medizin. Das hat nichts mit dem Geschlecht zu tun, mit männlich oder weiblich, sondern einfach damit, was jemand lernen will. Du kannst beides lernen, schlechte und gute Medizin. Manche beschließen, nie das Schlechte zu lernen, sondern einfach nur das Gute. Andere wieder wollen nie die guten Seiten lernen, sondern nur wissen, wie sie jemandem etwas Schlechtes antun können.

Gute Medizin heilt. Sie hat viel damit zu tun, daß wir daran glauben. Wenn du nicht an etwas glaubst, wenn dein Herz nicht dabei ist, dann ist es schwer, dich zu heilen.

Sobald die über hundertjährige Susie Billie vom Tod des Babys erfuhr, begann sie mit den Vorbereitungen für die Herstellung der Medizin, die Jeanette brauchen würde. In

ihrer Position als Alte schickte sie ihre Tochter Agnes zu den Medizin-Feldern. Ich wurde eingeladen mitzukommen.

Außerhalb des Dorfes, weit hinter dem Wasserturm, hinter dem Gemeindezentrum und dem Friedhof, bog Agnes rechts ab auf eine weitere muschelweiße, zweispurige Straße, auf der die üblichen orangen Doppelstreifen fehlten. Etwa eine Viertelmeile weiter hielt sie ihren Lieferwagen unvermittelt neben einem völlig nichtssagend aussehenden Feld an. Sie nahm ein Schlachtermesser in die Hand, kletterte aus dem Wagen, und während der Schweiß ihr bereits in Strömen über das Gesicht lief, machte sie sich daran, die Medizinpflanzen auszugraben und abzuschneiden. Mit ihrem Enkel im Schlepptau lief Agnes wissend über das Feld.

Die richtige Medizin finden

Agnes Cypress. Dieses hier ist für die Nachgeburt von Frauen. Das da benutzt man für Wunden am Bein oder am Körper, damit sie heilen. Sie werden bei der sogenannten Schlangenkrankheit genommen.

Meine Mutter hat Medizin für mich zubereitet, als ich sie holte. Die Wunde wird immer schlimmer und wächst nach innen, sie frißt ein großes Loch und eitert übel. Schlimmer als Hautausschlag. Sie fing an wie ein kleiner Ausschlag, du kratzt dich, und sie wird größer und wächst nach innen. Jedes Jahr kommt sie wieder, immer im gleichen Monat. Wenn jemand so aussieht, dann hat er sich die Schlangenkrankheit geholt. Du nimmst die Medizin und ißt vier Monate bestimmte Dinge nicht. Wenn du dich daran hältst, wirst du gesund. Wenn nicht, geht's dir nicht besser. Es heißt, du sollst bestimmte Sachen nicht essen. Das habe ich getan, also bin ich gesund geworden. Ich hatte das immer ganz schlimm am Bein.

Faste vier Tage, wenn du Medizin nimmst. Verbrauche die ganze Medizin. Du mußt sie viermal nehmen, und alles aufbrauchen. So wird das gemacht, und dann ißt du keine gesalzenen Sachen. Wenn du Medizin auf deinen Körper auflegst, mußt du in Richtung Sonnenaufgang stehen. Schau nicht hierhin oder dorthin. Immer, wenn du die Medizin berührst, mußt du die ganze Zeit in diese Richtung schauen.

Diese purpurrote Blume, die nehmen wir, um zu erbrechen, für Leute, die trinken, sich trennen oder scheiden lassen und den anderen vergessen wollen. Oder sie wollen ein sauberes Gesicht ... sie haben sich geküßt ..., dann nehmen sie das, um ihr Gesicht von dieser Person zu reinigen. Den Körper zu reinigen; dazu müssen sie sich übergeben oder ähnliches. Sie nehmen einen ganzen Bund, und dann mußt du ihn viermal erbrechen. Du fängst morgens damit an. Manchmal sagen die Medizinleute dir, du sollst dich hinlegen und gar nichts machen, einfach drinnen bleiben.

Diese da, diese Pflanze ist für Blutungen. Wenn eine Frau stark blutet, wenn sie nicht aufhört zu bluten, muß sie einfach diese Pflanze nehmen.

Lorbeerblätter, die sind für vieles gut. Wie heißt das noch? So etwas wie Halluzinationen. Wie Menschen, die etwas sehen und dann Angst haben. Sie bekommen Lorbeerblätter. Wenn sie schlecht träumen oder Tote sehen. Wenn du Gespenster siehst, kannst du den Sud trinken. Manchmal mußt du sie auch verbrennen, und jemand muß dich damit einräuchern. Wenn das Gespenst ins Haus kommt, ins Gebäude, und du es ständig hörst oder manchmal auch siehst, verschwindet es dadurch. Man bereitet sie für dich zu, um dich zu schützen. Aber du mußt sie ständig bei dir tragen. Du hast sie im Auto immer bei dir; sie schützen dich. Brich einfach die Blätter in kleine Stücke und lege sie auf deinen Körper. Wenn du Angst hast oder manchmal ein Gespenst spürst, etwas, was dich streift, ganz nahe bei dir. Du kannst das spüren, also brich die Blätter in Stücke. Wenn du dich so fühlst, zerkrümele die Blätter und verreibe sie auf deinem Körper.

Über das Heilen

Für die Heilung gibt es Gesänge, die zu den Kräutern gehören. Von all den Pflanzen, die du pflückst, sind manche etwas Besonderes; es gibt welche, für die mußt du ein kleines Lied wissen oder singen, noch bevor du sie überhaupt ausgräbst. Manche Leute denken, daß du . . . sagen wir, jemand erzählt dir, daß dir der Zweig dort drüben oder das Blatt da hilft, gesund zu werden. Viele Leute denken, glaube ich, dann gehst du einfach hin und pflückst es und machst etwas damit, zum Beispiel darin baden, aber so geht es nicht. Es gehören noch Lieder und anderes dazu. Und dann mußt du auch wissen, wie du die Pflanzen anwendest.

Es ist schwer, sich die ganzen Pflanzennamen und das alles zu merken. Ich kenne die Pflanzen, das schon. Ich weiß etwas über einige, aber die Lieder kann ich nicht besonders gut. Du mußt sie immer wieder üben. Die Lieder zu lernen ist schwer. Sie sind nicht in unserer Sprache. Sie sind in einer anderen Sprache, einer alten Sprache. Sie werden seit ewigen Zeiten überliefert, die Lieder haben sich also nicht verändert. Die Sprache, das sind immer noch die alten Mikosuki-Worte. Wahrscheinlich klingen sie wie die Sprache der Creek, aber selbst für die, die Creek sprechen, ist es schwer, sie zu lernen. Wir dachten, für sie müßte es leicht sein, aber das stimmt nicht.

Zum Beispiel meine Mutter, nachdem sie nicht mehr so gut laufen kann, sagt sie uns immer, welche Pflanzen wir holen sollen. Wir gehen hin und graben die Pflanzen aus, aber die Lieder, die muß sie singen. Wenn sie von uns geht und andere die Lieder nicht lernen, dann nimmt sie sie mit.

Ich versuche es, aber ich kann die Lieder einfach nicht behalten. Ich hatte, ich weiß nicht was, eine Krise oder irgendwas, was meine Erinnerung blockiert hat, deswegen. Ich kann mir einfach mit dem Kopf nichts merken. Gar nichts. Da wird meine Mutter wirklich wütend auf mich.

Eines Spätnachmittags, als eine sanfte Brise die Hitze aus dem schwankenden Schilf der Everglades blies, saßen Jeanette und ich zusammen und sprachen mit ihrer Mutter Agnes und der ehrwürdigen Großmutter Susie Billie unter dem Dach eines schilfgedeckten Chicki – ähnlich wie Generationen vor ihnen es im Verlaufe der Geschichte der Seminolen getan hatten.

Über das Lernen

Jeanette Cypress. Es ist schwer, alles zu lernen, was wir lernen müssen, aber wenn du nicht aufgibst und es immer wieder versuchst ... Ich glaube, bei mir ist es manchmal so, daß ich denke: »O Gott, wie kann sie das nur alles behalten!« Aber andererseits dann denke ich, wenn ich mich weiterbemühe, vielleicht behalte ich dann doch etwas von ihr, etwas, das bleibt, auch wenn sie nicht mehr da ist.

Ich glaube, es ist Großmutter nicht klar, womit wir uns sonst noch herumschlagen müssen, die moderne Technik, die Arbeit. Dann wird sie ärgerlich. Aber trotzdem freut sie sich, wenn sie weiß, daß wir es zumindest versuchen. Manche versuchen es ja noch nicht einmal. Einmal sind meine beste Freundin und ich losgezogen und brachten immer wieder die falsche Pflanze an. Großmutter hat sich einfach kaputtgelacht. Und dann hat sie uns wieder losgeschickt.

Einmal haben wir sie ausgelacht, weil sie immer wieder sagte, es gäbe da einen Mann, ach, der wäre hingegangen,

um eine bestimmte Pflanze zu holen, und es gibt noch eine andere, die sieht ganz genauso aus. Ein kleiner Eichenbaum. Der junge Baum sieht genauso aus wie diese andere Pflanze. Du mußt wirklich ganz genau auf die Farben achten. Und sie sagte, dieser ältere Mann müßte es eigentlich doch besser wissen. Er hatte nämlich die falsche erwischt. Und darüber lachte sie. Eines Tages fuhren wir mit ihr in den Wald, und sie pflückte genau die gleiche Pflanze, die er vorher gepflückt hatte, und legte sie ins Auto. Und wir sagten zu ihr: »Hast du nicht gesagt, er müßte es besser wissen, und dann gehst du hin und erwischst genau die gleiche!«

Wir haben alle gelacht, aber sie tat so, als ob sie uns nicht gehört hätte. Sie hat sehr viel Humor und kann wirklich witzig sein.

Bis vor ein paar Jahren war Big Cypress wirklich sehr isoliert. Großmutter lebte ein ganz anderes Leben als wir. Es war nicht wie heute, wo schon Teenager heiraten oder Kinder bekommen. Früher warteten sie und mußten erst wissen, was sie zu tun hatten, wie sie die Kinder versorgen konnten. Nicht wie heute, wo schon Kinder heiraten.

Sie hat mir neulich erzählt, daß viele ihrer Brüder deswegen keine Kinder hatten oder nicht heiraten wollten, weil sie gewartet haben, bis sie schon ziemlich alt waren, und dann wollten sie keine Kinder mehr.

Von Großmutters Kindern ist nur das letzte im Krankenhaus geboren worden. Pilot. Ihre anderen Kinder hat sie ganz allein geboren. Sie sagte, sie hätte etwa eine Woche vorher gewußt, daß das Baby kommt. Dann fing sie mit ihren Vorbereitungen an und sich von der Familie zu entfernen, und dann brachte sie es zur Welt.

Ein Kind bekommen

Susie Billie. Die schlimmste, meine schlimmste Entbindung hatte ich im Krankenhaus. Meine Entbindungen draußen waren bei weitem besser als die im Krankenhaus, weil ich mich da hingehockt habe; das Baby war in einer natürlichen Lage. Scheinbar hat es sich gedreht, und alles ging besser und leichter. Im Krankenhaus, da mußtest du dich fast auf den Rücken legen und hast damit gegen dich angearbeitet, und das Kind lag die ganze Zeit nach oben. Draußen hast du dich hingehockt und hattest etwas, um dich dranzuhängen. Sie stellten einen Pfahl oder einen Stamm für dich auf, damit du dich da dranhängen konntest. Du mußt dich an irgend etwas hängen können. Jedesmal wenn eine Wehe kommt, wenn du spürst, wie sie kommt, richtest du dich mit Hilfe des Pfahls auf. Wenn die Wehe dann vorbei ist, kannst du dich hinsetzen.

Wenn das Baby dann kommt, setzt du dich natürlich nicht drauf, denn du weißt, jetzt kommt es gleich und machst langsamer. Dann rutscht es einfach raus. Du nimmst das Baby, legst es hin und wartest auf die Nachgeburt. Und dann machst du dein Baby sauber.

Ich habe mich immer gut vorbereitet. Ich hatte schon meinen Eimer Wasser dort stehen, Feuer angemacht, frische

Kleidung, und den Faden, mit dem ich die Nabelschnur abgebunden habe. Ich war vorbereitet, so daß ich alles da hatte, wenn das Baby kam. Ich machte das Wasser ein bißchen warm und badete mein Baby darin, zog ihm die Kleider an, und das war's.

Länger als etwa vier Tage konnte ich nicht draußen im Wald bleiben, aber so konnte ich mich etwas ausruhen. Ich hatte ja noch andere Kinder zu versorgen. Ich mußte sie füttern und für meine Familie kochen und mich um sie kümmern. Mein Neugeborenes hatte ich bei alldem immer bei mir.

Ich hatte acht Kinder. Sechs sind gestorben. Zwei leben noch, Pilot und Agnes.

Verhütung gab es nicht. Es gab keine Pille, die du dir in den Mund gesteckt hast, oder sonstwas; wenn eine Frau ihre Kinder zu schnell hintereinander bekam, zu viele, dann nahmen sie die Nachgeburt, um sie zu vergraben, richtig tief in der Erde. Bei allen anderen Geburten wurde sie nur flach vergraben. Aber wenn du längere Zeit kein Kind oder überhaupt kein Kind mehr wolltest, wurde sie ganz tief vergraben.

Eine Frau hier draußen hatte ihre wirklich tief vergraben und bekam überhaupt keine Kinder mehr. Sie legte einen Stein oben drauf und vergrub sie dann. Danach hat sie kein einziges Kind mehr bekommen. Vorher hatte sie vier geboren. Dann keins mehr.

Wohin es mit der Welt gekommen ist

Früher wurden die Kinder strenger erzogen. Da gab es nicht so viele Verbrechen wie heute. In gewisser Weise war es früher besser.

Es gab keinen Diebstahl, Betrug und all das. Wir haben alle zusammengearbeitet und versucht, uns gegenseitig etwas beizubringen.

Man hat uns immer gesagt, daß es mit der Welt so kommen würde, und ich glaube, sie geht genau in diese Richtung.

Man hat uns immer beigebracht, an unserem Erbe und an den Traditionen festzuhalten, sie lebendig zu halten, denn das war die Kraft des Landes oder der Erde.

Heute gehen die jungen Menschen zur Schule. Sie kommen mit vielen Menschen und verschiedenen Nationalitäten zusammen. Menschen sind hierhergekommen, die anders sind. Jetzt ist es so weit gekommen, daß sie gar nichts mehr lernen. Sie haben immer gesagt, wenn die Dinge anfangen, so durcheinanderzugeraten, dann werden wir uns selbst zerstören und auch die Erde oder das Land. Ich denke, wir sind bereits an diesem Punkt.

Betty Laverdure

Ojibwa

Die Dämmerung ist die Zeit, in der die Toten zurückschauen. Während ich in Gedanken der alten Philosophie der Ojibwa über die Reise der Toten zum Leben nach dem Tod nachhing, ging ich zwischen den Geisterhäusern spazieren, die auf dem alten Indianerfriedhof über den Gräbern standen. Die Sonne näherte sich dem Horizont, und in der kühlen Brise begannen die Schatten zu tanzen. Man hatte mir gesagt, daß Friedhöfe heilige Stätten wären, die von Abgesandten aus der Geisterwelt bewacht werden. Hier, in diesem geweihten Boden, lagen viele Medizinleute begraben unter den Geisterhäusern – wirklichen kleinen Häusern mit hölzernen Schindeldächern, die nach Westen hin geöffnet sind, um den Wesen aus der anderen Welt Nahrungsmittel und Tabak opfern zu können.

Weil ich nicht von der hereinbrechenden Dunkelheit verschluckt werden wollte, machte ich mich zurück auf den

Weg zum Midewiwin Wigwam, die Nacht des Geisterfestes mitzuerleben. Das ist ein Mahl, das während der jährlichen Herbstzeremonien der Three Fires Society zur Erinnerung an die Toten abgehalten wird.

Der Häuptling der Gesellschaft hatte mich eingeladen, an dem viertägigen Ereignis teilzunehmen. Auf meinem Weg nach South Dakota, wo ich Betty Laverdure, eine der Alten von den Turtle Mountain Ojibwa treffen würde, machte ich deshalb einen Abstecher zum Lac Court Oreilles Reservat in Wisconsin. Dort, bei dieser Zusammenkunft, würden die Festteilnehmer selbst zupacken und die Wigwams bauen.

Den ganzen Tag lang arbeiteten die Anwärter daran, das Langhaus, den Midewiwin Wigwam, zu bauen. Sie waren von überall aus dem Land der Three Fires – dem Gebiet der Ojibwa, der Ottawa und der Potawatomi (im heutigen Michigan, Wisconsin, Minnesota und Teilen Kanadas) – zu ihren Herbstfestivitäten angereist.

Noch gestern hatte die Temperatur bei einem klaren blauen Oktoberhimmel und strahlender Herbstsonne über 20 Grad gelegen. Dann, letzte Nacht, zog eine Kaltfront durch, die Regen und kühlere Temperaturen mit sich brachte. Und heute hatten hier in der südlichen Ecke der durch Hemingway berühmt gewordenen North Woods der Nebel, der langsam alles mit seiner Feuchtigkeit tränkte, und die Kälte, die bis auf die Knochen ging, den ganzen Tag lang angehalten. Zitternd vor Kälte, aber ohne jede Klage, arbeiteten Männer, Frauen und Kinder stetig und still, fast ehrfürchtig daran, ihre uralte, naturgeborene Kathedrale zu bauen, deren Fußboden die Erde war und in der sie die nächsten vier Tage lang beten, singen und tanzen würden.

Wie ein Halbmond, der aus der Erde aufstieg, formten gestutzte Birkenbäume und geteertes Segeltuch langsam ein 15 Meter langes Gebilde, in dessen Mitte sich eine Grube für das Feuer befand und das nach Osten und Westen offen war. Eine Segeltuchklappe verschloß den westlichen Eingang; man würde den Wigwam nur durch den östlichen Eingang betreten und verlassen.

Es heißt, daß wir diese Welt durch die östliche Tür – Geburt – betreten und durch die westliche Tür – Tod – verlassen. Die Erfahrungen zwischen Ost und West bilden eine Straße, die Straße des Lebens. In der Mitte – dem innersten Zentrum des traditionellen Lebens der Ojibwa – befindet sich das Langhaus, der Midewiwin Wigwam.

Als das erste Feuer angezündet worden war, hieß es: »Die Geister sind zufrieden. Sie haben mir gesagt, daß sie zufrieden sind mit den Menschen. Sie sehen, wie ihre Kinder sich um das Feuer versammeln.

Wir danken dem Geist des Feuers und dem Hüter des Feuers, der dafür sorgen muß, daß das Feuer bis zum Abschluß der Zeremonien rund um die Uhr brennt.

Es war harte Arbeit und hat länger als sonst gedauert, den Wigwam zu errichten, aber unsere Leute haben wie immer gut zusammengearbeitet.

Es hat Mühe gekostet, den Wigwam zu errichten, aber nichts wird ohne Mühe erreicht.«

Mit dem Verbrennen von Tabak hatten die Zeremonien begonnen.

Jetzt, am zweiten Tag der Festivitäten, wuchs allmählich die Vorfreude auf die Nacht des Geisterfestes. Nach meinem Tag bei den Geisterhäusern war auch ich höchst gespannt.

Während dünne Nebelschleier aufstiegen und die Nacht mit einem leichten Sprühregen hereinbrach, bewegten sich die Menschen durch die feuchte Stille, trugen zum Gedenken an geliebte Tote besondere Speisen in die rauchige, nur spärlich beleuchtete spirituelle Zufluchtstätte. Das Langhaus, jeder Quadratzentimeter seines Erdfußbodens mit Decken ausgelegt, füllte sich allmählich mit Menschen, die dann dicht an dicht um das Feuer im Zentrum zusammensaßen. Lehren wurden weitergegeben, und das Fest begann mit dem Verbrennen von Tabak. Niemand, so lautete die Anweisung, sollte weinen. »Reiche der Geisterwelt nicht die Hand, indem du weinst« – denn das Weinen würde den geliebten Wesen auf der anderen Seite ebenfalls Tränen entlocken und sie an die Trauernden binden. Man sollte nur mit Liebe an die Toten denken und sich ausschließlich die guten Zeiten ins Gedächtnis rufen, damit die Verstorbenen weitergehen, ihre Reise in die Geisterwelt fortsetzen konnten und nicht in dieser Welt festgehalten wurden.

Jung und Alt traten vor, um den Namen eines Freundes oder Verwandten zu rufen. Wenn Tränen flossen, was ja nicht ausbleiben konnte, kam ein berufener Älterer sofort mit einer Schale voll brennendem Tabak, um dieser Person mit einer Adlerfeder den Rauch zuzufächeln, damit sie innerlich loslassen und der Geist des Toten weiterziehen konnte.

Als die Opferspeisen für die Toten auf dem Altar standen, wurden alle Besucher zum Essen eingeladen. Dabei war es wichtig, daß alles verzehrt und nichts aufgehoben oder weggeworfen wurde.

Am letzten Tag der Thanksgiving-Zeremonien wurde ein Heilungsritual abgehalten, um Probleme und Schwierigkeiten zu beseitigen, die Schmerz und Krankheit verursachen. Mit Gesängen und Trommeln wurden spirituelle Helfer aus der anderen Welt gerufen. Sie haben die Pflicht zu heilen und sollen alle darin unterstützen, in sich zu gehen. Nach einer unsichtbaren spirituellen Uhr, genau zum richtigen Zeitpunkt, wurden die Kranken und diejenigen, die eine Reinigung wünschten, angewiesen, mit bedeckten Augen rückwärts zu tanzen – damit machten sie deutlich, daß sie der Krankheit den Rücken zukehrten und nicht sehen konnten, wohin die Krankheit geht. Bestimmte Personen halfen den Tänzerinnen und Tänzern, indem sie sie um das Feuer führten. Dann, auf Anweisung des Alten, hielten alle inne.

Im kulturellen Schoß der Three Fires entstand trotz der vielen zusammengedrängten Menschen eine dröhnende Stille, denn jetzt erwartete man die Ankunft »eines ganz besonderen Gastes, der den Schöpfer vertritt«. Viele versanken in Meditation, andere warteten ehrfürchtig. Die Minuten schienen sich endlos zu dehnen. Noch das leiseste Geräusch war zu hören. Nur jetzt schien das heilige Feuer zu knacken und zu knistern. Es war, als ob die Versammelten in einem einzigen Rhythmus atmeten. Der Herzschlag der Menschen wurde zum rhythmisch pochenden Trommelorchester. Bei der geringsten Bewegung, die auf das Eintreten des Gastes hinweisen mochte, drehten sich alle Köpfe langsam herum.

Plötzlich, ohne jede Vorwarnung, wurde die schrille Adlerknochenpfeife geblasen, deren Ton durch Mark und Bein ging. Einmal, zweimal, dreimal, viermal hallte ihr Ruf im Kreis wider und zerschnitt die Stille. Sofort wurde die Klappe am östlichen Eingang weit geöffnet, und der »Gast«, der Kopf unter einer Lederkappe verborgen, wurde hereingebracht. Nach dem Rauchen der Medizinpfeife wurde die Kappe von seinem Kopf gestreift und Tabakrauch über den prächtigen Vogel gefächelt.

Jeder erhielt Anweisung, sich nicht zu bewegen. Die Kinder mußten still sein.

Dann wurde der riesige weißköpfige Seeadler im Wigwam herumgetragen. Mit stechendem Blick starrte er einen nach dem anderen an, auf der Suche nach den Seelen und sich mit den Geistern verbindend. Vor Ehrfurcht war niemand imstande, sich zu bewegen, und in diesem erhebenden Augenblick war er auch schon fort – wieder zurück und hinaus durch den östlichen Eingang –, und die Zeremonien waren zu Ende. Zum ersten Mal wurde der westliche Eingang geöffnet. Trommeln begannen rhythmisch zu schlagen. Eine Gruppe nach der anderen erhob sich im Wigwam, um ein letztes Mal um das Feuer zu tanzen, und wer sich dem Ausgang näherte, drehte sich um, um rückwärts hinauszugehen.

Am nächsten Tag, die Trommelklänge immer noch in mir, die Seele aufgewühlt vom stechenden Blick des Adlers, hetzte ich durch die schokoladenbraune Landschaft Wisconsins, um mich in Aberdeen, South Dakota, mit Betty zu treffen. Unmittelbar hinter mir brach ein schwerer Wintersturm aus. Ich wußte wenig, als ich meine Reise antrat, aber ich sollte schon bald erfahren, daß meine Teilnahme an den Herbstzeremonien mich in Wirklichkeit auf die Unterweisungen vorbereitet hatte, die ich von der mächtigen Frau, der Richterin von Turtle Mountain, erhalten sollte.

Betty Laverdure. Ich bin eine Ojibwa. Mein Klan ist der Bär, der Bären-Klan. Seit meinem 45. Lebensjahr bin ich als eine der Alten anerkannt. In dem Alter wurde ich Großmutter genannt. Großmutter, dieser wunderbare Name, hatte in all unseren Gemeinschaften immer die Bedeutung Lehrerin. Das ist eine Auszeichnung, und ich bin stolz darauf.

Ich war Richterin in Turtle Mountain, bei meinem eigenen Stamm, den Turtle Mountain Ojibwa in North Dakota an der kanadischen Grenze. Ich wurde dort Richterin, bevor ich meine Arbeit bei den Sioux hier in South Dakota aufnahm. Es ist Tradition, daß meine Leute diese Rolle übernehmen. Auch meine Ahnen waren Richter. Es gab immer drei Leute, drei Alte, die sämtliche Erlasse herausgaben. Ich setze also die Tradition meiner Familie fort.

Als Richterin bist du nicht sehr beliebt bei den Leuten. Irgendwie ist das ein merkwürdiger Job. Du bekommst nie Komplimente oder Weihnachtsgeschenke. Ich mußte mir eine dicke Haut zulegen.

Regierungen und Gerichte zusammenstellen, Verfassungen entwerfen

Ich stelle Regierungen und Gerichte zusammen und entwerfe Verfassungen. Ich habe das Gesetzbuch für meinen Stamm in Turtle Mountain geschrieben. Wir mußten die Rechtsprechung wieder übernehmen. Wir unterstanden der staatlichen Gerichtsbarkeit, und jeder Fall wurde im Gericht des weißen Mannes verhandelt. Plötzlich hatten die Staaten keine Rechtsprechung mehr. Die Stämme waren souverän, und wir mußten die Rechtsprechung übernehmen und ein Gericht zusammenrufen.

Erzählen Sie diesem Gericht, wo das geschah

Ich half, Gerichte für die Stämme zusammenzustellen. Aus diesem Grund hielt ich mich bereits mehrere Wochen an diesem Ort auf. An diesem einen Tag wollte ich meine eigene Arbeit begutachten und ging hin, um einer Verhandlung beizuwohnen. Der Richter hat mich wirklich beeindruckt. Ich saß mit den Polizisten und Zeugen zusammen im Saal, während über eine Vergewaltigung verhandelt wurde. Da saß also diese junge Frau, die kurz vor ihrer Heirat stand. Sie war ganz unauffällig gekleidet, die Haare hingen ihr ins Gesicht. Sie hatte zwei junge Kerle wegen Vergewaltigung angeklagt. Einen ließ er laufen; mir ist nie klargeworden, warum. Die Sozialarbeiter waren da. Die Polizei. Alle saßen im Saal.

Der Richter las die Anklage wegen Vergewaltigung vor und sagte dann: »Erzählen Sie diesem Gericht, wo es geschah.«

Sie zog ihr Kleid hoch, zeigte zwischen ihre Beine und sagte: »Hier. Hier.«

Alle schauten sich gegenseitig an. Ich hatte das Gefühl, ich würde gleich sterben. Ich wußte nicht, ob ich lachen oder sonst etwas tun sollte. Ich mußte mich heftig zusammenreißen.

Er sagte: »Nein! Ich meine, ist es im Reservat passiert?« Uns allen blieb fast die Luft weg. Er verhielt sich genauso, wie wir es uns vorgestellt hatten.

Und er sprach Lakota und Englisch.

Hinterher bin ich in meinem Wagen regelrecht zusammengeklappt. Ich konnte noch nicht einmal mehr fahren. Deswegen hat er mir so imponiert. Er war ein entschlossener Rechtsprecher, sowohl persönlich als auch für das Land.

Ich habe ein feierliches Gelübde abgelegt

Ich arbeite zur Zeit auf dem Gebiet der Rechtsprechung bei Diskriminierungen und habe da einen Fall, bei dem es um die Freistellung für religiöse Aktivitäten geht.

Der betroffene Mann arbeitet in einer Behörde, und sein Vorgesetzter hätte ihm fast verweigert, zu den Sonnentanz-Zeremonien zu gehen. Unsere Vorgesetzten sind Indianer. Im großen und ganzen sind keine Nicht-Indianer darunter. Unter den zwölf leitenden Personen der Zwillingsstaaten gibt es nur einen Nicht-Indianer. Der Leiter sagte diesem Mann, er könne fünf Tage gehen, wie alle anderen auch. Dabei berücksichtigte er nicht, daß bei feierlichen Gelübden zwölf Tage erforderlich sind. Es machte es diesem Mann sehr schwer.

Der Mann sagte: »Ich muß hingehen. Ich habe ein feierliches Gelübde abgelegt. Ob Sie meine Freistellung unterschreiben oder nicht, ich werde um halb eins gehen.«

Der Leiter unterschrieb, aber er unterschrieb ein Formular für den Jahresurlaub. Nicht für die Freistellung für religiöse Aktivitäten. Er gab ihm nicht frei für den Sonnentanz. Deswegen reichte der Betroffene im Juni, als er zurückkam, eine Klage wegen religiöser Diskriminierung ein. Beim Sonnentanz traf dieser Mann einen Polizeibeamten, der tanzen sollte. Zwei Tage vor Beginn des Tanzes beschloß dessen Vorgesetzte, ihn nicht gehen zu lassen. Auch er hatte vor, seinen Job zu schmeißen. Damit wäre die Sache zur Gruppenklage geworden – mehr als eine Geschäftsstelle und mehr als eine Person mit einem ähnlichen Fall. Diese Leiterin änderte aber ihre Einstellung und erlaubte dem Polizisten zu tanzen. Er mußte jedoch dieses ganze nervenaufreibende Hin und Her durchstehen. Er war in seiner Freizeit gekommen und nahm nur vier Tage am Sonnentanz teil, obwohl es eigentlich zwölf Tage sind. Vier Tage Reinigung, vier Tage Tanzen und vier Tage für die Zeremonien und alles weitere hinterher. Tatsächlich konnte der erste Mann nicht so lange bleiben, weil bei ihm im Büro zuviel zu tun war. Dann wurde seine Arbeit einer Leistungseinschätzung unterzogen, was in Wirklichkeit eine Vergeltungsmaßnahme war. Die Leiterin nannte den Mann ein »Arschloch«. Weil der Mann eine Beschwerde eingereicht hatte, nannte sie ihn einen beschissenen Angestellten, und das wird für seine gesamte Karriere Folgen haben. Der Mann arbeitet ausgezeichnet und war gerade dabei aufzusteigen. Aber er möchte raus da, und das, weil unsere eigenen Leute so doppelzüngig sind. Genau das passiert jetzt. Wir werden zu unseren eigenen Unterdrükkern.

Ich denke, die Teilnahme an indianischen Zeremonien sollte ebensowenig in Frage gestellt werden wie der Besuch jeder anderen religiösen Veranstaltung. Jede stellt andere Anforderungen. Ich glaube, es gibt eine Kirche, die fordert zehn Tage Kirchendienst im Jahr. Da müssen die Leute hingehen. Und das gleiche gilt für den Sonnentanz, dafür brauchen sie zwölf Tage frei.

Die ganze Arbeitswoche baut darauf auf, daß Menschen Samstag und Sonntag für ihre Religion frei haben, Katholiken und Juden und die ganzen anderen Konfessionen. Dann habt ihr Karfreitag, niemand wird von dir verlangen, daß du Karfreitag arbeitest. Und Weihnachten. Da gibt es ganz automatisch frei, das sind kirchliche Feiertage.

Religionsfreiheit kann nicht geltend gemacht werden. Es gibt sie als Gesetz, und das ist gut und schön, aber du kannst sie nicht erzwingen. Es gibt an den Arbeitsplätzen eine Bewegung, die sich dafür stark macht, dieses Gesetz abzuändern, damit es besser durchgesetzt werden kann und damit auch die religiösen Stätten einbezogen werden.

Viele Kirchen, viele Götter

Als die Weißen hierherkamen, sagten die alten Leute, die Weißen hätten so viele Götter und deswegen hätten sie auch so viele Kirchen. Als die Kirchen sich hier niederließen, warben sie eifrig um Mitglieder, aber sie wurden von der Regierung mit öffentlichen Geldern unterstützt.

Ich liege nicht im Streit mit der Kirche, aber ich denke, meine Art zu beten ist intensiver. Ich spüre, daß ich den Schöpfer erreiche.

Ich bin hier mehrmals in die Kirche gegangen. Sie legen soviel Wert auf Äußeres. Ich wußte, daß mich alle anstarrten, denn ich war neu, und sie wollten sehen, was ich angezogen hatte.

Es ist wirklich traurig, daß es so ist. Das ganze regt mich richtig auf, denn das sind doch auch Menschen.

Manche Indianer fühlen sich immer noch hin- und hergerissen zwischen den beiden Welten, denn in der Kirche wird negativ über die traditionellen Wege gesprochen, und die Indianer äußern sich entsprechend über die Kirche. Das ist schwierig.

Einfach zuviel Indoktrination

Die Art und Weise, wie man uns kolonialisiert und indoktriniert hat, das war einfach zuviel. Zu Hause in Turtle Mountain ist jeder Katholik. Es war einfach zuviel Indoktrination. In meiner Familie gab es auf mütterlicher Seite die Jesuiten, weil die in Kanada direkt an der Grenze lebten, und die Sprache war Französisch. Sie ähnelten den Mormonen und verhielten sich, als ob sie immer noch auf Kreuzzug wären und die Ureinwohner christianisieren müßten. Sie vertraten andere Philosophien als die Engländer oder die Spanier.

Bis 1934 wurden die Christen mit staatlichen Geldern unterstützt, damit sie uns Kultur beibrachten. Die Regierung der Vereinigten Staaten unterstützte sie. Als die Kirchen Land übertragen bekamen, richteten sie sich dort ein und wurden subventioniert, um sämtliche Kinder zu erziehen.

Die kirchlichen Privatschulen bekamen tatsächlich bis Ende der siebziger Jahre Zuschüsse, um uns zu erziehen. Die Regierung gab ihnen Geld, damit sie den Indianern Kultur beibrachten.

Es wurde kein Hehl daraus gemacht, daß sie jeder Konfession ein Stück vom Kuchen abgaben, den Katholiken und anderen drüben, den Lutheranern oder sonstwem hier und drüben. Sie bekamen Zuschüsse, um den Indianern Kultur beizubringen.

Religiöse Führer haben mehr Macht

Die Amerikaner waren nie imstande, die spirituellen oder religiösen Überzeugungen anderer Völker von deren politischen Anschauungen zu unterscheiden. Sie glauben nicht, daß religiöse Führer mehr Macht haben als Politiker.

Sie haben unsere führenden Leute umgebracht; an dem Punkt kannst du zwischen Politik und Spiritualität keine Trennung machen. Das haben sie einfach nicht kapiert. Sie konnten zwischen den traditionellen Führern und den spirituellen Führern nicht trennen.

Bei den Engländern waren die Frauen Sklavinnen

Wir sprechen über die Kolonialisierung. Die Engländer kamen. Ihre Frauen waren Sklavinnen, und ihre Kinder hatten keinerlei Rechte. Sie mußten Gesetzeseingaben machen, um die Kinder zu schützen – Gesetze gegen Kinderarbeit und dergleichen mehr. Das sind die Menschen, die die Stämme der Sioux kolonialisiert haben. Und du wirst feststellen, daß sie völlig patriarchalisch eingestellt waren. Wir wissen, daß die Männer von ihnen die Idee übernommen haben, daß Frauen zwei Schritte hinter ihnen gehen müssen.

Unsere Kultur ist matriarchalisch. Fahr nach Turtle Mountain, dort sind alle Kirchen nach St. Anne benannt, Christi Großmutter. Siehst du! Sie heißen nur nach der Großmutter. Sämtliche Kirchen. Das ist Psychologie. Die Spiritualität gab es schon; sie mußten nur irgendwie Zugang dazu finden. Und so gingen sie vor.

Die Mormonen versuchen uns einzureden, daß wir unsere Pfeifen und ähnliches abgeben sollen. Sie möchten, daß wir all das aufgeben und wirklich zum verlorenen Volk werden. Das wahre verlorene Volk. Aber wenn wir diesen Weg gehen, müssen wir sämtliche Traditionen aufgeben. Sie nehmen uns nicht als indianisches Volk auf . . . sie unterdrücken unsere Gebräuche. Genauso wie die Katholiken. Sämtliche Kirchen haben das getan. Es ist so tückisch, weil diese Leute daran glauben.

Sie sind gute Christen, wirklich gute Christenmenschen. Aber sie sagen, wir würden die falschen Götter anbeten. Das stimmt nicht. So hieß es zum Beispiel immer, wir würden die Totem anbeten, obwohl das in Wirklichkeit Klan-Zeichen waren, damit es nicht zu Inzest kam und wir keine Vettern oder Kusinen ersten oder zweiten Grades heirateten. Du konntest nicht innerhalb deines Klans heiraten. Sie sagten, das sei heidnisch. Ich glaube, heute tut es ihnen leid. Einige von ihnen sehen jetzt wirklich, daß sie viele schöne Dinge zerstört haben.

So gehen sie zum Beispiel alle zum Priester, um sich mit Gott auszusöhnen, aber was ist mit deinen Mitmenschen? Sie überlegen nicht, wie schön es wäre, sich erst einmal mit seinen Mitmenschen auszusöhnen, bevor sie sich mit Gott aussöhnen. Das haben sie zerstört.

Die Zeremonien der Indianer wurden für gesetzeswidrig erklärt

Bestimmte Zeremonien der Indianer wurden von der Regierung für gesetzeswidrig erklärt; du wurdest dafür ins Gefängnis gesteckt. Früher wurde dir für zwei Wochen deine Ration gestrichen, wenn du an diesen Zeremonien teilgenommen hast. Sie haben uns ihren religiösen Glauben aufgedrängt, ihre europäischen Einstellungen, weil sie überzeugt waren, daß wir Bildnisse oder Tiere anbeten und uns mit Selbstquälereien bestrafen. Der Sonnentanz galt als Selbstquälerei. Aber schau doch, auch Jesus hat gefastet. Die Heiligen haben gefastet. Sie reinigten sich, indem sie sich auspeitschten oder so was. Wir konnten für die Teilnahme am Sonnentanz ins Gefängnis kommen, selbst nach 1934 noch.

Es muß ihnen Angst gemacht haben. Selbst der Geistertanz in Wounded Knee, als sie all diese Menschen umbrachten, denen es lediglich darum ging, eine neue Zeremonie für den Geistertanz zu begründen. Die Soldaten dachten, es würde zu einem Aufstand kommen, und erschossen all diese Menschen. Auch da ging es um religiöse Überzeugungen. Es machte ihnen Angst, daß sie sowenig Kontrolle über die Indianer hatten.

Unser Geist kann niemals und von niemandem unterworfen wrden

Die Weißen hatten immer Angst vor den Indianern. Sie haben versucht, uns zu unterwerfen, aber sie konnten keinen einzigen Indianer unterwerfen.

Wenn Indianer auf diesen Sklavenschiffen gewesen wären, dann wären sie alle ins Meer gesprungen. Jeder, aber wirklich jeder. Und wenn es keinen Ausweg gegeben hätte, wären sie in die Gewehre gerannt oder vom Schiff gesprungen. Unser Geist kann niemals und von niemandem unterworfen werden.

Weißt du, wie sie die Indianer bei mir zu Hause nennen? La Savage. Die Wilden. Die Leute haben Angst vor den

Indianern. Heute wird vielen klar, daß etwas fehlt. Der Geist ist gebrochen worden. Ein einziges Zusammenbrechen des Geistes, bis heute. Deswegen kehren wir zurück zu den Zeremonien.

Allen Feinden vergeben

Wir haben die Zeremonie der Suche nach der Vision, damit du dir klar darüber wirst, was du mit dem Rest deines Lebens anfangen willst. Die andere ist das Ballwerfen; da geht es darum, Weisheit zu sammeln. Dann die Schwitzhütte natürlich, sie ist Vorbedingung für fast sämtliche anderen Zeremonien. Das ist der Weg der Reinigung oder Versöhnung. Dann gibt es das Gedenkfest, das ein Jahr nach einem Todesfall gehalten wird. Auch hier geht es um Versöhnung. Dieses Fest bedeutet, daß du bis dahin all deinen Feinden vergeben hast und all deine Feinde dir vergeben haben. Du gehst zu diesen Zeremonien ohne inneren Groll. Du mußt dafür sorgen, daß alle dir vergeben haben, und du mußt selbst allen vergeben. Vielleicht ist das der Grund, warum man uns untergekriegt hat.

Weißt du, bei den Missionaren war es so: Da konntest du hingehen und dir für eine Woche oder den nächsten Tag Vergebung holen und dann zurückgehen und noch am selben Nachmittag oder in der nächsten Woche wieder das gleiche tun. Sie denken nämlich, wenn Gott mir vergeben hat, warum soll ich dann groß Rücksicht auf dich nehmen! Bei den meisten Indianern ist es genau umgekehrt; du vergibst allen. Du kannst nicht auf ein Kreuz zugehen, bevor du nicht allen vergeben hast, und das tust du beim Gedenkfest. Du sprichst mit den Leuten.

Die Leute erzählen uns, das wäre doch gar nicht nötig. Gehe einfach zur Beichte, sage deine fünf Ave-Maria, und dann mußt du keinen Gedanken daran verschwenden, wie du bei den Leuten wiedergutmachst, was du ihnen getan hast. Ich kenne Leute, die haben seit Jahren nicht miteinander gesprochen und gehen immer noch in ihre Kirche. Manchmal in dieselbe Kirche.

In der Midewiwin, der großen Medizingemeinschaft, gibt es verschiedene Grade. Du gehst zum dritten Grad, und wenn du nicht die richtige Begabung hast, kannst du auch nicht weitergehen. Diese Zeremonien sind nur für Ojibwa offen. Sie sind äußerst heilig.

Bei den Ojibwa sind die Männer auf der einen und die Frauen auf der anderen Seite, aber sie benutzen immer noch den Baum wie die Lakotas, denn einige der Glaubensanschauungen sind gültig – wie die, daß der Geist nach dem Tod noch vier Tage auf der Erde bleibt. Das ist ein ziemlich verbreiteter Glaube. Auch der Baum ist lebendig. Er lebt vier Tage. Wir fasten und beten. Wir knüpfen Tabakschnüre. Wir bitten den Baumgeist, den Geist der Pflanze, unsere Gebete mit Tabakschnüren ganz bis zum Geist in der Natur zu tragen. Der Baum taucht bei uns allen auf.

Bei der Zeremonie der Ojibwa haben wir die Rundlaube. Sie ist immer rund. Und dann haben wir kleine Sitze in den Bäumen. Die Bäume, die sich so biegen, die bilden kleine Sitze. Die Frauen bleiben auf der einen Seite und die Männer auf der anderen. In der Gemeinschaft der Ojibwa blasen die Frauen Adlerpfeifen. Die Sioux-Frauen tun das nicht, sie blasen nie Adlerpfeifen.

Für die Midewiwin werden Menschen ausgewählt, die Visionen haben oder heilen können. Um in die Midewiwin aufgenommen zu werden, gehst du zum dritten Grad, was heißt, du darfst die Medizinkräfte benutzen. Aber einige haben heilende Hände oder hatten als junge Menschen Visionen. Die gehen zu den anderen Stufen weiter.

An einem bestimmten Punkt seines Lebens muß ein junger Mensch auf die Suche nach einer Vision gehen, um seine Aufgabe im Leben zu finden.

Die ganz Jungen werden gefragt: »Hast du heute gefastet?«

Wenn die Kinder dann sagten »Nein«, wurden sie weggeschickt. Wenn sie sagten »Ja«, wurde ihr Gesicht bemalt. Wo sie hingingen, bekamen sie zu essen, denn das war überall Brauch. Weißt du, die Kinder meines Bruders kommen bis heute zu mir, damit ich ihnen zu essen gebe. Das ist kein Problem. Seine Kinder könnten eine Woche, einen Monat, ein Jahr hierbleiben, wenn sie wollten. Es sind wirklich »unsere« Kinder.

Die Schöpfungsgeschichte der Ojibwa, das grosse Mysterium

In der Schöpfungsgeschichte der Ojibwa bedeutet das Große Mysterium Gott, Schöpfer, aber vor allem Großes Mysterium. Da gab es eine Frau. Als er das Universum und die Erde erschuf, nahm er alles, woraus dein Körper besteht ... wie Wasser und Kalzium, die Gesteine. Er hatte diese Frau. Sie war einsam. Also gab er ihr einen Geistgefährten. Sie gebar ihm zwei Kinder. Es heißt, daß sie sich gegenseitig umbrachten, und dann kam die Sintflut und zerstörte die Erde.

Und wieder ging sie hinauf zum Großen Mysterium. Sie wollte einen neuen Gefährten. Also gab er ihr wieder einen Geistgemahl. Dann kam sie herunter und lebte auf dem Rücken der Schildkröte. Zu der Zeit war die Erde mit Wasser bedeckt. Wie der Otter versuchten alle Tiere, ihr etwas Erde zu holen.

Der bescheidene kleine Biber tauchte und holte ihr Erde. Es brachte ihn fast um, aber in seiner Pfote war etwas Erde. Sie begann, die Kanten dieser Schildkröte zu bemalen. Und diese Schildkröte bildete eine Insel, die Schildkröteninsel, bildete die Vereinigten Staaten und Kanada.

Ihre Kinder vertrugen sich diesmal, weil beide früher Geister gewesen waren. Streit entstand zwischen dem Vater und dem, der die Pfeife bekam. Das zog den Tod seiner Mutter nach sich. Er kämpfte vier Tage mit ihm, aber sie waren sich beide so ebenbürtig, daß sie schließlich nachgaben. Trotzdem war er seinem Vater gegenüber im Vorteil, denn er hatte den Feuerstein, und die Vögel und die anderen Tiere waren auf seiner Seite.

In der Zeit haben die Tiere alle etwas gegeben. Der Bär gab Heilung. Er gab sein Leben und wurde Medizin.

Unsere Pfeife ist bis heute eine Pfeife des Friedens und der Versöhnung.

Beten mit einer universellen Pfeife

Wir haben den Sonnentanz für die Zeremonien. Wie ein Medizinmann die Zeremonie durchführt, hängt von seiner persönlichen Vision ab, von seiner Auslegung. Jeder Medizinmann führt den Sonnentanz anders durch. Einige Dinge sind allgemeingültig: die vier Himmelsrichtungen, der Baum, die vier Tage und das Beten mit einer universellen Pfeife. Andere Dinge wechseln, wie die Runden, die Gesänge und der Altar. All das entspricht der persönlichen Vision des Medizinmannes. So ist es immer gewesen. Du gehst zu einem Medizinmann, wenn dir gefällt, wie er seine Zeremonien durchführt, dann gehst zu ihm, du suchst ihn dir aus. Das heißt nicht, daß die anderen etwas falsch machen. Du hast einfach das Gefühl, daß er dir mit seiner Art hilft, dich mit dem Schöpfer zu verbinden.

Die Zeremonien sind für die Menschen, die sie besuchen, wirklich etwas ganz Persönliches. Sie sind sehr persönlich, außer Zeremonien wie die, wo du einen Namen erhältst. Da erwartet man von dir, daß du alle wissen läßt, wie du heißt. Der Schöpfer muß es wissen, um mich bei diesem Namen, meinem zeremoniellen Namen, rufen zu können. Wenn der Schöpfer deinen Namen nicht weiß, kannst du nicht gehen, kannst du nicht in die andere Welt hinübergehen.

Ich gehöre der traditionellen Bewegung an. Andere, und das sind viele, möchten ihr eine Form geben. Sie haben die Traditionen aufgeschrieben, statt sie sich durch Erinnern anzueignen, wie es eigentlich von uns erwartet wird. Wir sollen sie uns mündlich aneignen, sollen die Lieder lernen.

Wie kann sie authentisch sein, wenn wir ihr eine Form geben und sie aufschreiben? Manches können wir gar nicht aufnehmen; es ist nicht auf dem Band, auch wenn der Recorder läuft. Sie haben den Recorder angemacht, sie haben neue Batterien gekauft, was soll das, sie können das nicht aufnehmen.

Wir müssen mündlich lernen und uns mit Hilfe unseres Gedächtnisses erinnern.

Bei den Zeremonien ist Tabak das Tauschmittel

Tabak ist ein Tauschmittel, immer. Wenn du eine Zeremonie möchtest, bringst du Tabak mit. Manchmal auch noch eine Decke oder vier Meter Stoff. Aber für den Tabak gibt es keinen Ersatz. Wenn du eine Geschichte möchtest, bringst du eine Zigarette mit . . . Tabak . . . eine Gabe. Du gibst immer etwas, um selbst zu bekommen. Tabak ist bei all unseren Zeremonien das Tauschmittel.

Wenn du beim Sonnentanz deinen Vierjahreszyklus abgeschlossen hast, machst du eine Schenkungszeremonie. Du fertigst Dinge an, läßt sie anfertigen oder kaufst sie, um sie als Dankesgabe an die Leute wegzugeben. Ich habe Quilts nähen lassen.

Frauen haben ihre eigenen Zeremonien

Bei den Ojibwa haben die Frauen ihre eigenen Zeremonien, und die Männer haben ihre Zeremonien bei ihrem Sonnentanz. Wenn sie dann ihr Fasten brechen, bedienen sie die Frauen.

Bei den Sioux ist es genau anders herum. Ein Sioux-Mann würde sich eher umbringen, als eine Frau zu bedienen. Bei den Sioux war es Brauch, daß die Frau zwei Schritte hinter dem Mann ging. Ich würde nur aus einem einzigen Grund zwei Schritte hinter einem Mann gehen – nämlich um ihn in seinen gottverdammten Arsch zu treten.

Frauen sind den Männern ebenbürtig, sie rauchen Frauenpfeifen

Frauen sind den Männern ebenbürtig. Sie sind gleichberechtigt. Die Frauen rauchen nicht die Pfeifen der Männer. Sie rauchen Frauenpfeifen. Und zwar, um die Geister zu rufen.

Die Pfeife ist auch Stimme und Autorität für meinen Midewiwin-Gesang.

Die Beinahe-Todeserfahrung beim Gebären

Wenn eine Frau beschließt, am Sonnentanz teilzunehmen, muß sie nicht auf Visionssuche oder in die Schwitzhütte gehen oder sich anders vorbereiten, denn sie hat bereits . . . jedesmal, wenn sie ein Kind zur Welt bringt, macht sie diese Beinahe-Todeserfahrung.

Wenn sie auf die Suche nach einer Vision geht, dann nur, um etwas ganz Bestimmtes zu verstehen, denn wenn eine Frau auf Visionssuche geht, ist das etwas sehr Gewaltiges. Für Männer gehören diese Dinge zu ihrer üblichen Praxis und Tradition.

Es heißt, daß die Medizinleute bestimmte Bedingungen erfüllen müssen, dazu gehört eine dem Tod ähnliche Erfahrung. Einige haben sogar Erfahrungen damit, ihren Körper zu verlassen. Sie suchen die Geisterwelt auf und sind in ständigem Austausch mit den Geistern. Aber die Frau tut das bei jeder Geburt. Gebären ist eine Beinahe-Todeserfahrung.

Frauen geben Rat beim Sonnentanz

Vom Häuptling des Sonnentanzes wird erwartet, daß er sich bei einer Alten Rat holt. Für den Teil beim Sonnentanz bin ich also zuständig.

Der Häuptling des Sonnentanzes hat sich das Recht erworben, einen Sonnentanz durchzuführen. Bei den Sonnentänzen gibt es also immer einen Häuptling. Das muß nicht unbedingt der Medizinmann sein. Er hat sich einfach das Recht auf den Tanz erworben. Der Medizinmann kommt bei den Heilungszeremonien während des Sonnentanzes zu bestimmten Zeiten dazu.

In der Geschichte von der Weißen Büffelkalbfrau wird erzählt, wie sie diesen beiden Jägern erschien. Der eine hatte lüsterne Gedanken und machte sich sofort an sie heran. Er sagt: »Wir werden unseren Spaß mit ihr haben.« Der andere sagt: »Nein, sie sieht heilig aus.«

»Nein, ich werde sie nehmen.« Und als er sich ihr näherte, fiel er zu Boden und war nur noch ein Skelett, das zu Staub zerfiel.

Sie wies den anderen an: »Geh zurück zu deinem Volk. Sie sollen sich auf mich vorbereiten.«

Soweit die Geschichten. Es hätten auch vier Jahre, vierhundert Jahre oder vierzig Jahre sein können, aber es sind vier Tage. Die Zeremonien dauern vier Tage, weil der Baum vier Tage lebt. Sie beginnen den Sonnentanz, indem sie Kundschafter losschicken, die für die beiden Männer stehen, die die Weiße Büffelkalbfrau fanden. Sie schauen sich um und finden einen ganz bestimmten Baum. Es muß eine Pappel sein. Am ersten Tag holen sie den Baum, denn der Mann damals wurde angewiesen, erst ein Gelände vorzubereiten, dann die Bäume zu holen. Sie fällen den Baum und tragen ihn manchmal durch Regen und Donner. Letztes Jahr haben sie diesen Baum bei Temperaturen von 37 Grad zwei Meilen die Straße entlang getragen. Wir gingen hinterher; wir mußten alle Blätter aufsammeln. Dann setzen sie den Baum in die Erde; zusammen mit dem Tabak, dem gut abgehangenen Fleisch und den zeremoniellen Gegenständen, für die ich sorgen ... die ich besorgen muß. Wir richten den Baum auf, die Leute, die sich später durchstechen, werden mit Seilen daran befestigt. Dann werden die Blätter eingewickelt. Dann die Dinge zum Überleben, ein schönes Stück Fleisch der Frau wird genauso eingewickelt wie das Kreuz. Der Baum wird fest genug im Boden verankert, daß die Angebundenen sich durchstechen können. Seile werden am Baum befestigt. So sieht der erste Tag aus. Vier Tage vorher gehen wir in die Schwitzhütte, um uns zu reinigen. So lauteten die Anweisungen der Weißen Büffelkalbfrau.

Die Beeren der Pflanzen langsam besprengen

Wenn du hineingehst, bist du geistig und körperlich vorbereitet. Von dem Zeitpunkt an ißt und trinkst du nichts mehr. Einige Medizinmänner erlauben noch nicht einmal Zigaretten. Du stopfst deine Pfeifen. Die Frau bringt dir bei, deine Pfeifen zu stopfen. Eine ältere Frau kann beim Sonnentanz ebenfalls eine Pfeife halten. Du holst also deine Pfeifen vor und zündest sie an. Einige Leute haben keine Pfeifen. Du mußt dir das Recht auf eine Pfeife verdienen. Du legst die Pfeifen zurück auf den Ständer, und dann beginnen die Unterweisungen.

Morgens fangen wir damit an, daß wir eine junge Frau weiß anziehen. Sie kommt von Osten herein und besprengt ganz langsam die Beeren der Pflanzen. Meine Aufgabe ist, sie von Osten hereinzubringen, auch die Pfeife zu bringen. Alle in der Arena warten auf sie. Das ist eine sehr gefühlsgeladene Zeit, denn du hast die vier Tage vorher mit Beten verbracht und dich auf sie vorbereitet wie auf eine Wiederaufführung der alten Zeiten, als sie tatsächlich erschien. Damit fangen die vier Tage der Unterweisungen an, wo den Leuten beigebracht wird zu heilen, zu beten und an denen sie Medizin bekommen. Das ist der Beginn des Sonnentanzes.

Sie tanzt die ganzen vier Tage lang. Wir haben immer einen Ersatz für sie, falls ihre Monatsblutung einsetzt. Alle Frauen, bei denen das der Fall ist, müssen gehen, weil Frauen in dieser Zeit besondere Kräfte haben. Die älteren Frauen haben Salbei. Wir tragen einfache Kleider. Wir binden uns ein Tuch um die Taille und tanzen barfuß.

Der zweite Tag ist wahrscheinlich der schwerste, da spürst du den Hunger; wenn du den zweiten Tag durchstehst, kannst du in eine Art Ekstase kommen, in der du eine tiefe Verbundenheit fühlst. Du kannst diese Präsenz da drinnen spüren. Wenn du dich krank oder sonstwie schlecht fühlst, wird die Krankheit durch dieses tiefe Einssein überwunden. Ich habe erlebt, daß Menschen zwei Monate lang

jeden Tag zehn Meilen joggen oder fasten, und so jemand kommt herein und hält gerade einen Tag durch. Und dann kommen diese dürren oder korpulenten Frauen herein und stehen die vier Tage durch wie nichts. In einem Jahr waren ich und noch eine andere Frau die einzigen, die durchgehalten haben . . . vier Tage lang.

Du tanzt jeden Tag, vier Tage lang. Von Sonnenaufgang bis Sonnenuntergang. Du ißt nichts. Am letzten Tag denkst du schon an die Wassermelone. Du bekommst die heiligen Speisen. Kirschsaft und ein Stück vom Büffel und etwas von dem Fleisch aus dem Boden, zusammen mit Beeren. So brichst du dein Fasten. Dann trinkst du den Saft von den Kirschen, von den Traubenkirschen. Anschließend denkst du, jetzt könntest du richtig zulangen, aber du kannst nicht mehr essen. Du verlierst in den beiden Tagen fünf bis sechs Kilo.

Viererzyklen

Alles ist in Viererzyklen eingeteilt. Jeden Morgen machst du dich bei Sonnenaufgang bereit, um ... es gibt zwei Eingänge zur Schwitzhütte. Du schließt sie fest ... von Sonnenaufgang bis Sonnenuntergang. Die einzige Flüssigkeit, die du bekommst, ist das mit Bitterwurzel gesegnete Wasser. Das ist Medizin, vom Medizinmann gesegnet. In jedem der zwölf Monate des Jahres bereitest du etwas vor. Bei jedem Neumond bereitest du etwas für den Sonnentanz vor. Im Monat vorher, im Monat vor dem Sonnentanz, zur Sommersonnenwende im Juni oder sonst im Herbst, zur Tagundnachtgleiche, hast du meistens alles zusammen. Früher wußten sie um diese Dinge, sie kannten die Sterne.

Den Heilungsbaum hinauf

Als mein Enkel etwa vier Jahre alt war, ging er mit einem kleinen Zweig Salbei zum Heilungsbaum in der Mitte der runden Laube ... zu dem Baum, den wir benutzen. Oben auf dem Heilungsbaum bemalten sie ihn und reinigten ihn gründlich. Er sollte in etwa zwei Wochen nach Minneapolis, er hatte eine Rückgratverkrümmung und sollte neun Monate im Gipsbett liegen.

Eine halbe Stunde vor dem Eingriff sagten sie die Behandlung ab. In den drei Wochen hatte sich sein Zustand gebessert. Und seitdem geht es mit ihm ständig bergauf, sein Rückgrat richtet sich auf. Da begann mein Sohn auch zu tanzen. Heute ist auch er ein Sonnentanzhäuptling.

Mein Schwiegersohn hat ziemlich viel getrunken. Vor acht Jahren habe ich ihm eine Pfeife gegeben. Seitdem hat er keinen Tropfen mehr angerührt.

Alles verläuft im Kreis. Jeder von uns ist verantwortlich für sein Handeln. Es fällt auf ihn zurück.

Ich habe noch drei Sitzungen, vielleicht – ich sage vielleicht, weil Midewiwin ist –, noch drei Sitzungen, um von Insulin wegzukommen. Es ist mir sehr schwergefallen, es zu nehmen, aber ich mußte darauf achten, weil mein Blutzuckerspiegel radikal abgesunken ist. Ich habe noch drei Zeremonien vor mir. Aber zum Sonnentanz gehe ich auch, ohne die Medikamente zu nehmen. Eigentlich geht das ja nicht. Dabei denke ich zweierlei – einerseits denke ich, daß der Glaube groß sein muß; und dann sagt mir der gesunde Menschenverstand, daß du ja kein Insulin nimmst, wenn du nichts ißt. Du nimmst das Insulin, um zu überwachen, was du zu dir nimmst. Ich gehe zu Zeremonien, wo ich faste. Ich habe nächsten Sommer noch eine weitere Verpflichtung. Das ist bei den Alten, den Grey Eagles (dt.: Grauen Adlern), dem Sonnentanz der Lakota. Ich trage den Adlerstab hinein, das heißt, wenn sie sich durchstechen, muß ich denen folgen, die die Schädel über den Boden ziehen, das Ritual, bei dem sie beim Sonnentanz die Schädel über den Boden ziehen.

Bei den Sonnentänzen kommst du an einen Punkt, wo du in Ekstase gerätst.

Die Medizinleute wissen, wie man betet

Was das Emotionale betrifft, da wissen die Medizinleute, wie man betet und wie man weint. Meistens beten sie so lange, bis sie weinen. Sie erinnern sich an die Anweisungen, die man ihnen gegeben hat.

Du gehst auf Visionssuche. Du nimmst nur eine Decke mit. Du bleibst im Winter draußen. Du ißt und trinkst nichts. Von Zeit zu Zeit kommt jemand, um nach dir zu schauen, aber er redet nicht mit dir. Du mußt an diesen gewissen Punkt kommen, mußt dich isolieren, um den ursprünglichen Segen zu erlangen.

An einem bestimmten Punkt verschwindet das Ego, und du wirst selbstlos. Dein Geist kommt zum Vorschein. Plötzlich spricht jemand aus der anderen Welt zu dir, und du verlierst jedes Gefühl für dein Selbst.

Dein Geist bewegt sich auf diesen anderen Geist zu. Du benutzt Zeder für die Reinigung, aber Salbei ist besser.

Der Rückwärts-Mensch

Der Heyoka (indianischer Narr, Anm. d. Ü.) ist ein Rückwärts-Mensch, anders als der Heyoka-Weise, der ein falscher Weiser ist. Der Heyoka ist kein falscher Mensch. Meistens sind es Männer, es gibt nicht viele Frauen, die so genannt werden. In Red Lake war dieses Jahr einer, der war in seinem vierten Rückwärts-Jahr. Er tanzte rückwärts, er tat alles rückwärts. Er hatte alles verloren, was er besaß, seinen Job, alles. Er hatte sich dafür entschieden, aus welchem Grund auch immer. Er tanzte beim Powwow in vollem Kostüm rückwärts. Das ist ein Heyoka. Ein Rückwärts-Mensch.

Einige unserer Heyoka-Medizinmänner sind die mächtigsten Medizinmänner überhaupt. Sie bekommen die Botschaft in einer Vision. Sie gehen auf Visionssuche und müssen das tun, weil sie hier die Botschaft bekommen. Sie fasten. Sie fasten und beten und kommen in solche Tiefen, daß man sie schütteln muß, damit sie weiterleben. Die mächtigsten von ihnen haben männliche und weibliche Eigenschaften. Zu einer bestimmten Zeit ihres Lebens haben sie das Gefühl, sie könnten weibliche Eigenschaften annehmen, aber sie sind nicht homosexuell. Sie haben einfach beide Seiten und sind völlig im Gleichgewicht. Sie sind mächtig! Andere müssen sich vor ihnen in acht nehmen.

Ich kann nicht erklären, wie diese Dinge zustande kommen. Es passiert einfach.

Fasten, um friedlich zu werden

Wenn du in dieser modernen Welt fastest, mußt du dich von Fernsehen und Radio losmachen. Du ziehst dich von der Außenwelt zurück. Du kannst durchaus existieren und fasten. Meistens trinkst du nur Wasser oder Tee. Du fastest so lange, wie es nötig ist, damit du friedlich wirst.

Fasten führt zur Beinahe-Todeserfahrung. Du sagst: »Hier bin ich, Gott, ich . . .« Oder sagen wir, du betest. Eine Medizinfrau oder ein Medizinmann hat es aus folgendem Grund so schwer: Du mußt bereit sein, dein Leben zu geben, um zu heilen. Wenn jemand sehr, sehr krank ist, sagst du zum Schöpfer: »Nimm mich statt dessen, wenn mein Opfer nicht reicht. Nimm mich.« Das ist der Grund, warum manche Leute heilen können, aber mit Heilkräften umzugehen ist etwas sehr, sehr Tiefgehendes, Abgründiges.

Du mußt deine Mitmenschen so sehr lieben, daß du auch, wenn ein völlig Fremder hier hereinkommt, bereit bist, dein Leben für ihn zu geben.

Wenn du diese Medizin für schlechte Zwecke benutzt, fällt das auf dich zurück, das ist ein Gesetz. Medizinmenschen sind sich im klaren über ihre heiligen Pflichten und über den Preis, den sie dafür zahlen müssen. Sie müssen sehr vorsichtig sein.

Der Preis für die Pfeife

Manche Menschen, die die Pfeife bekamen, haben Familienangehörige verloren. Einer hat seine Schwester verloren; ein anderer einen Familienangehörigen. Sie bekamen die Pfeife und dachten, sie hätten kein Recht, sie zu benutzen. Es war eine Pfeife mit starken Kräften. Sie haben sich viele Tage getroffen und haben beschlossen, sie zu nehmen. Aber sie mußten einen Preis dafür zahlen. Sie nahmen sie für ihre Leute, aber das hatte seinen Preis, und sie wußten das auch. Das Böse versucht das Gute anzugreifen. Wenn Menschen sich dazu entschießen, müssen sie fast Einsiedler sein. Du darfst keinerlei Bindungen haben. Wenn du Bindungen hast, mußt du bereit sein, große Schmerzen zu erleiden.

Manchmal geht das Leiden sehr tief. Sagen wir, du hältst dich im selben Zimmer auf wie ein Mensch, dem etwas fehlt. Er hat zum Beispiel ein schlimmes Bein, aber du stehst auf und fällst fast hin. Und dann schleppst du das mit. Du mußt innerlich so stark sein, daß du das von dir fernhalten kannst.

Die meisten Medizinleute verstehen wirklich etwas von Psychologie, sie wissen, wie der Verstand funktioniert, und ähnliches. Sie wissen, ob Krankheiten psychosomatisch sind oder nicht.

Wir hatten eine Zeremonie, wo dieser Typ Krebs hatte. Hinterher war der Medizinmann monatelang krank, und er ging zu einer Frau, die ihn mit Salbei reinigte. Salbei oder Zeder wird in eine kleine Pfanne getan. Du zündest sie an und reichst sie herum und läßt den Rauch aufsteigen und bittest »O Gott« oder wie immer du das Große Mysterium nennen willst, dich von der Krankheit des Menschen zu reinigen, dem du geholfen hast, gesund zu werden.

Ein Medizinmensch muß sich vor Menschenmassen in acht nehmen... schwitzen und starkes Herzklopfen und heftiges Atmen... wegen all der schlechten Vibrationen, die es dort gibt. Weil es in Menschenmassen so viele schlechte Vibrationen, schlechte Gefühle und Negativität gibt.

Ich lenke mich mit Lesen ab. Ich nähe viel. Ich gehe viel allein spazieren. Ich gehe in den Park und wandere dort herum, bleibe draußen. Ich mache nie Einkaufsbummel.

Stöckchen werden zu Botschaften

Meine Leute hatten enorme Geisteskräfte. Meine Großmutter trug kleine Stöcke im Haar, und jemand, der zweihundert Meilen weg war, konnte diese Stöckchen zu Botschaften verschieben. Das hält man für Teufelswerk, so nannten die Katholiken es. Es war eine bestimmte Kraft, ihre geistige Macht war so stark. Heute können die Indianer das nicht mehr.

Meine Großmutter war eine mächtige Medizinfrau. Sie warnte mich vor dem Tornado. Auch heute noch höre ich auf sie, obwohl sie nicht mehr lebt. Wir kommunizieren mit der Geisterwelt. Unsere Leute wurden sogar unter Geisterhäusern begraben. Sie zeigen von Ost nach West. An der Westseite sind sie geöffnet, so daß dort Tabakopfer dargebracht werden können. Sie begraben die Leute immer noch draußen im Wald. Sie stellen diese kleinen Häuser auf das Grab und legen Speisen und weitere Sachen hinein.

Wege zur Spiritualität

Bei den Midewiwin sind mächtige Kräfte im Spiel. Es gibt viele Wege zur Spiritualität. Ich bin durch meine Großmutter da hineingeboren worden. Ich bin keine Medizinfrau. Ich habe bestimmte Gaben, aber nicht die wirkliche Macht, die du haben kannst, die manche Menschen entwickeln. Wenn ich das wollte, könnte ich zur Mide gehen oder fasten, um zu sehen, ob das meine Aufgabe ist.

Manche Medizinleute werden arrogant und selbstgefällig. Ich weiß nicht, wie es möglich ist, daß sie gleichzeitig ihre Gottesgaben behalten. Sie haben trotzdem die gleiche Macht. Wenn du an den Zeremonien teilnimmst, kannst du sehen, daß dieser Medizinmensch kein Charisma hat, und sagst dir: »Ist das wirklich ein Medizinmensch?« Du erwartest blaues Licht, eine Aura oder sonstwas. Aber so läuft es nicht. Sondern einfach ... plötzlich, wenn sie mit den Zeremonien beginnen, dann werden sie auf die eine oder andere Weise zum Kanal für den Schöpfer. Plötzlich geschieht es, wenn sie beten. In dem Augenblick, wo sie die Zeremonien beginnen, kommt etwas anderes hinzu. Sie selbst haben die

Macht nicht, Gott benutzt sie auf die eine oder andere Weise. Medizinleute sind Kanäle für Gott. Er wählt bestimmte Menschen aus, die Er kennt. Das können Menschen sein, die du nicht leiden kannst, aber sie konzentrieren sich total auf Gott. Nichts anderes existiert.

Um zum Guten zu gelangen, mußt du sehr viel beten. Du mußt die Medizin nehmen und auf Visionssuche gehen, bis du deine Medizin bekommst, egal, welche das ist. Meistens kommt sie durch irgendein Tier zu dir. Der Bär ist natürlich immer der Heiler. Wir vom Bären-Klan können kein Bärenfleisch essen, denn der Bär ist unser Klan-Tier, und das verspeist man nicht. Der Bären-Klan bei den Ojibwa, das sind also die Heiler.

Die Geschichte von der bösen Medizinfrau

Einige der Leute aus Oklahoma, die Männer, die man Eagle Catchers (Adlerfänger) nennt, die kennen alle Kräuter und alle Medizinkräfte. Bis sechzig müssen sie herumreisen, und dann bekommen sie eine Pfeife. Ich habe einen von ihnen kennengelernt. Und dann, weißt du, ah, dann gab er mir die Kraft des Silberlöwen.

Er sagte, er habe nur sieben Menschen gefunden, und er sagte: »Deine Lebensgeschichte? Ich werde sie dir erzählen.« Er sagte: »Irgendwer in deiner Familie war ein Wächter. Was ist ein Wächter?« Und er sagte: »Erzähle mir davon.«

Und ich erzählte ihm von meiner Großmutter. Da gab es diese Frau, die die Medizin für schlechte Zwecke benutzte, ja, das tat sie. Schließlich kamen sie zu meiner Großmutter. Sie holte einen ihrer Verwandten und meinen Vater, und dann gingen sie zu dieser Frau, um sie zu stellen. Meine Großmutter bereitete sich vor. Sie sagte ihnen, sie sollten diese Frau ergreifen und festbinden. Also ergriffen sie sie und banden sie an diesen Pfahl, und sie mußten sie von Kopf bis Fuß festbinden und ihre Medizin zerstören.

Sie hatte Schaum vorm Mund. Sie war wie ein wildes Tier. Sie zerriß die Seile; sie schnitten ihr ins Fleisch, so daß sie sie kaum festbinden konnten, weil sie solche Kräfte hatte.

Sie verbrannten diese Medizin. Die Medizin schrie und kreischte, und sie schrie und kreischte. Und sie verbrannten die Medizin. Und dann sagte meine Großmutter zu ihr, sie dürfe diese Medizin niemals wieder anfassen.

Sie mußten gehen und Warnungen verbreiten, damit sie von den Kräutersammlern keine Medizin mehr bekam. Medizinmenschen haben meistens Leute, die Medizin für sie sammeln.

Sie war also eine Wächterin der Medizinleute, meine Großmutter, und diese Gabe habe ich auch.

Bis jetzt hat er in den Vereinigten Staaten und Kanada nur sieben von uns gefunden.

Die Macht des Wächters

Ein Wächter kann sehen, was für ein Mensch jemand wirklich ist. Du kannst sie durchschauen. Du kannst die guten Medizinleute von den schlechten unterscheiden.

Dieser Medizinmann belästigte kleine Jungen in der Schwitzhütte. Stell dir vor: in der Schwitzhütte! Aus irgendeinem Grund kam ich mit ihm zusammen. Meine Gabe führt mich einfach an diese Orte, bringt mich aus irgendeinem Grund dorthin. In diesem Fall muß ich sie warnen. Ich muß ihnen sagen: »Hör auf damit, sonst wird das Folgen für dich haben.«

Das tue ich. Und ich habe zu meinem großen Erstaunen festgestellt, daß es funktioniert. Ich bin wirklich erstaunt, daß ich das sehen kann. Noch erstaunter bin ich darüber, daß sie mir nichts anhaben können. Weißt du, weil meine Großmutter sehen konnte, war ihr auch gegeben, daß andere sie nicht verletzen konnten. Das ist eine Macht für sich. Es gibt also wahrscheinlich sieben von uns.

Ich geriet einmal in einen Tornado, Jesus, das war '84. Alles, was ich besaß, wurde kurz und klein geschlagen, außer einem Porzellanteller, der über hundert Jahre alt war. Mein Vater hatte ihn mir geschenkt. Dad schenkte ihn mir vor etwa zwanzig Jahren. Die Porzellanteekanne meiner Mutter ... und trotzdem verbeulte dieser Tornado meinen

Kühlschrank. Wenn ich mit Medizinleuten rede, sagen manche, ich dürfe nichts besitzen, kein Haus oder ähnliches, binde dich nicht an dieses Land, sagen sie. Ich gehöre nicht in diese Umgebung. Nur die Dinge, die ich mitnehmen kann, haben überlebt . . . ein Teller, eine Teekanne, nicht das Haus.

Der Kühlschrank war verklemmt, man konnte die Tür nicht öffnen, und dieser Teller stand oben drauf, und darüber hing ein kleines Regal, da stand die Teekanne drin.

Ich habe auf die Medizinleute gehört. Ich kann mir seitdem kein Haus mehr kaufen.

Ein mächtiger Medizinmann sagte: »Wir alle müssen zurück zu unseren Wurzeln gehen. Der Große Geist gab allen Ojibwa Gaben von großer Schönheit. Du wirst niemals Land besitzen, aber er gab dir einen Geist. Du wirst immer führen. Bei jedem Stamm wird es einen von euch geben.«

Halte Ausschau nach uns, und du wirst uns dort finden.

Die Last des Heilers

Dieses Pferd, eine Morgan-Stute, hatte eine dicke Geschwulst am Kiefer. Weißt du, was sie taten? Sie haben sie abgebunden. Sie hing einfach runter und starb ab, wie der Schwanz eines jungen Hundes, den du abbindest. Sie waren also gerade dabei. Ich kam raus und sagte: »Was zum Teufel macht ihr da?« Ich dachte, er würde versuchen, die Geschwulst aufzuschneiden. »Gib mir das Messer«, sagte ich. Genau so, ich war nicht ich selbst. Als hätte ich meinen Körper verlassen. »Gib mir das Messer.«

Ich schnitt das Ding ab, und es hieß: »Es wird bluten.«

Ich sagte: »Halt den Mund! Halt sofort den Mund!«, sagte ich. Kein einziger Tropfen Blut floß. Die Stelle heilte. Selbst das Fell wuchs nach. Sie war etwa so groß wie eine Dollarmünze. Ich habe das Ding abgeschnitten. Kein Blut.

Ich ging ins Haus und dachte: »Was habe ich da gemacht? Und warum?« Ich wußte überhaupt nicht, was in mich gefahren war. Es überkam mich einfach. Das ist mir mehrmals passiert.

Eine Freundin von mir ist zuckerkrank. Sie ist operiert worden und hatte Wunden, die waren etwa so groß und eiterten ständig. Sie zogen den Eiter ab, immer wieder und wieder, bestimmt ein Jahr lang. Sie ging zum Arzt, dort zogen sie den Eiter ab und legten einen Verband an. Sie erzählte mir nie davon. Aber eines Tages erzählte sie den Jungen und Alten von ihrem Selbstmordversuch. Sie hatte all diese Wunden, wir waren eng befreundet, und ich wußte, daß sie Schmerzen hatte. Eines Tages verkündete sie: »Sie sind weg. Alle weg!«

Ihre Haut war einfach glatt und weich und: »Sie sind weg!«

Ich habe mir nichts dabei gedacht, bis ich später ein Bad nahm. Da hatte ich diese verdammten Dinger genau hier auf dem Bauch. Ich habe immer noch die Narben. Sie taten nicht weh und juckten auch nicht. Ich wußte, das waren die Wunden meiner Freundin.

Ich deckte sie mit einem Verband ab, damit sie sich nicht an der Kleidung rieben. Sie waren gelb. Und voller Eiter. Ich konnte sie sehen, aber nicht spüren. Sie taten nicht weh. Sie waren nicht wund und juckten auch nicht. Ich verstand das einfach nicht.

Ich fand heraus, daß meine Freundin ihre Wunden los war und daß ich sie einfach übernommen hatte. Sie sind dann so geheilt. Ich habe einen Verband mit Salbe angelegt. Sie sind abgeheilt, aber hinterließen richtig dunkle Narben, die habe ich immer noch.

Ich wußte nicht, was ich da tat. Ich fühlte mich schlecht, weil sie diese Wunden hatte. Und wir waren enge Freundinnen. Wenn du krank wirst, kannst du nie wissen, ob du die Krankheit nicht von jemand anderem übernommen hast. Meine Herzsache jetzt muß ich auch von jemand übernommen haben, sonst würde ich sie nicht loswerden. Nach und nach verschwinden alle Symptome. Letzten Sommer ging ich also zu verschiedenen Ärzten. »Warum benutzen Sie das?« hieß es.

Ich sage: »Ich weiß nicht. Der andere Arzt hat es mir verschrieben.«

»Benutzen Sie die Nitro-Pflaster seit vier Jahren?«

»Ja.«

»Ich kann nicht sehen, daß Sie sie brauchen«, sagt er. »Ihre Knöchel sind nie geschwollen?«

Ich sage: »Aber nein. Meine Knöchel sind nie geschwollen.«

Das EKG zeigt an, daß ich was am Herzen habe. Sie haben all diese Untersuchungen gemacht. Und trotzdem habe ich nicht alle Symptome. Meine Knöchel schwellen nie an. Ich habe keine Angina. Ich habe keine Herzschmerzen. Aber das EKG und all die raffinierten Geräte sagen, ich müßte welche haben.

Der Arzt fragt, warum ich das einnehme, und plötzlich wird mir klar, daß ich keine Probleme mit dem Herzen habe; es sind die Beschwerden eines anderen Menschen, und sie werden verschwinden. Trotzdem nehme ich jetzt vorbeugend ein Medikament.

Ich muß diese Welt von der anderen Welt trennen. Ich muß in diese Welt gehen und auch in jene und alle Mysterien zwischen beiden Welten sehen.

In der Bibel heißt es, daß es keine größere Liebe gibt als die, dein Leben für deinen Mitmenschen zu geben. Genau das tun die Medizinleute.

Kristalle hüten

Es gibt augenblicklich so viele schlechte Medizinleute. Bei einem Treffen der Alten gab es Schwierigkeiten mit einem Nicht-Indianer, der mediale Fähigkeiten hatte. Er hatte einen Kristall, den brach er in Stücke, und davon gab er jedem ein Stück. Er sagte ihnen, sie sollten sich konzentrieren. Wenn sie das täten und seinen Anweisungen folgten, würden die ganzen Kräfte auf sie übergehen. Dieser Spiritist war wahrscheinlich an einen Punkt gelangt, wo ihn seine Kräfte langweilten und er experimentieren wollte. Ich glaube, er wollte sich in den Kreis der Alten einschleichen, und er hatte einige der Indianer von seinen Kräften überzeugt. Aber einige konnte er nicht erreichen, weil sie so fest in sich ruhten.

Einige von uns konnte er nicht erreichen. Wir ruhen in uns. Ich hätte dir sagen können, wen er gar nicht erst zu beeinflussen versucht hat. Die anderen aber, bei denen konntest du sicher sein, daß sie persönliche Probleme hatten, die sich auf ihr Leben störend auswirkten; sie waren nicht so bei sich.

Eines Abends ging ich allein spazieren, warum, weiß ich nicht mehr. Auf diesem Spaziergang kam so ein junger Mensch mit seinem Tabak auf mich zu und bat mich, ihn zu besuchen. Also ging ich hin. Sie stellten mir Fragen über Schwitzhütten, oberflächliches Zeug. Aber der wahre Grund war, daß er einen der Kristalle hatte. Ich nahm ihn in die Hand und betrachtete ihn. Er zerbrach.

Sie wollten sich aus dem Einfluß dieses Mannes befreien. Ich gab ihnen das Süßgras und Salbei aus meiner Pfeife. Ich sagte ihnen, sie sollten es behalten, nachdenken und es anzünden. Zünde es an, zünde den Salbei an, rauche und reinige dich. Das hat gewirkt.

Dieser Mann pflanzte mitten in der Nacht einen Baum. Er sagte, jeder solle seinen kostbarsten Besitz mit in die Erde geben. Ein Freund tat Tabak in einen Beutel. Ein anderer packte Geld in einen Beutel. Eine andere Freundin den Ring ihrer Mutter. Er war gespickt mit Diamanten. Und ihren eigenen Ehering. Das war das Kostbarste, was sie hatte. Das packte sie ein.

Ich mischte mich ein und sagte: »Hey, hey, steck dir diese Ringe wieder an.« Und ich sagte: »Gib mir das mal.« Und ich nahm den Tabak. »Was macht ihr denn hier?«

Eine Frau sagte: »Aber das wird uns schaden.«

Ich sage: »Komm, gib mir das Zeug.« Ich packte das Geld aus und gab es zurück. Verbrannte den Tabak im Feuer.

Die Klan-Mütter beschlossen später, den Baum auszugraben. Sogar Kondome waren da drin. Wenn du einen Baum pflanzt, dann gibst du nämlich Dinge mit in die Erde. Tabak und anderes. Sie pflanzten also diesen Baum und visierten die Himmelsrichtungen an. Irgend etwas überkam die ganze Meute, und sie pflanzten diesen Baum ein.

Der Spiritist versuchte sich zwischen die Alten zu drängen. Ich habe mit niemandem darüber gesprochen. Ich habe einfach den Kristall an mich genommen. Ich habe ihn noch zu Hause.

Irgendwas lag in der Luft. Es gab einen Grund, warum ich da war.

Indianer aus Oklahoma benutzen Kristalle zum Beten. Sie möchten sich beim Beten alle in einen Geist, eine Stimmung oder Kraft versetzen. Alle haben sie diesen einen Kristall; alle beten um das gleiche. Und meistens benutzen sie dafür die Kraft von Kristallen.

Kristalle werden von Generation zu Generation weitergegeben. Und sie haben große Macht. Jetzt kommen Nicht-Indianer an, stürzen sich auf diese eine Sache und machen auf der Suche nach Gott etwas völlig Neues daraus. Sie greifen sich nur das heraus, was sie haben wollen. Sie haben nicht das ganze Wissen, wie man Kristalle benutzt oder Zeremonien leitet. Es ist sehr gefährlich für sie, sich nur eine Sache herauszupicken, über die sie gar nichts weiter wissen.

Die Geister aufschrecken

Einmal rief diese Gruppe von Indianern aus Chicago in South Dakota an, damit der Medizinmann käme. Sie hatten irgend etwas angefangen und konnten dann nicht damit umgehen. Sie hatten Dinge in Gang gebracht. Ich begleitete ihn, denn Sonnentänzer haben die Aufgabe, Medizinmänner zu schützen. Er setzte sich hin, und ich saß weiter hinten. Dann breitete er seinen Altar aus. Diese kleinen Stöcke, die er benutzt, sind etwa so groß wie ein Bleistift, und er legt die Fahnen zurecht, die Farben und den Tabak. Wenn ich sage Fahnen, meine ich ein Stück Stoff, in das Tabak gewickelt ist. Du befestigst die Fahnen an den kleinen Stöcken und bringst sie auf den Altar. Es sind immer vier und vier.

Ich saß also hinten im Raum und hörte, wie die Leute miteinander flüsterten. Ich konnte nicht verstehen, was sie sagten. Plötzlich flogen diese Stöcke durch die Luft. Irgendwas schlug und hieb auf diese Stöcke ein. Die Geister erschienen. Ich weiß, es war kein Mensch, der diese Stöcke nahm und durch die Luft warf.

Als wir anfingen, sagte er: »Singt ein Lied für die vier Richtungen; könnt ihr das Lied der vier Richtungen singen?« Ihm selbst fiel es nicht ein. Deswegen zögerte er und machte nicht weiter.

Die Leute drängten sich so dicht, daß sie nicht näher kommen konnten.

Als erstes sagte er: »Die Geister sagen, daß dies ein unreiner Platz ist. Sie kommen nicht zurück, weil sie hier nicht essen wollen. Hier passiert zuviel auf einmal. Mir ist noch nicht einmal das Lied eingefallen. Ich habe es zehn Jahre lang jede Woche dreimal gesungen, und mir sind jetzt nicht einmal die Worte eingefallen.«

Er sagte, die Zeremonie habe nichts bewirkt. Dann sagte er, das Essen sei unrein. Es waren ältere Leute aus Pine Ridge da, die schon lange nicht mehr an einer Zeremonie teilgenommen hatten. Er sagte, er würde ihnen Anweisungen geben. Er erzählte ihnen, wie sie die Speisen zubereiten sollten und daß er am nächsten Abend noch eine Zeremonie durchführen würde. Wir brauchten dafür ein Haus, dessen Besitzer nicht trank.

Wenn du zeremonielle Speisen zubereitest, bereitest du einen Topf vor und tust keine Gewürze hinein. Du probierst, mußt aber den ganzen Rest stehenlassen, denn die Geister bekommen zuerst etwas, und erst dann ißt du, was die Geister übriggelassen haben. Aus bestimmten Gründen nimmst du sowieso nur das Fleisch von wilden Tieren; du nimmst Rehfleisch, kein Huhn oder Schwein. Diese Gruppe hatte Schweinefleisch genommen.

Wir trafen uns in einem alten Haus mit einem Obergeschoß. Wir machten die Zeremonie dort, und alles war bestens. Nur daß der Medizinmann mich nicht finden konnte. Ich glaubte, ich wäre schlafen gegangen. Er suchte überall nach mir und sagte, er hätte mich nicht finden können. Ich glaubte, ich wäre schlafen gegangen, und er sagte: »Nein, nein«, sagte er, »du warst woanders.«

Ich weiß nicht, wo ich war. Ich dachte, ich hätte geschlafen, wäre schließlich eingeschlafen. Ich war müde. Ich muß tatsächlich gegangen sein. Ich meine, die Leute standen da, so standen sie, dicht an dicht; es waren bestimmt 35 bis 40 Leute im Raum. Ich hätte gar nicht rausgehen können. Ich weiß nicht, was da passiert ist.

Wenn du dich auf diese Dinge einläßt, mußt du auf das Unerklärliche gefaßt sein.

Mit unsichtbaren Beschützern leben

Manchmal, wenn ich hier herumgehe, in meinem eigenen Haus, ist etwas um mich. Ich spüre das, da ist etwas, das ist immer da und wird immer dasein, wo ich auch hingehe. Es stört mich nicht. Ich weiß, daß sie freundlich sind.

Wenn du innerlich still werden willst oder mußt, läufst du im Uhrzeigersinn durch deine Wohnung, immer wieder. Du nimmst Salbei oder Schwarzzeder. Finde Schwarzzeder, um die Geister auszuräuchern. Stelle eine Pfanne in das Zimmer und verbrenne das. Im Uhrzeigersinn durch jeden Raum. Im Uhrzeigersinn, so wie die Uhr läuft. Nimm nur ganz wenig.

Ich habe das in diesem Haus bereits getan. Es gibt hier Wesen. Manche folgen mir überallhin. Beschützer. Sie sind nicht immer freundlich. In älteren Häusern sind sie bereits. In der Nähe meines Hauses in Bellecourte sind indianische Friedhöfe. Manche Leute können in dem Haus nicht bleiben. Aber ich habe da schon allein gewohnt; mich stört das nicht.

Den Spuren im Schnee folgen

In einem Winter kam hier ein großer schwarzer Hund angelaufen. Er kam immer wieder, hielt sich hier auf, lief herum und hinterließ Spuren im Schnee. Wir folgten den Spuren, und sie hörten einfach auf. Ich weiß nicht, woher sie kamen; sie führten nirgendwohin. Aber den Hund haben wir gesehen.

Du hast bestimmt schon vom Elmsfeuer gehört, wo plötzlich Feuer ausbrechen. Das passiert bei mir zu Hause in Turtle Mountain auch, und ich weiß noch, daß die Leute von Druiden sprachen. Auf irgendwelchen Wegen haben die

Missionare Stonehenge eingebracht, Elemente dieses Glaubens, und ihn benutzt. Es gab Priester, die haben alles benutzt, woran die Leute glaubten.

Alle Indianer glaubten, daß manche Menschen sich in Tiere verwandeln können. Also kamen die Priester den Leuten mit den Geschichten vom Werwolf. Sie sagten, er stamme direkt vom Satan ab. So haben sie die alten Überzeugungen unterwandert.

Die Zeremonie des Abwischens der Tränen

Wir, die Indianer, hatten für unsere Trauer das Abwischen der Tränen, die Zeremonie, nachdem jemand gestorben ist. Dafür nimmst du das Wasser und den Kamm.

Früher haben sie dich gewöhnlich völlig neu eingekleidet. Menschen, die trauerten, haben normalerweise zerrissene Kleider getragen, sie trugen nie neue Kleider, wenn sie trauerten. Dann kamen sie und kleideten dich neu ein, in der alten Zeremonie, wuschen dein Gesicht – das war das Abwischen der Tränen – und kämmten dich. Jemand kämmte dein Haar. Sie kämmten dich einfach und wischten dir deine Tränen ab und gaben dir das Wasser, das hatte den Sinn, dir deinen Kummer abzunehmen, das Schwere und den Tod. Die ganze Trauer.

Heute stellen wir uns bei dieser Zeremonie auf und geben dir zu essen. Der Kummer, das Schwere, der Geist, alle Spiritualität geht in die Speisen, wenn sie den Leuten zu essen geben. Gib ihnen Wasser, kämme ihr Haar und wische ihnen mit einem Tuch symbolisch die Tränen ab.

Wer die Zeremonie durchführt, nimmt immer ein kleines Stück von dem Stoff, den wir übriggelassen haben, schneidet etwas davon ab und gibt es ihnen. Das steht für ihre neuen Kleider. Heute kann man sie nicht mehr neu einkleiden; das kann sich keiner leisten.

Es gibt noch eine Zeremonie, die heißt, die Seele behalten. Ein Jahr lang behältst du alles, was die Person gern hatte, wie Schmuck oder andere Dinge, die sie immer getragen hat. Wenn das Jahr vorbei ist, schenkst du diese Dinge Menschen zur Erinnerung. Das passiert bei den Schenkungszeremonien. Du schenkst dem einen die Uhr, dem anderen die Jacke, wieder einem anderen die Schuhe. Du denkst an den, dem das alles gehört hat, und betest für ihn, wenn du diese Dinge trägst oder benutzt.

Weggeben. Alles geht an irgend jemanden; alles, was im Haus ist, wird weggegeben.

Pfeifenzeremonie auf dem Friedhof

Vor fünf oder sechs Jahren kam eine Freundin zu mir und sagte: »Ich gehe nicht mehr in die Kirche.«

Ich fragte, was passiert wäre.

Sie war zu dem Friedhof gegangen, wo ihr Mann begraben lag. Sie wollte eine Pfeifenzeremonie abhalten. Du kannst für den Geist im Grab eine Pfeifenzeremonie abhalten. Sie deckte einen Tisch und setzte sich auf den Boden.

In dem Augenblick kam dieser Priester an und ist gerade dabei, überall heiliges Wasser zu verspritzen, er kam auf sie zu und fragte: »Was machen Sie da?«

Und sie sagte: »Ich will eine Pfeifenzeremonie abhalten.«

Er sagte: »Die Leute haben beschlossen, daß das nicht mehr erlaubt ist. Sie müssen von hier weggehen und es draußen vor dem Zaun machen.«

Sie stritten sich, und meine Freundin sagte zu dem Priester: »Zur Hölle mit Ihnen. Verschwinden Sie hier.« Und sie führte ihre Pfeifenzeremonie zu Ende.

Ich sage, ob Pfeife oder Heiliges Abendmahl, und wenn die Leute Hurenböcke sind, Gott vergibt ihnen. Wenn wir diese Pfeife in den Händen halten, sind wir heilig, genauso heilig wie beim Abendmahl. Wir sollten kein Urteil über die fällen, die sie abhalten; nur Gott kann Urteile fällen.

Ich bin traditionell eingestellt, aber ich bin katholisch erzogen worden, und es gibt nichts am Traditionellen, was damit in Konflikt steht.

Von unseren Leuten liegen mehr in Kisten als hier herumspazieren.

In der Gruppe der Alten haben wir uns damit beschäftigt. Wir haben ein 20 Hektar großes Friedhofsgelände reserviert. Wir haben 34 Skelette zurückbekommen. Nur vier hat man nach ihrem Tod beerdigt. Der Rest ist präpariert worden. In vielen Forts der Armee hatten sie Töpfe dafür, in denen sie die Haut von den Skeletten kochten, bevor sie die Toten verfrachtet haben. Indianische Schädel sind untersucht worden, um festzustellen, ob die Toten Menschen oder Untermenschen waren. Sie haben . . . Wissenschaften wie die Kraniologie oder Phrenologie (Schädellehre, Anm. d. Ü.), haben das Gehirn vermessen, und zwar noch bis zum Beginn des neunzehnten Jahrhunderts. Thomas Jefferson war einer der ersten, der diese Schädel bekam.

1900, das sind die Menschen, die wir kannten, mit denen wir sprachen, unsere Großeltern. Sie wurden zu der Zeit immer noch präpariert.

Wir haben herausgefunden, daß es im Smithsonian Institut 18 000 Skelette in Kisten gibt. Sie gehen dort sehr wissenschaftlich vor. Sie numerieren die Skelette, vermerken, aus welchem Gebiet sie stammen, ob es Sioux waren und welcher Arzt sie bestellt hat. Sie haben Hunderte von ihnen nach Übersee bestellt. Und sie haben sie zu Hunderten ausgegraben. Sie haben sie präpariert, wie man es mit Tieren macht: ausgekocht, das Fleisch von den Knochen geschnitten, sie gesäubert.

Einige Schädel wurden für das Army Medical Museum (dt.: Medizinisches Museum der Armee) gesäubert und gekocht. Die Gehirne wurden in bestimmte Lösungen gelegt und ebenfalls verfrachtet. Sie dachten, wir wären minderwertig und würden selbstverständlich verschwinden.

1892 transportierten sie Hunderte indianischer Überreste zusammen mit den Gebrauchsgegenständen zur Weltausstellung nach Chicago. Die Gegenstände waren nach Körpern und Gräbern numeriert, aus denen sie sie genommen hatten. Die Töpfe, die zusammen mit den Toten beigesetzt worden waren.

Beim Sonnentanz, nach der Wiederbestattung, konnten wir sie sehen, sie standen in den Hügeln und knieten neben den Bäumen ... für uns sichtbar, obwohl sie in der Geisterwelt leben.

Die Geister kommen erst zur Ruhe, wenn ihre Überreste in die Erde zurückkehren. Sie müssen zusammen mit den Pfeifenbeuteln wieder in die Erde zurück.

Die Missionare kamen daher und sagten, wir würden Zauberei betreiben. Sie nahmen die Pfeifen an sich, aber sie verbrannten sie nicht. Wenn du ins Museum gehst, kannst du sie da heute noch sehen.

Diese Dinge müssen zurück. Sie müssen zurück in die Erde. Dort gehören sie hin.

Wirklich stolz bin ich darauf, daß unsere jungen, radikalen Indianer niemals auch nur ein einziges weißes Grab geschändet haben. Sie haben viel zu großen Respekt vor dem Tod, den Seelen und den Geistern, um damit herumzuspielen. Sie hätten es auch aus Rache tun können, aber sie taten es nicht. Sie wissen einfach, wo Respekt angebracht ist.

Das Geschenk der Grossmutter

Zu meiner Großmutter habe ich eine engere Beziehung als zu allen anderen. Sie bekam schließlich das Medizinbündel und war die letzte aus meiner Familie, die am Sonnentanz teilnahm. Ihr Name bedeutet soviel wie: Du wirfst einen Stein ins Wasser, und das Wasser kräuselt sich endlos; das war ihr Name. Sie war eine Medizinfrau.

Meine Mutter war so ängstlich, sie war derartig von der katholischen Kirche indoktriniert worden und hatte solche Angst vor meiner Großmutter.

Meine Mutter war eine große Frau, so groß wie ich, meine Großmutter dagegen war winzig. Meine Mutter hatte Angst vor ihr wegen der Medizinkraft und dem, was sie für Zauberei hielt. Nicht wirklich Zauberei. Wenn du Medizin nimmst, nimmst du Gutes und Schlechtes. Es gibt keine schlechte

Medizin; es gibt nur schlechte Menschen, die schlecht damit umgehen.

Ich habe bei meiner Geburt nur knapp drei Pfund gewogen. Damals hast du mit drei Pfund nicht überlebt. Entweder du kommst in den Brutkasten, oder du stirbst. Meine Großmutter, die Medizinfrau, nahm mich mit zu sich und legte mich in einem Schuhkarton auf den Wärmeofen. Und ich überlebte. Sie nahm mich mit, wenn sie mit ihrer Pfeife betete. Ich verdanke ihr wirklich mein Leben.

Kinder sind heilig

Es war ein Privileg, Kinder zu haben. Kein Recht. Die Alten, die Frauen, sie haben sogar bestimmt, wer Kinder haben durfte. Sie hatten Medizin für Abtreibungen. Und wenn jemand ein Kind mißhandelte, haben sie ihm das Kind weggenommen, und die Frau konnte keine Kinder mehr bekommen. Das haben sie beschlossen.

Kinder sind heilig. Sie sind lebendige Schätze, Geschenke vom Großen Geist.

Du hast sie nie behandelt, als ob sie dir gehörten; sie gehörten dem Schöpfer.

Dies ist die Zeit der Frauen

Dies ist die Zeit der Frauen, und es gibt im ganzen Land eine neue Bewegung. Frauen fangen an, sich auf die Hinterbeine zu stellen. Frauen müssen sich national und international erheben. Wir müssen uns stärker in Politik und Entscheidungsprozesse einmischen. Schau dir an, was im Augenblick passiert; Frauen mischen sich stärker ein, das hat mit Anita Hill zu tun. Auf lange Sicht gesehen hat sie gewonnen; sie hat auf lange Sicht gesehen gewonnen. Das wird weitreichende Folgen haben.

Frauen stehen auf und sprechen. Frauen erheben sich wieder in unseren Indianerstämmen.

Die Alten gehören allen

Die Alten gehören allen. Wir müssen unsere Familien unterweisen, denn sie werden zerstört. Wir müssen unsere Familien stärken und auch unsere Gemeinschaften und unsere Stämme. Wir müssen andere Nationen mit den Prophezeiungen unserer Gemeinschaft stärken. Wir müssen uns darin bestärken, füreinander dazusein.

Maisie Shenandoah

Oneida

Ich bin eine Wolf-Klan-Mutter für den Stamm der Oneida. Mein indianischer Name ist Hul-eegu-wahnay, das heißt »Die, die lehrt«. Ich bin verantwortlich für die ununterbrochene politische, spirituelle und traditionelle Erhaltung unseres reichen Erbes. Ich lehrte seit über dreißig Jahren die traditionellen Wege der Haudenosauni oder Irokesen.

Mein Leben ist so reich, ich glaube, ich bräuchte Monate, wenn ich nur die Höhepunkte erzählen wollte. Seit meiner Mädchenzeit bin ich von meiner Mutter, Mary Cornelius-Winder, stark beeinflußt worden. Sie war eine starke Frau, voller Leben und Lachen, und sie hatte eine enge spirituelle Beziehung zum Schöpfer. Sie arbeitete mit natürlichen Medizinkräften und war auch als Hebamme bekannt, die Hunderte von Babys entbinden half, einschließlich ihrer eigenen.

Ich war die Erstgeborene von eineiigen Zwillingen, meine Schwester heißt Elisabeth. Ich hatte das Glück, den Namen meiner Mutter sowohl in englisch als auch auf indianisch zu bekommen. Meine Mutter brachte mir bei, alles natürliche Leben um mich herum zu achten. Sie brachte mir bei, ehrlich und dankbar zu sein, zu helfen, wo Hilfe nötig ist, und vor allem die Alten zu achten. Bis heute gebe ich diese Traditionen an meine Kinder und Enkel weiter.

Als ich klein war, kannten wir den ganzen modernen Kram nicht, mit dem Kinder heute aufwachsen. Es gab keine Elektrizität, kein fließendes Wasser, kein Telefon und keine Autos. Ich weiß noch, daß wir abends oft um ein Feuer saßen, Geschichten und Legenden erzählten, sangen und nach unseren Irokesen-Liedern tanzten. Von allen Seiten kamen Nachbarn zu uns. Zu meinen liebsten Erinnerungen gehören die Zeiten, wo unsere ganze Familie Kartoffeln, eine Bratpfanne, unsere Laterne und Angelruten einpackte und mit meinem Vater hinaus zum Bach ging. Wir brieten die

Fische gleich, nachdem wir sie gefangen hatten. Wir hatten wirklich Glück, so liebevolle Eltern zu haben, die immer Möglichkeiten fanden, sich um so viele Kinder zu kümmern.

Meine Mutter, die weithin bekannt ist als die »Monarchin« des Staatslands der Oneida im Bundesstaat New York, hatte eine Vision, daß die Oneida sich eines Tages wieder zu einem einzigen Volk zusammenschließen würden. Das ist jetzt zu meiner Vision geworden.

Ich bin stolz darauf, daß meine Kinder meinen Traum weitertragen werden. Sie spielen eine wichtige Rolle in der

Oneida-Gemeinschaft. Sie behandeln mich mit Würde und Achtung und würden notfalls ihr Leben für mich geben.

Im Laufe der Jahre habe ich viele schwierige Zeiten erlebt, aber der Schöpfer hat mir immer die Kraft gegeben weiterzumachen. Ich habe Augenblicke miterlebt, die eine große Belastung für uns Oneida waren. Ich habe unzählige Stunden damit verbracht, unsere Souveränität, unser Land und unsere Traditionen zu verteidigen. Eines Tages werden wir vor der Welt wieder als ein Volk dastehen, das seine Differenzen überwunden und als Stamm überlebt hat.

Ich erinnere mich noch daran, als ich Maisie Shenandoah zum ersten Mal begegnete. Als ich auf die enge, zweispurige Straße abbog, die von Oneida im Bundesstaat New York nach Süden zu dem Gelände führte, das vom ursprünglichen Gebiet der Oneida übriggeblieben war, hatte ich dieses erste Zusammentreffen vor fast acht Jahren so deutlich vor Augen, als hätte es gestern stattgefunden.

Ich hatte damals ein Treffen des Großen Rats des Bundes der sechs Stämme der Irokesen auf Onondaga-Gebiet unmittelbar im Süden von Syracuse besucht. Während die Häuptlinge und die meisten der Klan-Mütter der Stämme sich berieten, ging ich über den ungepflasterten Hof vom Langhaus hinüber zum Küchenhaus, um mir eine Tasse Kaffee zu holen. Die Tische in der Eßecke waren fast leer bis auf wenige unermüdliche Kaffeetrinker, die sich über die Tagespolitik unterhielten, während sie an ihrem Lieblingsgetränk nippten, aber im Nebenraum ging es hoch her. Wie immer lachten die Frauen, während sie hin und her eilten und das Essen vorbereiteten, als Hauptgang würde es Maissuppe geben. Maisie war mitten unter ihnen, steckte bis zu den Ellenbogen im Brötchenteig und hatte wie immer ein Lächeln im Gesicht.

Während ich jetzt über die letzte kleine Anhöhe fuhr, die immer überraschend schnell auftauchte, und dann nach links zum Gelände abbog, erinnerte ich mich daran, wie ihr der Schweiß über das Gesicht gelaufen war, während sie die Tür des großen Backofens öffnete, aus dem der Dampf quoll, um mit einer Hand ein Blech voll großer, goldbrauner Brötchen herauszuholen und mit der anderen ein neues zum Backen hineinzuschieben. Ihre Augen hatten vor Stolz gefunkelt, weil sie aus Erfahrung wußte, wann sie die Bleche wechseln mußte. Sie hatte genau den richtigen Zeitpunkt abgepaßt und arbeitete mit ruhigen und präzisen Bewegungen. Sie konnte ein schallendes Lachen nicht zurückhalten. Mit ihr zusammen mußte alles Vergnügen sein, und sie war immer eifrig mit irgend etwas beschäftigt.

Als ich jetzt auf die Eingangstür ihres großen Wohnmobils zuging, das mit Anbauten erweitert worden war, fiel mir auf, daß die Kinder aus der Nachbarschaft zusammenliefen.

Maisie hatte irgend etwas vor. Schon nach wenigen Minuten trat ich wieder aus der Eingangstür und beobachtete, wie Maisie die Kinder im Kreis um sich versammelte, während ihr in der Juli-Hitze der Schweiß über das Gesicht lief. Auf ihrem Schoß saß die Irokesen-Puppe ohne Gesicht. Es war Märchenstunde mit ihren Schätzchen, den Kindern.

Legenden

Dies ist die Legende von der Puppe ohne Gesicht

Vor langer, langer Zeit gab der Schöpfer uns, was wir die Drei Schwestern nennen, das heißt Bohnen, Mais und Kürbis. Die drei waren unsere Lebensnahrung.

Die Maiskorn-Geistfrau freute sich so darüber, Leben erhalten zu können, daß sie den Schöpfer fragte, ob sie nicht noch mehr für ihr Volk tun könne. Also erzählte er ihr von der Puppe, die man aus ihren Hülsen basteln könne. Eine wunderschöne Puppe entstand, und sie bekam ein wunderschönes Gesicht. Nun glauben die Irokesen, daß alles einen Geist hat, und diese Puppe wanderte von Dorf zu Dorf. Während sie von Dorf zu Dorf reiste, erzählte ihr jeder, wie schön sie wäre. Es dauerte nicht lange, und sie wurde eingebildet. Das heißt, sie dachte, sie sei besser als alle anderen.

Eines Tages hörte sie, wie eine Stimme sie rief, und das war der Große Schöpfer. Auf dem Weg zum Wigwam des Schöpfers kam sie an einem Teich vorbei. Sie schaute hinein, betrachtete ihr Spiegelbild im Wasser und bewunderte sich. Sie dachte: »Ich bin wirklich schön.«

Als sie Ihm gegenüberstand,

erzählte ihr der Schöpfer folgendes und sagte: »Du darfst nicht länger eingebildet sein; du mußt aufhören zu denken, du wärst besser als alle anderen, sonst gebe ich dir eine schreckliche Strafe.«

Welche, das sagte er nicht. Und die Puppe bekam große Angst. Und die Puppe kehrte ins Dorf zurück, und erneut reiste sie von Dorf zu Dorf. Wieder sagten ihr alle, wie schön

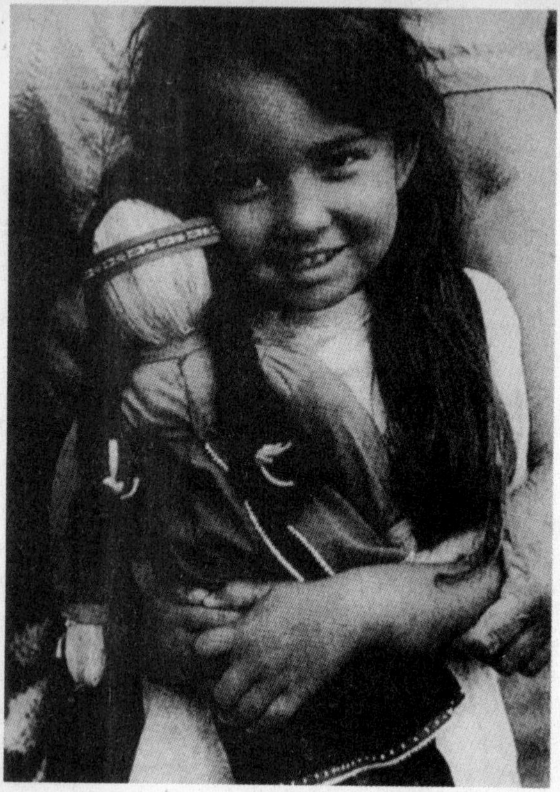

sie sei, so daß sie nach kurzer Zeit die Warnung des Schöpfers vergaß. Wieder rief der Schöpfer sie zu sich. Und auf dem Weg zum Schöpfer kam sie an dem Teich vorbei, betrachtete sich wieder im Wasser und bewunderte sich. Schließlich stand sie vor dem Schöpfer, und der Schöpfer sagte: »Du hast auf meine erste Warnung nicht gehört; jetzt muß ich dir dein Gesicht wegnehmen. Du wirst niemals wieder ein Gesicht haben.«

Die Puppe verteidigte sich vor dem Schöpfer, aber er hörte nicht auf sie. Auf dem Weg zurück zum Ort ging die Puppe wieder zu dem Teich, den sie kannte. Sie schaute auf ihr Spiegelbild hinab und konnte es nicht sehen. Und sie war sehr traurig.

Dies ist eine Legende der Irokesen über die Puppe ohne Gesicht, und sie ist eine Geschichte, die uns beibringen soll, niemals zu denken, wir wären besser als irgendein anderer Mensch, weil der Schöpfer uns sonst streng bestraft. Dies ist nur eine von vielen Legenden der Irokesen.

Die Geschichte von Eule und Wiesel

Hast du jemals etwas vom kleinen Volk gehört? Vor langer Zeit brachte unser Schöpfer das kleine Volk hier auf diese Erde, es sollte uns beobachten und beschützen. Sie wohnten in Höhlen, in hohlen Baumstämmen und unter Steinen. Und es ist wohlbekannt, daß nur die kleinen Kinder und die Alten sie sehen und mit ihnen sprechen können.

Nun, am Anfang lagen die Eule und das Wiesel ständig miteinander im Streit. Und eines Tages war die Eule so wütend, daß sie hinabflog, sich ein Wieselkind schnappte und es tötete.

Da ging das Wiesel hin und tötete das Eulenjunge. Das ging immer so weiter, hin und her, und unser Schöpfer wurde sehr zornig und rief das kleine Volk auf, das Wiesel und die Eule eines Besseren zu belehren.

Eines Tages jagte die Eule das Wiesel. Das Wiesel flitzte in einen hohlen Baumstamm, und die Eule flog hinter ihm her. Zu ihrer Überraschung stießen sie dort auf all die kleinen Leute. Die kleinen Leute erzählten ihnen, unser Schöpfer habe gesagt, sie müßten bestraft werden, sie müßten zu streiten aufhören, sonst würden sie ihre Farbe verlieren. Die kleinen Leute hatten einen Vorhang aus Maishülsen, den sie vor ihren Eingang zogen, und es wurde sehr dunkel da drinnen. Das Wiesel fürchtete sich so, daß es seine Schwanzspitze ins Maul nahm. Und weil es sie ins Maul genommen hat, ist dieser Körperteil beim Wiesel als einziger noch schwarz.

Bis auf den heutigen Tag werden die beiden im Winter schneeweiß. Das soll sie daran erinnern, sich niemals mehr zu streiten. Die Eule und das Wiesel werden niemals vergessen, was damals tief im Wald im Baumstamm geschah.

Warum der immergrüne Baum immer grün bleibt

Als unser Schöpfer diese Welt erschuf, erschuf Er als erstes die Bäume. Er hatte soviel zu tun, daher fragte er die Bäume, ob sie für Ihn über das Land wachen würden. Die Bäume versprachen Ihm, das zu tun. Der Schöpfer sagte zu den Bäumen, Er müsse weggehen, aber Er würde wiederkommern. Und so warteten und warteten die Bäume auf die Rückkehr des Schöpfers. Sie wurden sehr schläfrig und wurden von Tag zu Tag schläfriger. Schließlich schliefen sie alle ein, bis auf den immergrünen Baum, der weiter über Mutter Erde wachte.

Als der Schöpfer schließlich zurückkehrte und sah, daß die Bäume schliefen, war Er sehr verärgert. Er sagte zu ihnen, sie würden jeden Winter ihre Blätter verlieren, weil sie ihr Versprechen nicht gehalten hätten.

Bis heute ist es so, daß uns der Anblick des immergrünen Baumes daran erinnert, niemals ein Versprechen zu brechen.

Die Legende von der Schildkröteninsel

Dies ist eine Geschichte der Irokesen über die Schildkröteninsel. All dies geschah, lange bevor diese Erde erschaffen worden war. Es gab einen Ort, wo die Guten Wesen wohnten. Der lag irgendwo hoch am Himmel, weit über den Wolken. Dort lebte ein Frauenwesen, das schrecklich neugierig in bezug auf einen merkwürdigen Baum war. Dieser Baum war anders als alle anderen Bäume, die sie bislang gesehen hatte. Und sie fragte sich ständig, was wohl unter dem Baum sein mochte. Sie hatte das merkwürdige Gefühl, daß dort etwas war.

Eines Tages wehte ein heftiger Wind den Baum an. Schnell rannte sie hinüber zu dem Loch, wo der Baum einst gestanden hatte. Sie hatte es so eilig herauszufinden, was dort war, daß sie direkt in das Loch fiel. Sie fiel in eine merkwürdige Dunkelheit. Sie fiel und fiel immer weiter, eine lange Zeit schien zu vergehen. Schließlich sah sie unten das große Wasser, das wir Meer nennen, und ihr fiel auf, daß dort kein Land war, und sie bekam große Angst. Die Geschöpfe des Meeres sahen sie fallen und fragten sich, wie sie ihr helfen könnten, und schrien zu ihr hoch: »Wie können wir dir helfen?«

Sie sagte, sie würde etwas brauchen, auf das sie fallen könnte, etwas Land oder Erde. Als erster versuchte der Biber, etwas Erde zu holen, aber das Wasser war einfach zu tief. Schnell kam er wieder nach oben, um Luft zu holen.

Die Ente versuchte es auch; aber auch ihr gelang es nicht. Das Land lag zu tief unter dem Wasser. Mit aller Kraft tauchte der Otter geradewegs nach unten auf den Grund des Meeres. Die weise alte Meeresschildkröte fragte ihn: »Was hast du vor mit all der Erde?«

Der Otter antwortete nicht. Die große Meeresschildkröte sagte: »Du kannst diese Erde auf meinen Rücken legen, damit die Himmelsfrau einen Platz hat, wo sie landen kann.«

Deswegen nennen wir die Erde Schildkröteninsel.

Janice Sundown Hallett und ihre Kinder
Tara, 16; Renee, 24; Jill, 21; Kim, 19; Ashley, 19; Thomas jr., 13; Ruby, 7
SENECA

Die Mißhelligkeiten, die Anfang Februar 1992 in Tonawanda ausbrachen, ließen die Streitenden wie eine Herde aufgescheuchter Gänse erscheinen, die halbverrückt und in panischer Angst mit den Flügeln schlagen, um zu entkommen. Abweichler versuchten, die jahrhundertealte traditionelle Langhaus-Regierung der Häuptlinge zu stürzen, Klan-Mütter und Glaubenshüter stürmten das Büro des Stammes, riefen sich selbst zum Übergangsrat aus und ernannten ihren selbstgewählten Rat zur offiziellen Regierung des winzigen Seneca-Reservats, 25 Meilen östlich von Buffalo im Staat New York.

Der Putschversuch mißlang. Die Menschen stellten sich hinter die Häuptlinge und retteten die Regierung, eine nach Konsens strebende Mitbestimmungsdemokratie, die auf der Großen Gesetzessammlung beruhte, die der Friedensstifter der Irokesen, eine legendäre, messianische Gestalt, hinterlassen hatte.

Nachdem sich der Aufruhr gelegt hatte und das Gewehrfeuer verstummt war, wurde deutlich, daß die Rebellen mehr als nur ein Scharmützel verloren hatten. Da sie gegen die Ursprünglichen Weisungen vorgegangen waren, die den Weg zu einem Leben in Frieden und Harmonie wiesen, mußten bestimmte gesetzliche Vereinbarungen wirksam werden. Sämtliche Teilnehmer wurden von den Häuptlingen von der Namensliste des Stammes gestrichen und verloren damit ihre Staatsbürgerschaft als Tonawanda Seneca.

Verbannt! Für immer! Da sie aus dem »Kreis« getreten waren, existierten sie nach Aussagen der Seneca-Sprecher nicht mehr.

Etwas bedrückt, aber ohne daß ihr enormer Witz und ihr ausgelassener Humor gelitten hätten – weder Putsch noch irgend etwas können ihr Lachen zum Verstummen brin-

gen –, fand sich Janice Sundown Hallett mitten im Konflikt wieder. Als Glaubenshüterin, ein Amt, in das sie neu berufen worden war, mußte sie ein leuchtendes Beispiel für den Lebensstil der Haudenosauni, d. h. der Leute vom Langhaus, sein. Zeremonien mußten durchgeführt, Essen mußte vorbereitet und das Langhaus mußte instand gehalten werden. Janice arbeitete gewissenhaft, um ihren Pflichten während der Krise nachzukommen. Die langen Stunden setzten ihr meistens sehr rasches Tempo nicht herunter oder brachten ihr bereitwilliges Lachen, in das sie jederzeit ausbrechen konnte, zum Verstummen. Man kann uneingeschränkt sagen, daß sie eine der überall bekannten Tonawanda »Stimmungsmacherinnen« ist, die von allen dafür geliebt wird, daß sie auch in anstrengenden Zeiten für jeden ein aufmunterndes Wort hat.

Einen Augenblick lang sehr ernst, stellt Janice betrübt fest: »Die Häuptlinge sagen, es führt kein Weg zurück. Die Verbannung ist für immer. Wenn Menschen versuchen, die

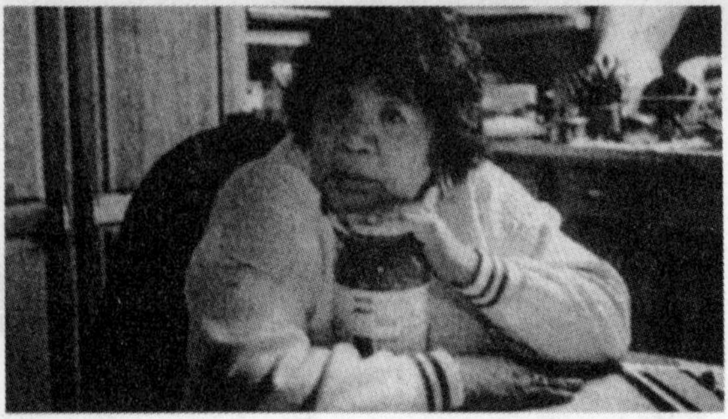

Regierung zu stürzen, haben sie eine Entscheidung getroffen. Sie haben sich das selbst zu verdanken. Niemand hat ihnen das angetan. Sie haben sich gegen die Leute gestellt. Sie sind aus dem Kreis getreten.« Immer die leichteren und angenehmeren Aspekte einer Situation im Blick, ohne dabei die ernsten und nachdenklich stimmenden Seiten zu verdrängen, hält Janice sich nicht zu lange beim Negativen auf. Sie sagt: »Unsere Leute hatten Notzeiten durchzustehen, seit die ersten Kolonialisten dieses Land betraten. Wir mußten viele Kämpfe durchstehen, um uns unsere Lebensweise bewahren zu können. Und ich weiß, daß das auch in Zukunft vermehrt auf uns zukommt. Das scheint einfach eine Tatsache in unserem Leben zu sein. Die Kämpfe werden mit der Zeit scheinbar immer länger und härter, aber unsere Vorfahren hatten es auch schwer.

Warum also nicht lachen? Das erleichtert das Leben und macht auch mehr Spaß.« Und sie lacht laut auf, während ihre braunen Augen lebhaft funkeln.

So wie die Traditionen von Generation zu Generation weitergegeben wurden, hat auch Janice sie an ihre Kinder weitervermittelt – sechs Mädchen und einen Jungen. Es ist nicht zu übersehen, daß sie viel von dem aufgenommen haben, was Janice an sie weitergegeben hat, denn sie teilen es freimütig mit den Menschen, mit denen sie in Kontakt kommen. Es ist ihnen absolut ernst damit, sich ihre traditionelle Lebensart zu bewahren. Und natürlich schlagen sie ihrer Mutter nach, wenn auch auf ihre eigene Weise. Auch sie lachen gerne, und mit ihrem Lachen spielt eine neue Generation die Musik in Tonawanda weiter.

Janice. Ein Heiler sagte mir, ich wäre ein Mensch, den die anderen nur lieben oder hassen können. Dazwischen gibt es nichts. Entweder ich bin ihre Freundin, oder sie hassen mich. Dazwischen gibt es nichts. Und mein Leben war auch so. Das liegt nicht an mir, sondern an den anderen. Ich bin nicht so eingestellt.

Er sagte, daß es mit mir sehr leicht wäre, man käme leicht mit mir ins Gespräch, jeder kann mit mir reden, aber den anderen geht es so, daß sie mich entweder mögen oder ablehnen. Dazwischen gäbe es nichts.

Ich sagte: »Das ist ihr Problem, nicht meins.«

Meine Kinder können mit mir reden

Meine Kinder konnten immer mit mir reden, über alles, ob über Sex, Geld, Freunde und so weiter, mit mir können sie reden.

Unsere Tradition besagt, daß wir nicht urteilen sollen.

Wir sprechen über die Dinge, aber die Entscheidung überlasse ich ihnen. Ich nehme an, ab einem bestimmten Alter wissen sie selbst, was richtig und was falsch ist. Ich urteile nicht über sie. Für uns ist sogar das Individuum ein Souverän.

Eine Ehe, die im Langhaus geschlossen wird, gilt für immer

Wenn du im Langhaus heiratest, kannst du dich nicht scheiden lassen. Du bist für immer mit diesem Menschen verheiratet.

Ich habe oft erlebt, daß Menschen, die im Langhaus geheiratet haben, davon abgewichen sind und andere Beziehungen angefangen haben. Die werden nie halten. Vielleicht dauern sie zwölf Jahre, aber schließlich gehen sie in die

Brüche. Sie werden mit diesem Menschen niemals den Rest ihres Lebens verbringen. Der Grund dafür ist, daß sie im Langhaus verheiratet wurden und daß der Schöpfer uns erzählt, wenn du dort heiratest, ist es fürs ganze Leben.

Ich sage meinen Kindern immer: »Wenn ihr im Langhaus heiratet, ist es fürs ganze Leben. Nicht nur fünfzehn Jahre, und dann sucht ihr euch einen anderen. Es ist für euer ganzes Leben.«

Ich bin kein Hausmütterchen

Ich komme nur einmal hier auf diese Erde und werde meine Zeit nicht damit verschwenden, daß ich zu Hause herumsitze und das Hausmütterchen spiele.

Ich glaube, darauf bin ich gekommen, weil meine Mutter in späteren Jahren rheumatische Arthritis hatte. In den letzten drei, vier Jahren, die sie bei uns war, hat sie immer nur im Bett gelegen. Ich weiß nicht, was der Schöpfer für mich auf Lager hat. Wer weiß? Vielleicht ende ich auch so, aber solange ich noch gesund und munter bin, werde ich aus dem Haus gehen und meinen Spaß haben. So sehe ich das. Zumindest kann ich dann sagen, ich bin herumgekommen und habe nicht einfach nur zu Hause gesessen und Däumchen gedreht. So sehe ich das. Ich habe ja nur dieses eine Leben.

Sex ist ein guter Trick

Wenn du frisch verheiratet bist, ist Sex immer der beste Trick. Wenn du dich streitest und dann mit deinem Partner schläfst, kommt alles in Ordnung. Du vergißt alles und weißt gar nicht mehr, worüber du dich gestritten hast. Wenn du sexuell befriedigt bist, vergißt du's einfach. Wenn wir Streit hatten und uns hinterher leidenschaftlich geliebt haben, habe ich den Streit vergessen und das Thema nicht wieder auf den Tisch gebracht. Anschließend war es gar nicht mehr wichtig.

Heute lieben wir uns nur noch ab und zu so leidenschaftlich. Ab und zu, nicht oft. Ab und zu einmal, das hält heute lange vor. Nein, es ist nicht mehr so leidenschaftlich. Jetzt ist es, wie soll ich sagen? Mensch, wie heißt das denn noch? Es ist nicht, nicht mehr so aufregend und all das. Mensch, wie könnte ich das ausdrücken? Mir fällt kein Wort dafür ein. O Mann!

Du weißt, du kannst Sex haben, jederzeit. Ich nehme an, deswegen ist es nicht mehr so interessant. Es ist nicht . . . ja, weißt du . . . ich will nicht sagen, daß es dadurch uninteressanter wird. Es ist mehr so ein angenehmes Gefühl, zumindest geht mir das so. Ich fühle mich jetzt wohler damit, entspannter.

Das Angenehme ist, du weißt, du kannst es jederzeit haben. Ich denke heute nicht mehr so oft an Sex wie früher, als ich jünger war. Heute denke ich nicht mehr daran, denn wenn ich ins Bett gehe, bin ich einfach verdammt müde. Wenn ich ins Bett gehe, will ich schlafen.

Sex ist eine starke Kraft

Der Geschlechtstrieb ist eine starke Kraft, aber was Sex betrifft, habe ich niemals soviel Gewicht darauf gelegt. Du kannst sagen, was du willst, ich glaube nicht, daß Sex jetzt noch so wichtig für mich ist. Nee.

Vielleicht ist es jetzt besser im Bett, aber als wir jung verheiratet waren, war es aufregender. Ich nehme an, nach einer Weile weißt du, du hast immer die Möglichkeit. Du weißt, du könntest jederzeit Sex haben. Es ist für mich nicht mehr so dringend. Für meinen Mann vielleicht schon, aber für mich nicht. Er hat sich da nicht geändert, nein, aber ich schon. Nein, nein. Vielleicht ein bißchen weniger, aber ... Das sind tiefe Themen.

Kinder als Geschenk des Schöpfers

Das Langhaus, das sind die Kinder. Die Kinder, die machen das Langhaus aus, zusammen mit den Häuptlingen und den Glaubenshütern.

Wenn Kinder da sind, müssen wir immer davon ausgehen, daß noch sieben Generationen kommen, auch wenn sie noch nicht geboren sind.

Ich finde es schwer, einem Nicht-Indianer zu erklären, was es heißt, Indianer zu sein – ich würde gar nicht mal sagen Indianer, denn es gibt hier sehr viele Indianer, die sich wie Nicht-Indianer aufführen und ihre eigenen Traditionen kaum kennen. Wenn du traditionell aufwächst, wird dir beigebracht, daß du als Frau auf diese Erde geschickt wirst, um Kinder zu bekommen. Wir nennen das »Hier zu Besuch sein«. Nach unserer Lebensweise sind wir hier, um zu gebären. Wir sollen zwölf Kinder gebären, damit wir in die Himmelswelt kommen. Wenn wir zwölf Kinder gebären, kommen wir von hier unten ohne Umwege dort hoch. Wir kommen direkt in die Himmelswelt. Nichts kann uns dann aufhalten. Wie du siehst, gibt es viele Frauen, die nicht so weit kommen. Mich eingeschlossen!

Ohne Umwege in die Himmelswelt kommen

Es war eine solche Wohltat für uns, als meine Mutter gestorben ist, da kam einer der Häuptlinge herüber zu uns, bevor sie sie zurückbrachten. Er sagte damals zu uns: »Wenn euch dadurch etwas leichter ums Herz wird, kann ich euch sagen, daß eure Mutter ohne Umwege in die Himmelswelt gekommen ist.« Er sagt: »Denn sie hatte mehr als zwölf Kinder, und uns wurde gesagt, daß Frauen, die zwölf Kinder haben, dorthin kommen.« Das findet sich in unseren Weisungen. Wir Frauen, wir gebären Kinder; wir sind es, die den Kindern ihr Leben lang die Richtung weisen, so daß sie gute Langhaus-Menschen werden. Gute, traditionelle Menschen. Von Frauen wird erwartet, daß sie versuchen, den Kindern die Sprache beizubringen.

Heutzutage und in diesen Zeiten ist das ziemlich schwer. Die Frauen bringen den Kindern die Lebensweise des Langhauses bei, und die ist ziemlich streng. Da gibt es keine Glücksspiele. Es wird nicht getrunken.

Es gibt keine illegitimen Kinder

Wir machen einer Frau keine Vorwürfe, wenn sie schwanger wird, ohne verheiratet zu sein. Das ist keine Schande. Das ist der Unterschied zwischen uns und den Leuten da draußen, so wurden wir erzogen. Von klein auf hat man uns das beigebracht. Deswegen können wir nicht sagen, daß wir dieses oder jenes Kind nicht wollen. Wenn du an unsere Lebenweise glaubst, dann fühlst du so.

Dann heißt du alle Kinder willkommen. Keins ist illegitim.

Denn wir sind eine matriarchalische Gesellschaft, und das Matriarchat, das sind die Frauen.

Wen kümmert es schon, wer der Vater ist! Wir haben Klans und richten uns nach der Mutter. Es gibt keine Bastarde in dieser Welt. Was immer wir sind, das sind auch unsere Kinder. Und wenn eine Frau sechs Kinder von sechs verschiedenen Vätern hat, macht das gar nichts. Heutzutage ist der Vater aber verantwortlich für den Unterhalt des Kindes oder der Kinder.

Schwanger oder nicht, das ist keine grosse Sache

Es macht nichts, wenn ein Paar einfach zusammenlebt und nicht heiratet. Für uns ist Schwangerschaft nicht so wichtig. Wenn wir schwanger werden, gut. Wenn nicht, auch gut.

Für Nicht-Indianer ist das eine große Sache. Wir nehmen es, wie es kommt.

Genauso ist es mit dem Älterwerden. Wenn die Leute vierzig werden, machen sie so ein Aufhebens davon. Für mich kam und ging mein vierzigstes Jahr. Ich habe mir nichts weiter dabei gedacht. Und jetzt gehe ich rasch auf die Fünfzig zu und mache mir auch darüber keine großen Gedanken.

Wenn unsere Kinder schwanger werden, machen wir kein Aufheben darum. Sollen sie abtreiben oder nicht? So wie wir denken, gibt es darauf nur eine Antwort – das Baby zu bekommen.

Wie bei Thomas, als ich schwanger mit ihm wurde, war ich 36 und ging zum Arzt. Er fragte mich, ob ich eine Ultraschalluntersuchung machen wolle. Er wollte das machen, um zu sehen, ob mit dem Baby alles stimmt. Ich bin noch nicht einmal auf die Idee gekommen, es könne mit ihm etwas nicht stimmen.

Ich sagte: »Nein, mir ist egal, wie alt ich bin. Ich würde das nicht machen lassen, denn was der Schöpfer mir gibt, das nehme ich an.« Das habe ich ihm gesagt. Er sagte: »Gut.«

Jetzt habe ich einen kleinen hübschen Dreizehnjährigen. Ich nehme an, das ist der Unterschied zwischen ihnen und uns, denn das sind unwichtige Dinge. Wenn ein Mädchen schwanger wird, dann wird sie eben schwanger. Sie bekommt das Baby, ob der Vater nun dazukommt oder nicht. So sind wir erzogen worden. Deswegen sind wir hier.

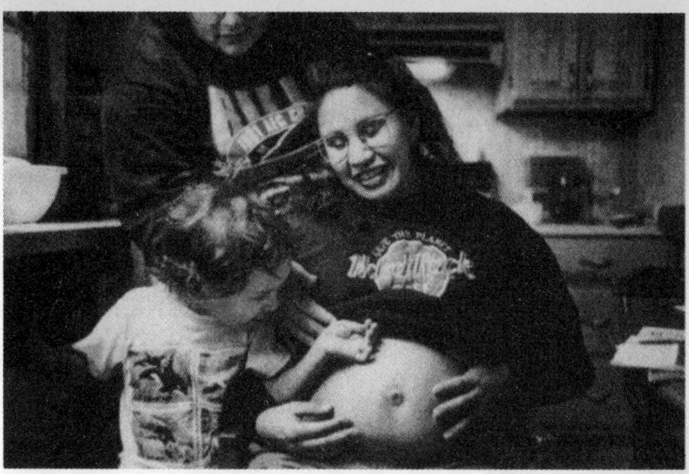

Frauen haben es schwerer im Leben

Frauen haben es schwerer als Männer. Die Frau ist nicht nur für die Kinder verantwortlich, sondern auch für den ganzen Haushalt. Wenn sie allein ist, ist sie verantwortlich für den Holzofen, wenn sie einen hat, und muß dafür sorgen, daß er immer brennt. Daß immer genug Holz da ist.

Und der Kerl hilft ihr, wenn er auch nur einen Funken Anstand hat. Aber wenn nicht, sitzt sie allein da.

Man kann von Kindern nicht erwarten, dass sie vollkommen sind

Wir können Kindern nur begrenzt viel beibringen, der Rest liegt bei ihnen. Du kannst von Kindern nicht erwarten, daß sie ihr Leben lang vollkommen sind. Ich glaube, ab und zu geraten sie auf Abwege. Ich denke, sie wären keine Kinder, wenn das nicht passiert. Ich habe in dem Alter auch oft über die Stränge geschlagen.

Die Mädchen sind wirklich gut geraten. Das kann ich sagen, weil ich weiß, wie andere Kinder in ihrem Alter sind, und was die so anstellen. Die Mädchen tun das nicht. Ich nehme an, weil sie gesehen haben, welche Werte im Langhaus gelten und welche Lehren, und das sind wirklich strenge Lehren. Sie sind gute Langhaus-Menschen.

Ich nehme an, das liegt daran, wie wir sie erzogen haben und was wir ihnen beigebracht haben, als sie noch klein waren. Es ist wichtig, den Kindern etwas beizubringen, wenn sie noch klein sind.

Kim bekommt ein Baby. Sie wird es alleine großziehen, der Junge wird ihr dabei nicht helfen. Er wird an dem Baby nicht wachsen. Er ist noch so jung, man kann von ihm keine Verantwortung erwarten, er ist ja selbst noch ein Kind.

Kim ist seit etwa zwei Jahren aus der Schule, und ihr ist klar, daß sie eines Tages ihren Weg mit diesem Kind allein gehen muß. Wahrscheinlich macht ihr das angst, aber sie spricht nie darüber. Sie weiß, daß ich immer für sie dasein werde.

Ich weiß nicht, wie es kommt, daß die Kerle sich nicht um ein Kind kümmern, das ihres ist. Ich kapiere das nicht.

Die Wünsche des Schöpfers erfüllen

Wenn du ein Baby in diese Welt bringst, erfüllst du die Wünsche des Schöpfers. Ja, doch. Letztes Jahr fragten mich die Kinder, was ich mir zum Geburtstag wünsche; ich sagte zu ihnen: »Noch mehr Enkelkinder.«

Eine Tochter adoptieren

Ashley kam 1987 zu uns. Das war knapp ein Jahr, nachdem ihre Mutter gestorben war. Es war schwer für sie nach dem Tod ihrer beiden Eltern. Ihre Mutter starb im März, und Ashley lebte dann ein paar Monate bei der Schwester ihrer Mutter. Das Mädchen mußte zu Hause bei den kleineren Kindern bleiben, weil ihre Tante aus dem Haus ging. Sie fing an, oft in der Schule zu fehlen. Eines Tages rief sie mich an und sagte: »Kann ich zu euch kommen und bei euch wohnen?«

Ich sagte: »Aber ja, das ist in Ordnung.«

Am nächsten Wochenende kam sie, und seitdem lebt sie hier. Sie hat jetzt ihr eigenes Zimmer, und ich glaube, sie ist viel glücklicher. Sie redet nie über ihre Mom und ihren Dad. Einfach nie.

Ihre Mutter starb bei einem Autounfall. Ihr Vater beging Selbstmord, genau ein Jahr, nachdem ihre Mutter gestorben war. Ashley fand ihn. Er hatte die Auspuffgase mit einem Schlauch in den Wagen geleitet.

Ihre Eltern hatten sich etwa vier Jahre vor dem Unfall scheiden lassen. Er hatte wieder geheiratet, eine Nicht-Indianerin, und die Ehe ging schief. Sie spricht nie darüber.

Ein Versprechen mit 16

Mit 16 habe ich mir selbst versprochen, niemals Alkoholikerin zu werden oder soviel zu trinken, wie ich es bei anderen erlebt hatte. Ich habe gehalten, was ich mir versprochen habe.

Bis 20, 21 habe ich nie einen Tropfen getrunken. Ich habe nie so viel getrunken, daß ich betrunken wurde. Ich wollte niemals an den Punkt kommen, so betrunken zu sein, daß ich nicht mehr wußte, was ich tat. Jetzt trinke ich überhaupt nichts mehr. Nein, heute gar nichts mehr. Das sind jetzt wahrscheinlich 20 Jahre. Als ich noch trank, kam das höchstens ein-, zweimal im Jahr vor.

Die Macht der Klan-Mutter

Die Klan-Mutter wählt den Häuptling für den Klan. Die Häuptlinge treffen die meisten Entscheidungen in Übereinstimmung mit dem Klan. Wenn sie nicht weiterkommen oder irgendwie festhängen, geben sie die Angelegenheit wieder an den Klan zurück, damit er sie diskutiert. Die letzte Entscheidung des Klans liegt bei der Klan-Mutter. Was immer die Klan-Mutter beschließt, wird getan.

Frauen haben im Langhaus die Rolle, die Traditionen und Zeremonien weiterzutragen. Die Glaubenshüter sind wie Aufseher, die dafür sorgen, daß sie durchgeführt werden. Wir achten darauf, daß sie an die Kleinen weitergegeben werden.

Der Schöpfer hat seine Aufgaben für uns

Ich wurde zur Glaubenshüterin gewählt, noch bevor ich geboren war. Der Schöpfer hat seine Aufgaben für uns, während wir hier zu Besuch sind, und die stehen schon vor unserer Geburt fest.

Unsere Arbeit im Langhaus besteht darin, die Zeremonien einzuleiten, dabei zu helfen und dafür zu sorgen, daß sie durchgeführt werden.

Der Verlust eines Klans

Wir werden ausgewählt, indem man uns beobachtet. Die anderen Glaubenshüter vom Langhaus beobachten dich jahrelang. Sie beobachten, wie du arbeitest, wie du hilfst, wann du hilfst und wie oft. Als sie mich auswählten, wurde ich vorher nicht gefragt. Sie kamen einfach und setzten mich auf die Bank, aber ich wußte, was kommen würde.

Jeder Klan hat seine Glaubenshüter. Mein Klan ist die Schnepfe. Er gehört zu den Wasser-Klans. Es gibt acht Klans, aber im achten, dem Reh, gibt es nur noch zwei Frauen, die keine Kinder haben und auch zu alt sind, um noch Kinder zu bekommen. Er geht unter, wenn sie sterben, denn sie haben niemanden, der ihn weiterführen kann. Das ist der Nachteil, wenn man in der Kirche ist. Sie gehen beide zur Kirche und haben sich nie nach der Lebensweise des Langhauses gerichtet, deswegen haben sie auch nie Kinder bekommen, die die Religion des Langhauses weiterführen.

Der Name des Glaubenshüters

Meistens bekommen die Glaubenshüter ihren Namen vom Klan. Jeder Klan hat seine Namen. Mein Name stammt von meiner Mutter. Sie war auch Glaubenshüterin. Wenn sie in die Himmelswelt übergehen, geht ihr Name zurück an den Klan, damit ein anderer ihn tragen kann.

Es ist ein indianischer Name, ein indianischer Glaubenshütername, der nur für Glaubenshüter bestimmt ist. Nur Glaubenshüter können ihn tragen.

Ich hatte noch einen anderen indianischen Namen, aber den habe ich nicht mehr. Den habe ich verloren. Wenn du Glaubenshüterin wirst, ist das dein Name. Ich heiße jetzt Wen-nee-chee-yos-tah.

Die Zeremonie des Tanzes, der die ganze Nacht dauert

Der Tanz, der die ganze Nacht lang dauert, kommt bald. Unsere Kinder dürfen meistens nicht hingehen, bevor sie nicht so alt sind wie Tom, er ist jetzt 13. Er verändert sich. Er wird zum Mann. Ich werde ihm erlauben hinzugehen. Ruby ist aber noch zu klein. Sie hat diesen Übergang noch vor sich. Sie kann nicht hingehen. Sie weiß nichts darüber. Ich habe auch nicht einmal mit ihr darüber geredet. Sie weiß, daß die Zeremonie stattfindet und daß sie nicht hingehen kann. Ich würde die Mädchen erst hinlassen, wenn sie ihre erste Periode hatten, denn dann fangen sie an, eine Frau zu werden.

Der Tanz, der die ganze Nacht lang dauert, ist ein Fest für die Menschen, die vor uns gegangen sind. Die Toten. Es gibt zu essen, und Lieder werden gesungen. Das erste Lied sagt, daß wir beim Tanz nicht einschlafen sollen, weil all die Menschen da sind, die vor uns gegangen sind. Geister.

Die Geister tanzen lassen

Dann wird eine Rede auf indianisch gehalten, bei der es heißt, daß Platz zwischen den Tänzern gelassen werden soll, damit die Geister mit dir tanzen können. Du sollst nicht einschlafen, weil sie sonst in deinen Körper kommen können. Zu solchen Anlässen nimmst du die kleineren Kinder nicht mit, weil »sie« da sind. Ein Kind sieht Dinge, die Erwachsene nicht sehen können, und es würde wissen, daß sie da sind.

Als Tara etwa zwei Jahre alt war, habe ich sie mitgenommen zu dem Tanz, der die ganze Nacht dauert. Da kam eine der älteren Frauen, die jetzt schon gestorben ist, zu uns und bemalte Taras Gesicht mit schwarzer Farbe, denn das hält »sie«, die Geister, weg von ihr, so daß sie sie in Ruhe lassen und sie schlafen kann.

Lieder bringen die Geister zurück

Sie singen diese Lieder für all die Leute, die schon gegangen sind. Die Lieder bringen sie zurück.

Zuerst wird Tabak verbrannt; dann ruft der Sprecher sie zurück. Er sagt ihnen, daß sie kommen sollen, einfach, um den Liedern zuzuhören und bestimmte Tänze mitzutanzen. Es gibt bestimmte Tänze, die sie mit uns tanzen. Er sagt ihnen, daß sie niemand belästigen sollen, und uns, daß wir keine Angst haben sollen.

Geister, die von draussen zuhören

Die, die gegangen sind, nehmen vielleicht nicht immer im Langhaus an dem Fest teil; sie können auch draußen stehen. Wenn wir also diese Lieder singen, öffnet der Sprecher die Türen für sie, damit sie von draußen zuhören können. Vielleicht kommen sie zurück, bleiben aber trotzdem draußen stehen.

Wahrscheinlich gehören wir seit etwa 25 Jahren dazu. Großmutter Nell starb 1960, und danach wurden wir initiiert. Auf unserer Seite habe ich die Leitung. Wir haben Wasser-Klans und Land-Klans. Auf jeder Seite übernimmt jemand die Leitung.

Auch die Kirchgänger werden geschützt

Auch wenn die Kirchgänger nicht teilnehmen, weil es ein Fest für die Toten ist, werden sie ziemlich argwöhnisch, wenn wir keine Zeremonien machen. Ihnen ist klar, daß das auch für sie ein Schutz ist. Vor einigen Jahren haben wir unseren Tanz, der die ganze Nacht lang dauert, einmal ausfallen lassen. In dem Jahr haben wir 16 Menschen verloren, und die Kirchgänger haben gesagt: »Die Langhaus-Leute

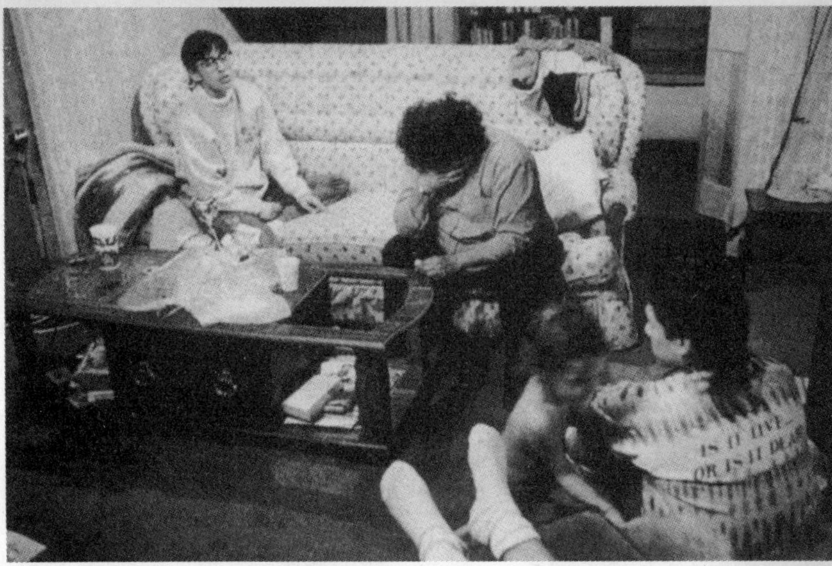

müssen dieses Tanzfest machen; wir haben zu viele Menschen verloren.«

Wenn wir es nicht machen, ist der Druck von »ihrer« Seite ziemlich stark. Es geht um »sie«. Seitdem haben wir das Fest jedes Jahr gefeiert.

Die Zeremonien sind für die Welt

Das Langhaus ist kein Platz für Selbstsucht. Die Zeremonien sind für alle da. Wenn wir dem Schöpfer danken, sagen wir nie, wirklich nie, können wir das und das haben? Kannst du uns das geben? Wir haben bereits alles bekommen, und deswegen sind wir dankbar.

Alles ist ein Kreis

Die Zeremonien, das ist nur ein Aspekt unseres Lebens. Alles ist ein Kreis. Alles besteht fort und geht weiter.

Während die Uhr auf Mitternacht zuging, begann es draußen zu schneien, und feiner, leichter Schnee legte sich wie Staub auf die Erde. Der Holzofen brannte, um die beißende Februarkälte abzuwehren, während Janice einnickte. Ihre Töchter Tara, Renee, Jill und Kim achteten nicht weiter darauf. Sie waren immer noch wach und munter, da sie gerade von der Bowlingbahn kamen, wo sie als Familienteam zusammen in einem Verein gespielt hatten, der hauptsächlich aus Nicht-Indianern bestand. Niemand hatte Lust, schlafen zu gehen. Es war die Zeit, wo man unter sich war, redete und lachte – ein Ritual, das fast jeden Abend in der Hallett-Familie stattfand.

Unser Zuhause ist wie ein kleines Nest

Renee. Unser Zuhause ist wie ein kleines Nest. Für uns gehört jeder zur Familie, der durch diese Tür hereinkommt und den wir treffen, sobald wir da rausgehen. Er gehört zur Familie, ganz gleich, wo wir sind. Das kommt von Mom, meinen Großeltern und meinem Vater. Sie haben uns beigebracht, uns um einander zu kümmern. Das ist der traditionelle Weg.

Jill. Wir würden füreinander sterben. Wir würden kämpfen. Reich sein und Geld haben ist gar nichts. Heute hast du's, und morgen ist es schon wieder weg. Solange du deine Familie hast, bist du reich an Liebe, und das ist mehr, als du dir für Geld kaufen kannst.

So sind wir erzogen worden.

Eltern machen aus dir den Menschen, der du bist

Jill. Deine Eltern sind die großartigsten Lehrer, denn sie machen aus dir den Menschen, der du bist.

Solange du sie noch hast oder sie um dich sind, kannst du an und für sich gar nicht schätzen, was du an ihnen hast.

Ich war als Kind ein kleines Luder. Ich gab ihnen freche Antworten. Ich habe weder sie noch sonst irgendwen respektiert. Wir waren alle so. Schließlich habe ich mich dann doch anständig benommen.

Ashley kam, um bei uns zu leben. Ihre Mutter ist gestorben, und dann hat ihr Vater Selbstmord begangen, ein Jahr nachdem ihre Mutter umkam. Ich habe darüber nachgedacht und mich anständig benommen, denn wenn meine Eltern gehen, dann sollen sie wissen, daß ich nicht böse auf sie bin und sie nicht böse auf mich sein müssen.

Ich dachte, das kann mit meinen Eltern auch passieren. Gott bewahre! Wenn Mom oder Dad jetzt irgendwas passieren würde, ich wüßte nicht, was ich täte. Ich rede jeden Tag mit beiden. Ich liebe sie so sehr, daß ich nicht wüßte, was ich täte, wenn ihnen irgendwas passiert. Selbst wenn sie in Urlaub fahren, heißt es immer: »Ruft uns an! Ruft uns an, wenn ihr da seid. Ruft uns an, wenn ihr losfahrt.«

Mein Vater hat mich immer zum Lachen gebracht, weil er, wenn ich ausging, immer sagte: »Ich weiß nicht, in welchem Graben du landest oder ob du mit jemand mitfährst, der was getrunken hat«, ob du dies oder das machst. Ich habe dann immer gesagt: »Ach komm, Dad. Ich bin alt genug, um es besser zu wissen!«

Er hat uns immer gesagt: »Wenn ihr selbst Eltern seid, werdet ihr uns verstehen. Werdet erstmal selbst Eltern.«

Manchmal bin ich mit jemand ausgegangen, der getrunken hat, und habe dann gesagt: »Du hast zuviel getrunken. Laß mich fahren.«

Damals hatte ich keinen Führerschein, aber ich habe meinen Kopf hingehalten, um jemand das Leben zu retten. Ich bin gefahren.

Wenn ich jetzt ausgehe, trinke ich nichts. Es gab Zeiten, da habe ich getrunken, aber ich habe beschlossen, daß das nichts für mich ist. Ich habe getrunken, ich habe Marihuana probiert, aber ich habe nie Pillen geschmissen. Ich habe auch nie was geschnüffelt. Mom weiß das alles.

Ich bin *high* vom Leben. Ich brauche keine Drogen. Ich brauche das Zeug nicht, um mich in meiner Haut wohl zu fühlen oder Spaß zu haben. Ich brauche das alles nicht.

Für die eigene Lebensweise kämpfen

Renee. Das zeigt sich auch bei diesem neuen Kampf, den wir mit dem sogenannten allgemeinen Übergangsrat führen, der versucht hat, die traditionelle Regierung zu stürzen. Die Kämpfe werden länger und schwieriger. Früher lief das ein paar Monate; jetzt dauert es immer länger. Ich kann mir nur schwer vorstellen, wogegen wir kämpfen werden müssen, wenn ich so alt bin wie meine Mutter.

Jetzt kämpfen wir dagegen, daß der weiße Mann daherkommt und uns einfach da rausnimmt. Diesen Leuten ist nicht klar, was sie da machen. Wir sollten uns Gedanken darum machen, welche Zeremonien im Langhaus stattfinden, dafür sorgen, daß die Kinder ins Langhaus kommen und an den Zeremonien teilnehmen, um zu lernen, wie wir sie in Zukunft durchführen können, wenn unsere Sprecher und Sänger und all die anderen gestorben sind.

Wenn du jeden, der auf der Seite des allgemeinen Übergangsrats ist, vor dich hinsetzen und ihn fragen würdest: »Warum tust du das?« Dann wette ich mit dir, daß du bei allem eigentlich nur eine Antwort kriegst: daß es um Geld geht. Und in unserem Leben geht es nicht um Geld.

Unsere Weisungen sagen, daß eine Menge Leute nicht an das Langhaus glauben werden, daß eine kleine Gruppe an einiges glaubt, was dort passiert. Und nur eine Handvoll Leute wird an alles glauben.

Sie sagten zu mir: »Zu welcher Gruppe würdest du dich zählen?«

Ich sagte: »Zu denen, die an alles glauben, denn das tue ich.« Ich sagte: »Der Schöpfer geht merkwürdige Wege.« Ich sagte: »Wenn etwas schiefgeht, wird Er euch das wissen lassen und die Leute, die etwas Falsches tun, dafür zahlen lassen.«

Im allgemeinen Übergangsrat – so nennt sich die Gruppe, die versucht hat, die Macht zu übernehmen – sind viele Leute, die in die Kirche gehen; sie haben zwar mehr oder weniger braune Haut, sind aber nicht ... sie sind Indianer und sind es doch nicht. Sie sind von der Kirche einkassiert worden.

Sie verstehen nicht, daß alles, worüber wir sprechen, alles, was wir sagen, auf eines zurückgeht – das Langhaus. Das ist im Grunde keine Religion; das ist unsere Lebensweise. Alles läuft darauf hinaus, und das verstehen sie nicht. Sie können das einfach nicht kapieren. Menschen sind blind, wenn sie nicht kriegen, was sie haben wollen.

Wir halten zum Langhaus, und jetzt kommen sehr viel mehr Leute zum Langhaus zurück.

Wenn du etwas Falsches tust, wird der Mann da oben dir das schon zeigen. Schau dir diese Leute an, die versuchen, unsere Häuptlinge rauszuschmeißen. Zwei Frauen haben ihre Babys verloren, es gibt Beinbrüche, Herzinfarkte, ein Mann ist verrückt geworden, andere prügeln sich, ein Mann hat sich an Heiligabend mit Kerosin übergossen und angezündet.

Jill

Unsere Gesetze sind so stark, daß sie nicht einmal aufgeschrieben wurden. Sie haben all diese Jahre überdauert und sind von Generation zu Generation immer wieder weitergegeben worden.

Manche wollen sie ändern, möchten aber trotzdem als souveränes Volk gelten. In dem Augenblick, in dem sie all diese Rechte aufgeben, in dem Augenblick, wo sie den Staat oder sonstwen mitmischen lassen, geben sie ihre Souveränität auf.

Wenn du einmal aus dem Langhaus austrittst, trittst du aus dem Kreis und hast alles verloren.

Die Vier Helfer, die vier Geistwesen schützen unseren Verstand. Sie sind die Hüter des Verstandes. Handle gegen den Guten Verstand, und sie lassen dich gehen.

Dieser Mann ist verrückt geworden, und einer unserer Häuptlinge ist im Langhaus aufgestanden und hat gesagt, daß genau das passiert, wenn du gegen das Gesetz handelst. Und es ist passiert.

Tara. Unsere Lehren sagen, wenn du geboren wirst, stehen deine Pflichten schon fest. Sie werden vorher schon für dich bestimmt.

Naturwissenschaft, der Wald; Mathe, die Sterne

Renee. Unsere Wissenschaft geht in den Wald hinaus, schaut sich einen Baum an und sagt: »Das ist gut bei Kopfschmerzen; wenn du Kopfschmerzen hast, nimm das.« Es gibt nicht mehr viele Menschen, die das wissen. Und das ist traurig. Ich würde das gern lernen, aber es gibt wirklich niemanden mehr, der das lehrt. Das ist unsere Wissenschaft. Mathe, das heißt bei uns, die Sterne betrachten und den Mond deuten – welcher Mond beeinflußt was. Wir haben unsere eigene Mathematik und unsere eigene Naturwissenschaft, aber die Kinder wissen nichts mehr davon.

Wir haben unsere eigene Sprache. Damit meine ich nicht Englisch, sondern unsere eigene Sprache. Englisch sollte für uns eine Zweitsprache sein, nicht unsere erste, was sie für die meisten Kinder heute ist. Das ist traurig.

Viele unserer alten Leute wurden als Kinder in Internate geschickt. Dort wurde ihnen gesagt: »Sprich diese Sprache nicht. Hör auf, sie zu sprechen. Wenn du diese Sprache sprichst, bekommst du Schläge.«

Wie meine Großmutter. Als sie krank war, bin ich immer zu ihr rübergegangen und habe nachts bei ihr gesessen, damit eine der Töchter aus dem Haus gehen konnte und frei hatte. Ich saß da und sagte: »Grandma, wie war es früher?«

Dann fing sie an zu erzählen: »Als wir zur Schule gingen, durften wir dort unsere Sprache nicht sprechen, nie. Wenn wir es doch taten, wurden wir geschlagen. Wir Kinder haben uns immer in der Ecke versteckt und miteinander in unserer Sprache geredet.«

Als Erwachsene haben sie mit ihren Kindern nie in ihrer Sprache geredet, weil sie dachten, das wäre falsch. Jetzt können ihre Kinder die Sprache nicht mehr und wir auch nicht.

Wie es ist, Indianer zu sein

Renee. Die Leute fragen mich immer wieder, wie es ist, Indianerin zu sein, und ich sage, mein ganzes Leben ist indianisch, alles was ich tue. Alles was ich tue, beruht auf meinem Leben als Indianerin. Das ist unsere Religion. Wir haben unsere Ursprünglichen Weisungen.

Sich gegen den Schöpfer wenden

Renee. Es vergeht nicht ein Tag, an dem ich mir nicht überlege, ob ich etwas richtig oder falsch mache und mich gegen das Langhaus, gegen den Schöpfer, gegen meine Familie oder mich selbst wende.

Mom, erzähle mir etwas über die Vögel und die Bienen

Tara. Bis 22 wußte ich nichts darüber, über Sex. Ich bat Mom immer: »Mom, erzähl mir was über die Vögel und die Bienen.« Und sie dann: »Wahrscheinlich kannst du mir mehr darüber erzählen.« Sie erzählte mir nie etwas, und ich fragte und fragte sie immer wieder.

Jill. Es ist wichtig, daß in der Familie Offenheit herrscht, so daß über alles geredet werden kann. Ich weiß, daß ich mit meiner Mutter über alles reden kann. Einfach alles! Nur einmal hatte ich das Gefühl, nicht mit Mom reden zu können. Da war, als ich zum ersten Mal mit einem Jungen geschlafen habe und wußte, daß sie ihn nicht mochte. Ich hatte deswegen kein schlechtes Gewissen; ich hatte ein schlechtes Gewissen, weil ich dachte, ich könne nicht mit ihr darüber reden.

Am liebsten hätte ich es in die ganze Welt hinausposaunt. Ich habe immer gedacht, ich würde warten, bis ich verheiratet bin, und das habe ich nicht getan. Irgendwann schließlich konnte ich es Mom sagen, und ich sagte es ihr auch.

Ich wartete, bis ich 18 war, weil ich wollte, daß es wirklich etwas bedeutete. Ich wollte nicht in dem Alter sein, wo ich meine Unschuld verliere und dann zur Nutte werde und womöglich mit jedem schlafe, der mir über den Weg läuft.

Wir hatten beide nichts getrunken. Ich wollte es, und er wollte es. Ich hatte hinterher kein schlechtes Gewissen.

Ich habe ihn geliebt. Ich habe ihm erzählt, was mir wichtig ist. Ich wollte immer sagen können, daß der einzige Mann, den ich jemals hatte, mein Ehemann ist. Ich wollte das immer sagen können, aber dann habe ich angefangen, darüber nachzudenken. Eines Tages habe ich über die Ehe nachgedacht, und wie es ist, verheiratet zu sein, auf unsere Weise, nach unserer Religion. Da heiratest du für immer. Du sollst keinen anderen Mann haben. Und er soll nie eine andere Frau haben. Scheidung gibt es nicht. Darüber habe ich nachgedacht und dachte: Was passiert denn, wenn ich, sagen wir, in zehn Jahren anfange, neugierig auf andere zu werden? Gehe ich dann los und betrüge ihn? Denn nach unserer Lebensweise wird doch erwartet, daß du das nicht tust. So wie in der Ehe des weißen Mannes auch.

Das Gute in uns kommt immer zum Vorschein

Renee. Wir reden sehr offen miteinander. Wir können auch Schweinereien erzählen. Das ist nichts Schmutziges, es macht einfach Spaß. Wir genießen das wirklich. Wir versuchen, niemanden zu beleidigen. Wenn das passiert, können wir auch nichts daran ändern. Wir versuchen es einfach wegzulachen und über etwas anderes zu reden.

Indianer sind sich sehr viel näher als Weiße. Wir sind viel enger miteinander verbunden. Ich kann zu anderen Indianern gehen und mit ihnen über alles reden, was ich auf dem Herzen habe.

Bei weißen Menschen zögerst du, denn du weißt nicht, ob du sie nicht irgendwie beleidigst. So sind wir einfach immer gewesen. Unsere Eltern haben uns so erzogen.

Ich weiß nicht, woher unser Humor kommt, aber selbst wenn das Schlimmste passiert, was passieren kann, kannst du dich hinsetzen und lachen. Ich nehme an, das ist deswegen so, weil das Gute in uns immer zum Vorschein kommt, ganz gleich, wann oder wo.

Die Leute fragen mich immer, wie kannst du nur ständig lachen? Ich sage dann: »Du solltest erstmal meine Familie erleben.«

Wie bei einer Beerdigung, da erwartet man, daß alles traurig ist. Ich meine, wir trauern schon eine Weile. Aber dann sitzen wir zusammen, und uns fällt etwas ein, was die Person getan hat oder was jemand anderes mit ihr gemacht hat oder ein Witz, den sie erzählt hat. Wir sitzen da und denken daran, und dann lachen und lachen wir einfach. Und schließlich sagen wir: »Er mag gegangen sein, aber er ist immer da. Ich möchte am liebsten losheulen, aber gleichzeitig ist mir auch zum Lachen.«

Jill. Wir können jede Situation durch Lachen entkrampfen, und wenn sie noch so ernst ist. Wo wir auch sind, wie im Laden meiner Mutter, da kommen ständig Leute herein. Sie sitzen im Hinterzimmer und reden mit Mom. Ganz gleich, wer es ist, du kannst sicher sein, daß sie als nächstes alle loslachen. Worüber weiß keiner, aber da wird ständig gelacht.

Grossmutters Stuhl mit dem Loch

Jill. Als Großmutter starb, kam der Beerdigungsunternehmer in ihr Haus und rief alle Schwestern zusammen, um zu besprechen, wie sie die Beerdigung wollten. Bevor meine Großmutter starb, konnte sie . . . sie hatte ein Außenklo . . ., aber sie konnte nicht mehr hingehen. Da nahmen sie einen Stuhl, sägten ein rundes Loch in den Sitz und stellten einen Eimer darunter, damit sie nicht nach draußen mußte.

Und als der Beerdigungsunternehmer kam, und er einfach . . . manche Leute verstehen unsere Lebensweise und manche nicht, daß nicht jeder fließend Wasser oder Elektrizität hat . . ., er kam also, und sie sagten zu mir, »Setz dich auf den Stuhl da; geh und setz dich da drauf, damit er ihn nicht sieht.«

Da saß ich also auf Großmutters Nachttopf fest. Und wir haben so gelacht . . . alle; es war so komisch.

Geister und gute und schlechte Medizinleute

Renee. Der Geist ist immer lebendig. Oh, das wissen wir. Er ist da. Sie sagen immer, die Kinder sehen, die Kinder können es dir sagen. Manche Erwachsene können auch ab und zu sehen. Als ich etwa 15 war, träumte ich von einer meiner Tanten, und ich konnte sie haargenau beschreiben. Dabei habe ich sie nie kennengelernt. Sie starb, bevor ich geboren wurde. Die Alten sagten mir, sie müsse zu essen bekommen. Man müsse ein Fest für sie veranstalten.

Die Geister kommen auf ganz unterschiedlichen Wegen zu uns. Meine Tante kam einfach in einem Traum zu mir.

Einige weiße Leute sagen: »Aber nein, es gibt keine Gespenster.«

»O doch, es gibt sie!« sage ich. Du kannst ihnen nicht erklären, was das ist, denn einmal glauben sie dir nicht, und zweitens haben sie einfach kein Gespür dafür. Wir wissen, daß sie existieren. Wir glauben es eben.

Leute können Geister benutzen. Vielleicht wollen sie etwas haben, was dir gehört, und benutzen sie dann dafür.

Jill. Das ist mir passiert. Jemand versuchte, mich verrückt zu machen. Machte mich verrückt im Kopf, weil sie wollten, daß ich mit ihrem Sohn gehe, obwohl ich mit einem anderen zusammen war. Das passiert. Du kannst es spüren. Du weißt, da geht was vor sich. Du bist nicht du selbst.

Wenn das passiert, gehst du zu jemandem, der dir helfen kann, zum Beispiel zu einem Seher.

Scott und ich, wir hätten uns eines Abends fast umgebracht, beide saßen wir da und heulten uns die Augen aus dem Kopf. Scott kam auf die Idee. Zuerst erzählte er mir, daß er sich umbringen wolle. Dann sagte er: »Du machst es auch, mit mir zusammen.«

Ich sagte: »Gut, wenn du es willst, mache ich es.«

Wir saßen mitten in der Nacht in Tränen aufgelöst da, weinten, umarmten uns und waren bereit, es zu tun. Aber dann ließ er es sein. Er schloß seine Augen und sah blitzartig die Umrisse einer alten Frau vor sich. Er sagte: »Irgend jemand steckt da dahinter.«

Ich weiß nicht mehr, was danach passiert ist. Das alles lief wie im Nebel ab. Als wir dann wegfuhren, fühlten wir uns immer besser, je weiter wir kamen. Wenn wir uns anfaßten, zuckten wir zusammen. Du konntest es einfach spüren. Wie wenn du in einem verräucherten Zimmer bist und dann nach draußen kommst. Puh, dann atmest du erstmal auf! Je weiter wir von dem Ort wegkamen, desto mehr waren wir wieder wir selbst.

Eine traditonelle Indianerin sein

Renee

Es ist schwer, Indianerin zu sein. Du mußt als Indianerin so hohen Anforderungen gerecht werden; und dann mußt du noch den Anforderungen des weißen Mannes gerecht werden.

Mir sind die Maßstäbe des weißen Mannes im Grunde nicht so wichtig. Wichtig ist mir, daß ich für die Alten ein möglichst guter Mensch bin.

Ich möchte als gutherzige Langhaus-Frau gelten, die sich um ihre Familie kümmert.

Heute ist ein traditioneller Indianer wie eine Nadel im Heuhaufen. Alle passen sich so an die Weißen an, daß du wirklich deine Ellenbogen gebrauchen mußt, um auf deinem Weg zu bleiben. Ich möchte, daß auch meine Kinder, meine Enkel und die Enkel meiner Enkel diesen Weg gehen.

Es ist schwer, aber je mehr wir es versuchen, desto leichter wird es. Je stärker wir drängen, desto leichter wird es.

Ja, es gibt uns

Im Laden traf ich eine Frau aus Louisiana, die sprach mich an und sagte: »Sie sind wirklich Indianerin!«

Und ich sagte: »Woher sind Sie?«

Sie: »Aus Louisiana.«

Ich sagte: »Sie wollen mich wohl auf den Arm nehmen! Haben Sie nie zuvor in Ihrem Leben einen Indianer gesehen?«

Auf dem College kam ein Mädchen zu mir und sagte: »Kann ich dich etwas fragen?«

»Klar«, sagte ich.

Sie: »Schlaft ihr Indianer in Tipis?«

Ich bin wie jedes neunzehnjährige Mädchen, das im Westen des Bundesstaats New York lebt, mit dem ganzen Bund der Irokesen um sich versammelt. Sie hat mich sogar gefragt, ob ich mir meine Zähne anders putze. Das ist nicht gelogen! Das zeigt, wie wenig die Weißen ihren Kindern beibringen.

Wir sind hier. Wir sind stolz.

Ich möchte das alle wissen lassen.

Gai'Wiio'. Das Gesetzbuch des Propheten der Irokesen

Tara. Das Gaiwiio' ist unsere Lebensweise. Es sagt uns, was richtig und was falsch ist. Es sagt dir, was du machen kannst und was nicht. Es sagt der Frau, wo ihr Platz ist. Es sagt dem Mann, wo sein Platz ist. Es ist einfach alles. Es liegt offen vor dir da. Es ist das Leben, das du, wie der Schöpfer dir sagt, leben sollst, um ein guter Mensch zu sein.

Es ist schwer zu sagen, was es heißt, Indianer zu sein.

Du mußt begreifen, daß du genauso wichtig bist wie der Schnee auf der Erde, wie die Blätter an den Bäumen, wie die Beeren an den Büschen.

Du mußt begreifen, daß du genauso wichtig bist wie sie und daß sie nicht weniger wichtig sind. Genauso wie die Würmer und Käfer und alles andere.

Alles ist gleich. Der Schöpfer sieht in mir nichts Besseres als in den Bäumen. Wir sind alle gleich.

Niemand sollte denken, daß er besser ist als andere. Du bist genauso wie alle anderen auch.

Manche picken sich nur Teile aus den Weisungen und lassen das andere weg. Das gefällt mir nicht. Er hat sie uns nicht gegeben, damit wir uns rauspicken, was uns paßt. Er hat die Weisungen uns so gegeben, wie sie sind, und so sollen wir sie auch benutzen und nicht rauspicken, was uns paßt.

Um zu bereuen, bin ich immer ins Langhaus gegangen. Dafür gibt es ein ganzes Wirrwarr von Ketten mit Wampum (Muschelperlen, Anm. d. Ü.). Die Perlen sind unterschiedlich, und man geht sie durch. Jede Perle ist eine Lektion. Jede Lektion gibt Er uns. Wenn Gai'wiio' ist, dann tun sie das. Es dauert fünf Tage. Jede Schnur mit Wampum ist eine andere Lektion.

Einige Leute werden geboren, um Gai'wiio' zu predigen. Manchmal haben sie schon eine Weile gelebt, bevor sie erkennen, daß das der Sinn ihres Lebens ist – daß der Schöpfer sie hierherbrachte, damit sie Gai'wiio' predigen. Sie gehen dann herum, während du das Wampum hältst; sie sind die Tür zwischen dir und dem Schöpfer, indem sie das Wampum mit dir halten. Das alles geschieht, während du mit ihnen das Wampum hältst.

Als ich schwanger war, habe ich jeden Abend vor dem Schlafengehen bereut. Und dann versuchte ich immer die erste zu sein, die den Morgen begrüßte. Ich versuchte, morgens immer als erste wach zu sein und nach draußen zu gehen. Wenn ich nicht draußen sein konnte, stand ich zumindest am Fenster und betrachtete den Morgen. Abends habe ich dann wieder bereut und mich einfach für meinen Tag bedankt.

Selbst jetzt tue ich das noch. Viele der älteren Leute haben das auch getan, als sie jung waren, es wurde einfach zur Gewohnheit für sie. Es war ihre Lebensweise; sie lebten, wie man es von ihnen erwartete.

Manche Menschen sind neidisch, weil sie erleben, wie andere sich an das Gesetz halten und sie selbst tun oder können es nicht, sie haben nicht, was man braucht, um sich daran zu halten. Wir versuchen, uns so genau wie möglich daran zu halten.

Jill. Wir sind alle auf der gleichen Stufe. Wir sind nicht besser als, sagen wir, als ein Ameisenhügel draußen. Wir sind nicht besser als sie, und sie sind nicht besser als wir.

Wir müssen uns bedanken, zum Beispiel, wenn du schwanger bist; man hat uns beigebracht, daß das dem Baby hilft, diese Welt zu betreten. Das Baby hat bis zum sechsten Monat keinen Geist. Von der Empfängnis bis zu der Zeit, wo es seinen Geist bekommt, weiß es nicht, ob es hierbleibt oder ob der Schöpfer möchte, daß es nach Hause zurückkommt, dorthin, wo Er ist.

Wenn wir uns nicht bedanken, können uns die Gaben vom Schöpfer genommen werden. Wenn wir unseren Saft-Tanz nicht halten, geben die Bäume uns nächstes Jahr nicht den Saft, aus dem wir Ahornsirup machen.

Wenn wir kein Erntedankfest für die Erdbeeren feiern, kann Er im nächsten Jahr alles stoppen, einfach so. Deswegen gibt es Hurrikans, Tornados, Vulkane und all das, denn es gibt etwas, das ist größer als wir alle, und im Bruchteil einer Sekunde könnte er jeden von uns vernichten.

Die Alten sagen, daß Er uns durch Schneestürme oder heftige Regengüsse daran erinnert, daß es eine größere Macht gibt, größer als wir. Er erinnert uns daran. Die Dinge können dir zu Kopf steigen und du bildest dir ein, groß und mächtig zu sein, aber Er erinnert uns daran, daß wir nicht größer sind als irgendwer oder irgendwas anderes.

Wir halten uns nur an das, was der Schöpfer uns gegeben hat. Das ist unser Gesetz.

Das Wohl der siebten zukünftigen Generation

Jill. Man bringt uns bei, auf das Wohl der siebten Generation zu achten. Ich bin für unsere Alten von früher die siebte Generation. Und heute schaue ich auf die siebte Generation, die Gesichter, die noch nicht geboren sind.

Irgendwer hat früher nach mir Ausschau gehalten. Heute kommt mir noch nicht mal in den Kopf, daß ich die siebte Generation bin; ich denke an die sieben Generationen vor uns.

Immer wenn ich daran gedacht habe, habe ich mich innerlich so wohl gefühlt.

Was die Alten und die Kinder wissen

Tara. Respekt. Respekt ist etwas ganz Entscheidendes. Jeder ist wichtig, aber du mußt deine Kinder schätzen und du mußt die Alten schätzen. Sie sind unersetzbar. Das Wissen, das sie dir geben können, bekommst du nirgendwo sonst.

Kinder sind die Besten. Sie sehen die Welt anders. Sie sind noch nicht verdorben. Uns wird beigebracht, daß eine schwangere Frau die ersten drei Jahre nicht an dem Kind festhalten soll. In der Zeit ist das Band zwischen dem Kind und dem Schöpfer immer noch sehr eng. Ein Kind im Mutterleib ist noch in der Welt des Schöpfers. Es ist noch nicht hier. Die Frau hält an dem neugeborenen Baby fest, während es sich noch immer zum Schöpfer hingezogen fühlt. Das macht es dem Schöpfer schwer, denn das Kind gehört zu ihm. Dieser Sog kann so stark sein, daß er dem Schöpfer hilft, das neugeborene Baby zurückzunehmen.

Kleine Kinder sind etwas so Kostbares, weil sie noch diese enge Verbindung zwischen unserer Welt und dem Schöpfer haben. Deswegen sind sie so wichtig.

Es liegt nicht bei uns, ob ein Baby in dieser Welt bleibt oder zum Schöpfer zurückkehrt. Du mußt dich so gut wie möglich um sie kümmern, aber wenn Er beschließt . . .

Die Leute fragen mich, ob ich keine Angst habe, mein Baby zu Hause zu bekommen. Ich sage »Nein«, denn wenn der Schöpfer will, daß ich das Baby bekomme, bekomme ich es auch. Da kann niemand etwas machen, weder ich noch irgendein Arzt noch sonstwer. Wenn Er möchte, daß das Baby bei Ihm ist, dann nimmt Er es an sich. Das kannst du nicht ändern. Wenn Er das Baby will, kann niemand Ihn daran hindern. Das ist einfach so.

Vielleicht finden die Leute das hart und grausam, aber es ist einfach so. Entweder du akzeptierst es oder nicht. Akzeptieren heißt, sich klarzumachen, daß Er mit dir vorhat, was Er vorhat, ganz gleich, wie sehr du dich bemühst, dagegen anzukämpfen. Es wird sowieso passieren.

Ich hatte eine Hebamme, die gab mir viel indianische Medizin, und ich habe alles gemacht, was man von mir erwartete. Mir ist wirklich viel klargeworden.

Meine Schwestern betrachten meinen Sohn His-tee als ihren Neffen, aber auch als ihr eigenes Kind. Wir haben die ganze Schwangerschaft und die Geburt zusammen durchgemacht. Wir fünf Mädchen waren während der ganzen Schwangerschaft und bei der Geburt und allem, was hinterher geschah, immer zusammen. Dieses ganz enge Band zwischen ihm und meinen Schwestern wird immer dasein. Sie sind wie Ersatzmütter für ihn. Alle.

Etwa drei Wochen nach seiner Geburt kam Mom nach Hause und sagte: »Heute habe ich seinen Namen bekommen.« Von da an ist er immer so genannt worden – His-tee.

Ich habe ihn ziemlich lange im Wiegebrett gehabt. Eine Frau hat gesagt: »Das ist aber grausam. Du kannst ihn nicht berühren, kannst ihn nicht halten, nichts davon.«

Ich sagte: »Hey, ich gebe ihm die Brust. Er ist fast vier Jahre alt und wird immer noch gestillt. Ich kann ihn in dem Wiegebrett sehr wohl berühren. Ich kann ihn halten, stillen und alles, aber er kann immer das sichere Gefühl haben, daß jemand ihn hält, weil er in das Brett gewickelt ist.«

Das war nicht grausam. Er konnte immer ganz sicher sein, daß er gehalten wird.

Ich bin zufrieden, wenn er an der Brust saugt. Ich weiß dann, daß er mich immer noch braucht. Als er das erste Mal eine ganze Nacht weg war, konnte ich nicht schlafen. Es war, als würde er seine Mutter jetzt nicht mehr brauchen. Das war der erste Schritt zur Trennung von seiner Mutter. Da hatte ich wirklich Angst.

Ich habe meine Mutter gefragt, was sie empfunden hat, als sie mich bekam. Sie sagte: »Ich weiß es nicht. Ich war von der Taille abwärts wie tot, Tara. Ich wollte nichts fühlen.«

Ich war enttäuscht und habe geweint. Ich habe geweint, denn das ist doch das größte Geschenk, das einer Frau gemacht werden kann. Dein Körper wie betäubt und leblos, ohne jedes Gefühl, ich konnte mir das nicht vorstellen.

Stillen! Sie hat mich nur ein halbes Jahr gestillt. Und mich noch am längsten. Es hieß, ich könne mich glücklich schätzen. In der Zeit zwischen damals, als sie die Kinder bekam, und heute, wo ich Kinder bekomme, haben sich die Erwartungen der Frauen sehr verändert. Damals bekam sie eine Spritze, ihre Beine wurden in Bügel geschnallt, und das war's. Heute kehrt man dazu zurück, daß das alles natürlich ist. Der Schmerz, den du empfindest, verschwindet völlig, wenn du das Baby siehst. Das war die ganze Mühe wert. Wie kannst du ein Kind schätzen, wenn du noch nicht einmal den Schmerz gefühlt hast, als es kam?

Hausgeburt

Tara. Meine Wehen haben von Anfang bis Ende nur zwei Stunden gedauert. Es war witzig, weil niemand wußte, was zu tun war. Ich bin aufgestanden, habe mich hingesetzt, bin herumspaziert und habe das alles ausprobiert. Ich habe viel gelesen. Ich habe viel mit meiner Hebamme geredet, damit sie mir sagt, was ich tun soll und was nicht.

Im Übergangsstadium habe ich am ganzen Körper unkontrolliert gezittert. Meine Schwester Jill dachte, ich sei besessen, und Ma war da und schrie mich an. Ma schrie: »Tara, entspanne dich. Entspanne dich doch.«

Jede Frau reagiert körperlich anders auf den ganzen Ablauf. Manche Frauen werden total zickig, und andere brauchen immer jemanden, der sie hält und anfaßt. So war ich auch. Ich haßte es, allein gelassen zu werden. Ich brauchte immer jemanden, der mich berührt.

Als mein Körper anfing zu pressen, sagte Ma: »Du kannst noch nicht pressen. Es ist noch zu früh. Du hast noch viel Zeit. Nicht pressen.«

Ich sagte: »Mom, mein Körper macht das von selbst. Ich kann ihn nicht stoppen.«

Dann kehrte ich zurück zu meiner Atmung, versuchte, in die Wehen zu atmen, damit es leichter ging. Anschließend bin ich direkt von der Couch zur Toilette gegangen. Ich weiß noch, daß die Hebamme mir gesagt hatte, zum Ende hin setzt du dich am besten auf die Toilette, denn das hilft dir, dich zu öffnen.

Ich hatte von Anfang an Angst, einzureißen. Die Hebamme sagte zu mir, so wie ich mit dem Pressen loslegte, würde ich noch nicht mal merken, wenn ich einreiße.

Ich saß und saß auf der Toilette, und da sagte Mom: »Such dir jetzt einen Platz, wo du dieses Kind bekommen kannst!« Als es dann soweit war, schien er nach wenigen Minuten dazusein. Als er anfing herauszukommen, sagte jemand, es sei die Nabelschnur. Ich sagte: »Es ist nicht die Nabelschnur, es ist der Kopf! Es ist nicht die Nabelschnur. Keine Sorge.«

Dann bekam Mom ihn nicht einmal zu fassen. Er schoß heraus und landete direkt neben Moms Fuß auf dem Boden.

Nach höchstens zwei, drei, vielleicht auch vier Preßwehen rutschte er über den Boden.

Mom erzählte mir, als ich mit His-tee in den Wehen lag, hätte ich gesagt: »Heiliger Hering, das tut vielleicht weh!« Und dann sagte sie: »Das hättest du dir vor neun Monaten überlegen sollen!«

Ich wußte, daß es weh tun würde, aber weißt du, wenn ich zum Beispiel meine Periode hatte, bekam ich nie wirklich gemeine Krämpfe oder ähnliches, ich wußte also nicht, wie es sein würde. Das war meine erste Erfahrung mit Krämpfen. Ich habe nur ein paarmal laut gejammert.

His-tees Vater hat nur den Samen gespendet. Das war sein einziger Beitrag. Er ist mir egal, denn als er erfuhr, daß ich mit His-tee schwanger war, wollte er, daß ich abtreibe. Deswegen ist er mir egal.

Ich glaube, dies ist dein Leben, und du lebst es so, wie du es leben möchtest. Nur du und kein anderer muß die Konsequenzen tragen.

Das Gai'wiio' und Verhütung

Tara. Frauen haben die Pflicht, Kinder zu bekommen; deswegen kannst du nicht verhüten. Schau, du könntest Kondome benutzen, aber damit verhütest nicht du, sondern der Mann. Du hast keine Kontrolle über das, was der andere tut.

Jill. Wenn die Welt noch so wäre wie vor zweihundert Jahren, würden wir nicht verhüten, weil wir fest daran glauben, daß es nicht gut ist, Kondome und Anti-Baby-Pillen zu nehmen. Heutzutage muß das aber sein, wenn du dir nicht in zwei Monaten Herpes, irgendwelche Geschlechtskrankheiten oder AIDS holen willst.

Die meisten Mädchen müssen den Männern sagen: »Streif das über.«

Es heißt, wenn du mit jemandem schläfst, schläfst du mit allen, mit denen dieser Mensch geschlafen hat. Es ist solch ein schrecklicher Kreislauf, daß einer von dreien, mit denen dieser Mensch zusammen war, AIDS haben könnte oder daß dieser Mensch vielleicht Herpes hat.

Kim. Ich sage immer, der Schöpfer hat seine Gründe für das, was er tut. Wenn du dir AIDS oder Herpes oder sonst irgendwas holst, was dich schließlich umbringt, dann hat das seine Gründe. Dann holst du dir das auch, wenn du aufpaßt, mit wem du schläfst. Wenn es passieren soll, dann passiert es auch.

Jill. Am besten machst du erst gar nicht die Beine breit. Kim erzählte mir heute, daß ihre Füße so geschwollen wären, und da habe ich zu ihr gesagt: »Na, das hättest du dir überlegen sollen, bevor dies andere Ding da geschwollen ist.«

Mom wünscht sich immer, wir wären geil, denn sie möchte noch mehr Enkel. Sie hämmert uns in den Kopf: »Ihr seid geil.«

Deswegen schläft sie wahrscheinlich den ganzen Tag und rennt die ganze Nacht im Haus herum und flüstert uns im Schlaf ins Ohr: »Ihr seid geil, ihr seid geil.«

Beziehungen mit Männern

Jill. Ich bin nicht verheiratet. Scott und ich sind die besten Freunde. Er geht nicht nach Hause. Er tut es einfach nicht. Er geht nicht. Ich sage ihm: »Geh nach Hause und bleib bei deiner Mutter.«

Er mag Moms Haus. Er ist Einzelkind. Als wir uns kennenlernten, hat er viel getrunken. Ich nicht. Wir waren wie die besten Freunde. Wir blieben die ganze Nacht wach und sahen uns im Haus Filme an. Wir fuhren oft zum Flughafen und sahen einfach zu, wie die Flugzeuge landeten und starteten.

Schließlich sind wir dann zusammengekommen. Wir haben viel zu viel zusammen erlebt, als daß ich ihm einfach den Rücken zukehren und sagen könnte: »Ich möchte nicht mehr mit dir zusammen sein.« Das kann ich nicht.

Gerade neulich habe ich zu ihm gesagt, ich bräuchte noch Zeit, denn ich möchte ihn gern heiraten, aber wenn ich das tue, dann soll es wirklich nur um uns beide gehen. Ich möchte ihn nicht betrügen und ich möchte auch nicht, daß er

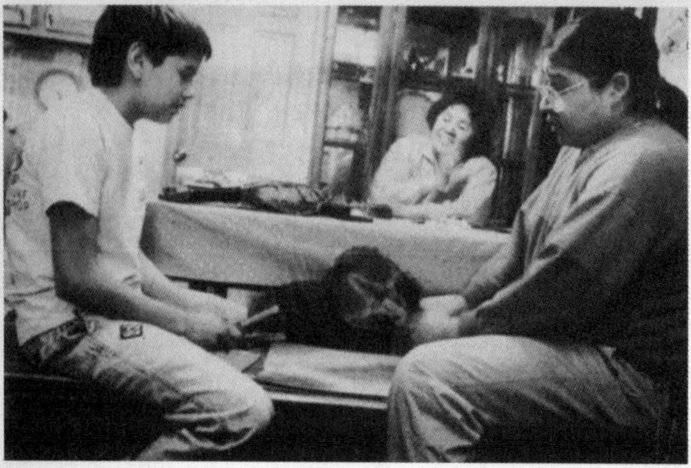

mich betrügt. Also habe ich zu ihm gesagt, ich bräuchte einfach Raum für mich. Aber er geht nicht.

Scott mag Moms Haus. Er sagt, wenn man hier reinkommt, möchte man gar nicht wieder rausgehen.

Ich möchte ihn jetzt noch nicht heiraten. Ich möchte seine Gefühle nicht verletzen, also gehe ich nicht mit anderen aus. Du treibst dich nicht in sämtlichen Betten herum. Ich benutze nicht gern Kondome. Verhütung ist gegen unsere Religion. Du sagst ihm also: »Streif es ab.«

Oder du kannst ihm sagen, er soll nach Hause gehen und duschen. So können wir uns abregen. Frauen sind anders als Männer. Männer setzen sich etwas in den Kopf, und dann muß es auch sein. Sie wollen das eine.

Mit weissen Männern ausgehen

Jill. Ich bin mit einem weißen Mann ausgegangen. Ich konnte mit ihm nicht so reden wie mit einem Indianer. Sie verstehen vieles nicht, zum Beispiel unsere Zeremonien. Das verstehen sie einfach nicht. Und bestimmte Dinge können wir ihnen überhaupt nicht sagen.

Dieser weiße Junge, mit dem ich ausging, sagte schließlich, er würde mich lieben. Und ich sagte: »Halt, halt, warte mal«, denn ich konnte ihm nicht das gleiche sagen. Wenn wir anderen Dinge sagen, die nicht stimmen, ist das verletzender, als gar nichts zu sagen. Ich hätte sagen können, ich liebe dich, aber ich hätte nicht dahinter gestanden. Das verletzt mehr, als wenn ich überhaupt nicht sage, ich liebe dich.

Ich sagte: »Warum hören wir nicht einfach auf damit und werden Freunde?«

Er sagte: »Warum verliebst du dich nicht einfach in mich und heiratest mich, und wir leben glücklich bis ans Lebensende?«

Ich sagte: »Nein, das kann ich nicht.« Und das war auch so. Damit hätte ich mich von meinen Leuten abgewendet. Das kann ich nicht.

Renee. Ashley trifft sich auch mit einem weißen Jungen. Sie hat ihm gesagt, daß es immer eine Grenze zwischen ihnen geben wird, weil sie Indianerin ist und er Weißer. Er sagte, er wüßte viel und könnte doch lernen.

Sie sagte zu ihm: »Du kannst lernen, was du willst, aber ich werde immer Dinge wissen, die du nicht verstehst und auch nicht verstehen wirst. Dieses gewisse Etwas wird immer zwischen uns stehen, und du wirst nie genau herausfinden was, und das wird der Unterschied sein zwischen dir und mir. Er wird immer dasein, und das kannst du nicht ändern.«

Erinnerungen an Grossmutter

Tara. Meine Großmutter starb 1983. Ich glaube, es vergeht kein Tag, ohne daß ich an sie denke. Erst als es fast zu spät war, bekam ich die Möglichkeit, ihr wirklich nahe zu sein. Da wurde mir klar, was für ein wunderbarer Mensch sie war. Wir sind immer zusammen ins Kino oder einkaufen gegangen. Meine Tanten wollten ausgehen, und ich war dann die Nacht über bei ihr. Sie sagten immer: »Möchtest du gern für Großmutter Babysitter spielen?«

Ich sagte dann: »Ich spiele nicht Babysitter für Grandma. Für mich ist das eine Gelegenheit, mit ihr zusammenzusein.«

Gleich nachdem sie gestorben ist, bin ich aufs College gegangen. Ich fühlte mich so alleine; es gab dort keine anderen Indianer, niemanden, der verstand, was es heißt, Indianerin zu sein, deswegen machte ich immer ganz lange Spaziergänge. Ich habe wie wild mit ihr geredet, und hinterher fühlte ich mich viel besser. Das gehört zu den Dingen, auf die ich mich freue, wenn ich sie einmal wiedersehe.

Als ich zum ersten Mal nach Hause kam, holte Dad mich ab. Als wir über die Reservatsgrenze fuhren, atmete ich erleichtert auf. Ich war zu Hause. Ich gehörte dazu.

Strafen

Was das Gai'wiio' und das Bereuen betrifft, weißt du, wir müssen für das zahlen, was wir hier tun. Eine meiner Kusinen starb, sie wurde von ihrem Freund überfahren. Das war Ashleys Mutter. Er war für uns wie ein Onkel, als wären wir mit ihm aufgewachsen. Wir redeten mit ihm. Wir behandelten ihn genauso wie vorher und waren nie wirklich grausam oder grob zu ihm. Und mein Vetter sagte: »Wie könnt ihr nur? Er hat Molly M. umgebracht. Liebt ihr Molly M. nicht?« Wir sagten: »Doch, wir lieben Molly M., aber wenn er etwas gemacht hat, ist es nicht unsere Sache, ihn zu bestrafen oder zu verurteilen. Das passiert, wenn er in die Himmelswelt geht oder hinunter ins Haus der Strafenden. Dort bekommt er seine Strafe. Was wir mit ihm anstellen könnten, wäre nichts im Vergleich mit dem, was er da bekommt.«

Ins Haus des Strafenden gehst du, wenn du Schlechtes tust. Dort kriegst du deine Strafe für alles, was du angestellt hast, wie Kartenspielen, Wetten, Schule. Die Erziehung des weißen Mannes – auch dafür wirst du bestraft. Für Trinken wirst du bestraft. Auch wenn du deine Frau verprügelst, deine Kinder schlägst, tötest, verhütest.

Es ist, wie Ma sagt: »Versteht ihr, der Schöpfer bestraft diejenigen, die etwas Unrechtes tun. Das müßt ihr wirklich glauben und es dann einfach Ihm überlassen.« So spielt sich das im wesentlichen ab.

Sich Amerika, die grosse Schildkröteninsel, vor der Eroberung vorstellen

Jill. Schau dir an, was diese Menschen alles angerichtet haben. Sag mir doch mal, was vor zweihundert Jahren AIDS war, was war AIDS? Als der weiße Mann seinen Fuß auf dieses Land setzte, hatten wir das alles nicht. Er brachte neue Krankheiten mit, Alkohol, Glücksspiele, er brachte das Geld.

Wenn ich die Straße entlangfahre, denke ich oft: »Ich frage mich, wie es hier vor hundert Jahren ausgesehen hat.« Wenn ich die Niagara-Fälle besuche, sitze ich da und denke: »Vor zweihundert Jahren kamen Indianer hierher und setzten sich einfach auf einen Baum oder ans Ufer, und ich muß heute auf Zement sitzen.« Überall nur Gebäude. Stell dir vor, wieviel schöner es aussah, bevor sie all das da hingebaut haben.

Wir gehen hier jeden Morgen aus dieser Tür und betreten Mutter Erde, wir wissen, daß uns das niemand nehmen kann. Wir können auf der Erde gehen, weil wir wissen, daß sie nicht uns gehört; sie gehört uns nicht. Unsere Aufgabe ist, auf sie aufzupassen.

Ich sage nicht gerne »weiße Menschen«, denn das klingt, als würde ich sie alle über einen Kamm scheren, aber sie sind nicht alle gleich. Das sind Klischees. Ich wette, daß jemand, der als Indianerhasser gilt, ich wette zehn zu eins mit dir, daß der indianisches Blut in sich hat, irgendwer von seinen Vorfahren, sagen wir der Ur-Ur-Ur-Urgroßvater, ist wahrscheinlich Indianer gewesen.

Renee. Es tut weh, meine Sprache nicht sprechen zu können. Ich könnte losheulen, wenn ich daran denke. Es liegt nicht an uns, daß man sie uns nicht beigebracht hat. Dadurch entsteht ein Vakuum.

Wenn du anfängst, sie zu lernen und dem Sprecher im Langhaus zuhörst, verstehst du hier und da ein Wort und dann denkst du, O mein Gott, ich habe verstanden, was er sagt. Wenn du bei jeder Zeremonie ein, zwei Wörter behältst, heißt das, bei der nächsten behältst du noch mehr.

Wir wissen, wir versuchen unser Bestes.

Es heißt, daß die Babys, die in den achtziger Jahren geboren wurden, besondere Kinder sind, denn das sind die Alten, die gestorben sind und jetzt wiederkommen. Sie sehen anders aus, vor allem die Augen; sie haben größere Köpfe. Wenn du dir diese Kinder daraufhin einmal ansiehst, wird dir das auffallen, denn sie verhalten sich anders. Sie sehen weise aus. Du denkst, sie sehen alt aus, und dann sagst du, das ist doch ein alter Mann, aber es ist nur ein Baby.

Die Last, ein Häuptling zu sein

Renee. Unsere Häuptlinge müssen soviel auf sich nehmen. Sie müssen sich nicht nur um sich und ihre Familien kümmern, sondern um sämtliche Leute im Reservat, um jeden einzelnen. Sie sind nicht mal mehr Ehemann oder Vater; sie sind für alle da.

Kim. Als die Weißen hierherkamen, haben die Indianer sie ausgelacht, denn sie haben sich ein Gebiet eingezäunt und gesagt: »Das ist meins.« Aber für Indianer war das nicht so. Du bist eine Weile wo geblieben und dann weitergezogen, das Land hat dir nie gehört.

Ich sprach mit jemandem darüber, wie es ist, wenn man etwas über indianische Medizin lernen möchte. Er sagte: »Wenn du das Gute lernst, mußt du auch das Schlechte lernen.« Das ist beängstigend. Ich möchte gar nicht wissen, wie das Schlechte aussieht. Ich möchte nicht wissen, wie das geht.

Die Menschen, die nicht im Langhaus aufgewachsen sind, begreifen nicht, was ein Häuptling wirklich ist. Sie können sein Wissen gar nicht richtig schätzen. Für sie ist das einfach ein Mensch wie jeder andere auch. Wer Häuptling ist, ist es aus einem bestimmten Grund. Ihm wurde etwas gegeben, um Häuptling zu sein. Sie sehen ihn aber nicht so und scheißen einfach auf ihn. Sie beschimpfen ihn und reden alles mögliche über ihn. Weil es ihnen egal ist.

Wenn Häuptlinge kommen, setzt du dich hin und hörst ihnen zu, mit Respekt. Dazu mußt du noch nicht mal wissen, wer sie sind, es reicht zu wissen, daß das ein Häuptling ist.

Mary Leitka

Hoh

Durchnäßt und die Nase gerötet von der Morgenkälte, stürzt Mary durch die Eingangstür ihres Hauses. Sie hat immer noch ihre hohen Gummistiefel, Gummihosen und einen alten Anglermantel an. Eine Duftspur von Fluß und Fisch hinter sich herziehend, steuert sie auf die übervolle Kanne Kaffee zu, die sie sich gekocht hat, bevor sie im Morgengrauen aufgebrochen ist, um fischen zu gehen.

Während sie ein paar Schlucke des heißen, schwarzen Getränks hinunterkippt, um die Feuchtigkeit des Regenwaldes aus ihren schmerzenden Gelenken zu vertreiben und ihre kalten, von Wasser verschrumpelten Hände zu wärmen, lacht sie und betont, ohne daß es ihr auch nur im mindesten peinlich wäre, den Geruch, den sie in ihr Eßzimmer getragen hat: »Dieser alte Mantel hat mir gute Dienste geleistet. Ich trage ihn seit über fünf Jahren beim Fischen. Schau, wie zerrissen er ist, aber wenn es draußen feucht ist, hält er mich immer noch warm. Aber er ist hinüber, und ich glaube, ich muß ihn demnächst ausrangieren.«

Nach einer Stunde ist sie soweit, wieder zum Fluß hinunterzugehen, um nach ihren Netzen zu schauen. Auf dem schlammigen Waldweg hinab zum Fluß, der den Namen ihres Volkes trägt, geht Mary – Oberhaupt des winzigen Stammes Hoh, dessen Gebiet sich in Amerikas ältestem Regenwald auf der Halbinsel von Olympia im Staate Washington befindet –, mitten durch Pfützen und zähen Morast. Wasser, Nebel, niedrige dunkle Wolken und viel Schlamm sind hier an der Tagesordnung. Die Sonne zeigt sich selten in diesem Gebiet, in dem jährlich rund 3000 Millimeter Niederschlag fallen.

Farne und umgestürzte, vermodernde Bäume bedecken den Boden, den sie auf dem Weg zu ihrem ererbten Fischgrund an der Biegung des Flusses rasch durchquert. Moose

wachsen auf den Bäumen und geben ihnen in diesem verzauberten Dämmerlicht ein anderes, besonderes Aussehen. Dem Waldboden scheint ein sanftes Licht zu entströmen. Mit jedem Schritt, den wir tiefer in den Wald gehen, wird das Gras höher. Hier scheint die Sonne nie; nur diffuse, schrägwinklige Strahlen stehlen sich durch den immergrünen Baldachin, der diese neblige, einsame und urwüchsige Welt aus samtenem Grün einhüllt.

Unten am Fluß, wo der Wald plötzlich am schäumenden, von Gletscherwasser gespeisten Hoh endet, schaut Mary sich um, und ihrem prüfenden Blick entgeht nicht die geringste Kleinigkeit. Ihre Augen durchdringen die eintönigen, grauen Nebelschleier, in die Himmel und Fluß übergehen. Ein Stück flußaufwärts holt Judge, seit der Kindheit ein Freund und lebenslanger, freundlicher Rivale, seine Netze ein, während sein Boot in ziemlich raschem Tempo den Fluß hinuntertreibt. Mary kneift die Augen zusammen und beäugt den Lachs, den er aus seinem Netz befreit. Sie bewundert seinen Fang und beneidet ihn insgeheim um die drei bis fünf knapp 20 Kilo schweren Lachse, die gegen die Schlingen des Netzes ankämpfen, während Judge sie schnell ins Boot wirft.

Nachdem sie eine ganze Weile aufmerksam, aber bewegungslos zugeschaut hat, tritt sie plötzlich energisch ans Ufer, greift nach dem Seil, mit dem ihr Boot festgemacht ist und rutscht noch im selben Augenblick auf ihrem Hinterteil wie auf einem gut geschmierten Gleitbrett die Uferböschung nach unten. »Man muß vorsichtig sein hier am Rand«, sagt sie. »Es gibt keinen Übergang ins Tiefe. Ein Schritt ins Wasser, und du kannst sofort bis zu drei Meter oder noch tiefer sinken, und deine nächste Station ist das Meer, wenn du überhaupt wieder nach oben kommst. Das kann eine schnelle Lektion werden, aber eine, die du vielleicht gar nicht mehr anwenden kannst.«

Die Flüsse in diesem Teil des Landes sind wild. Sie verschlingen alles, was ihnen in den Weg kommt. Mächtige Bäume beweisen es. Ihre Überreste stapeln sich im wahrsten Sinne des Wortes an der Mündung des Flusses, wo die

Wellen des Pazifiks und die Strömungen des Flusses miteinander um die Vorherrschaft kämpfen.

Mary legt ab und steuert ihr Aluminiumboot gekonnt an ihren Netzen entlang. Sie weiß, daß sie etwas gefangen hat, nimmt sich aber Zeit, die Netze, die die Bucht absperren, von Abfällen zu säubern. Dann, genau zur richtigen Zeit – ihrer Zeit – beginnt sie, die Dreißig- bis Vierzigpfünder hochzuziehen und mit einem Knüppel zu erschlagen, damit die um sich schlagenden Schwänze sie und die Fische selbst nicht in die schnelle Strömung befördern. Dieser Überlebenskampf, Nahrung für Marys Familie oder Atem für den Lachs, gehört zu ihren uralten Traditionen, und genau dieser Akt ist Teil der Thanksgiving-Zeremonien der Hoh, mit denen sie dem Schöpfer für diese Nahrung danken und den Lachs preisen, weil er sein Leben gibt, damit die Menschen überleben können.

Während ihrer Arbeit späht sie immer wieder zum Fluß und zu den anderen Fischern. Dieser Fluß ihrer Ahnen ist nicht nur der Fluß ihrer Leute heute; es ist ihr Fluß, und seine lebensspendenden Wasser fließen durch ihre Adern, nähren sie körperlich und spirituell.

Schon im Gehen wirft Mary noch einen schnellen Blick um sich. Ihr Netz bewegt sich. Ein weiterer Fisch hat sich darin verfangen. Sie verschiebt ihren Aufbruch und klettert zurück ins Boot. Geschickt zieht sie den kleineren, rosafarbenen Lachs an Bord. Dieser, beschließt sie, ist für das Abendessen.

Nachdem sie ihre Aufgabe fürs erste erledigt hat – sie wird heute noch einmal zum Fluß zurückwandern –, macht sie sich wieder auf den Weg, der vom Fluß weg führt. Nach einer scharfen Kurve kommt das Wasser noch einmal in Sicht. Selbstverständlich hält sie wieder inne, um den Fluß genau zu mustern und einen weiteren Fischer zu beobachten, der mit einem Paddel auf das Wasser schlägt, um die Fische am Ufer aufzuscheuchen oder zu verschrecken und dann in die aufgespannten Netze zu treiben.

Zurück zu Hause, der Kälte der feuchten Nebelschleier, die bis auf die Knochen geht, entronnen, gießt Mary sich wieder Kaffee ein und macht eine kurze Pause, bevor sie mit dem nötigen Putzen der Fische beginnt – einen für das Abendessen und mehrere andere für die Räucherei und zum Trocknen.

Von den Traditionen und dem Wissen der Hoh ist vieles verlorengegangen. Mary jedoch erinnert sich dennoch an manches und war eher zu schüchtern als abgeneigt, das Singen und Trommeln zu erlernen. Trotzdem hat sie es getan. Dabei hat sie die alten Bräuche nicht einfach wieder zum Leben erweckt, sondern gewissermaßen eine Generation damit vertraut gemacht, deren Eltern und selbst deren Großeltern ihre Weisheit niemals anderen mitgeteilt haben. Heute lehrt Mary die Jugend Elemente ihres eigenen Erbes, eine Erfahrung, die für diese jungen Leute völlig neu ist. Mittelpunkt ihrer Lehren ist der Fluß, Geburtsrecht und Lebensblut ihres Stammes.

Der Fluss ist alles, was meine Vorfahren kannten

Der Fluß ist alles, was meine Vorfahren kannten, und auch heute noch ist er für viele meiner Leute alles, was sie kennen. Bevor der weiße Mann kam, hatten wir nie einen Namen für den Fluß.

Meine besten Zeiten hatte ich immer unten am Fluß. Er ist so schön. Abends gehe ich hinunter zum Fluß. Ich sage mir, ich werde nicht bis zur Dunkelheit bleiben. Aber was tue ich? Ich bleibe doch. Schließlich muß ich mir in der Dunkelheit mühsam meinen Weg zurückbahnen. Da dieses Gebiet zum Regenwald gehört, ist das Grün so dicht, daß man kaum sehen kann. Es ist ein Pfad der Dunkelheit. Ich finde aber immer nach Hause. Ich kann den Weg spüren.

Als junges Mädchen war ich so still. Alles, was ich erfuhr, behielt ich für mich. Der Frieden in mir, der kam vom Meer. Ich setzte mich Tag für Tag dort ans Ufer und spielte Flöte.

Ich hatte einen ganz bestimmten Platz, zu dem ich ging, wenn jemand gestorben war. Ich ging dorthin und weinte und betete und versuchte, den Schöpfer um Hilfe zu bitten, damit ich das durchstehe. Als ich älter wurde, wechselte ich zum Fluß über. Jetzt habe ich meinen besonderen Platz am Fluß.

Der Fluß ist mein Wissen. Ich kenne seine Stimmungen. Ich fühle mich wohl mit dem Fluß, selbst wenn er wild wird und alle Bäume umreißt. Er ist lebendig.

Der Spender des Lachses

Es gibt viele Geschichten über den Lachs. »Der Spender des Lachses« ist eine. Wir haben eine Gesellschaft und ein besonderes Lied für den Lachs. Wenn wir zu Abend essen, gehe ich zum Fluß, um das Fischlied zu singen. Das Skelett des ersten Frühjahrslachses wird in den Fluß gelegt, damit er den Fluß hinaufschwimmt, laicht und zurückkommt. Er bringt uns mehr Fisch für das nächste Jahr mit. Ohne dieses Lied, das wir zu seiner Ehre singen, würde er keine Fische mitbringen.

Manche von uns kämpfen um den ersten Frühlingsfisch und danach immer wieder um den größten Fang. Wir kochen den Fisch und essen ihn, und dann bringe ich das Skelett hinunter zum Fluß.

Eines Tages fragte mich ein Mann, was ich da täte. Ich sagte: »Ich bin Indianerin! Ich singe für meinen Fisch, den ich zum Fluß zurückgebracht habe. Er wird hinaufschwimmen und viele Fische mit zurückbringen.«

Dann nahm ich mein Netz aus dem Fluß, und es waren vier Fische drin. Er hatte keinen einzigen gefangen. Er sagte: »Hey, dieses Lied muß ich von dir lernen.«

Sie machten aus allem Politik

Am meisten hasse ich, daß sie in unsere Welt, in die Welt der amerikanischen Ureinwohner ..., daß sie nicht nur die Straßen, elektrisches Licht und all das brachten, sondern auch aus allem Politik machten.

Das ist es, was unseren Kindern schadet. Das führt dazu, daß die anderen sich gegenseitig hassen. Und alles, weil . . . weil alles zum Politikum wird, der Fisch, der Elch, alles, was wir heute essen oder tun, hat mit der Politik zu tun. Auch wenn ich Muscheln hole. Ich kann noch nicht einmal da runter gehen und Muscheln ausgraben am Strand, ohne daß die Leute mir auf den Pelz rücken.

Alles ist politisch. Das hasse ich am meisten.

Wenn ich die Wahl hätte, könnte ich auf die Straßen verzichten, die jetzt hier durchlaufen. Mir gefiel es gut, so wie es war.

Wir haben hier ein paar wirklich politische Themen, mit denen wir uns auseinandersetzen müssen. Ich habe den Staatsbeamten erzählt, wie stolz meine Leute seien. »Hören Sie auf sie«, sage ich ihnen immer.

Wir haben die Fischerei von Jahr zu Jahr immer stärker reduzieren müssen, von sieben Tagen auf sechs, fünf, vier, drei Tage bis zu zwei und einem. Jetzt fischen wir nur noch ein, zwei Tage in der Woche, denn die Fische müssen den Fluß hinauf entkommen, damit sie laichen können. Je mehr Fische da hochschwimmen, desto mehr kommen zurück. Aber oben am Fluß, außerhalb unserer Gebietsgrenzen, überwacht niemand den Fang. Der Staat sagt, er habe keine Vollzugsgewalt. Wir können den Fischern da oben auch keine Gesetze auferlegen; sie sind keine Indianer. Sie machen weiter, 24 Stunden am Tag, das ganze Jahr lang. Aber der Stamm muß den Fischfang immer mehr einschränken.

Das macht mich so wütend, denn wir sperren den Fluß, weil wir möchten, daß der Fisch entkommen kann, aber außer uns kümmert das niemanden. Nicht den Staat. Nicht die Sportfischer. Die fischen munter weiter. Der ganze Fluß gilt als Hauptangelplatz der Welt für Sportfischer. Wenn ich zum Fischen runtergehe, sind dort mindestens immer drei Boote. Sie rühren sich nicht vom Fleck. Ich steige ins Boot und mache einen höllischen Lärm, um sie zu vertreiben.

Der Staat hat uns erzählt, daß wir unseren Fluß sperren müssen. Ich sagte: »Sie haben doch einen Haufen Geld zur Verfügung, den sozio-ökonomischen Status dieser Men-

schen zu garantieren, aber es kommt ihnen nicht zugute. Sie gehen weg von hier, meine Leute. Ihre Existenz wird vernichtet. Und die, die bleiben, haben keine Ausbildung. Sie haben ihre Ausbildung abgebrochen, um Fischer zu sein. Und wie sollen sie überleben? Warum gehen Sie nicht hin und fragen sie danach?

Fragen Sie meine Leute, wie sie überleben sollen, wenn wir diesen Fluß sperren. Fragen Sie sie, wie oft sie zum Gericht gehen müssen, um nicht aus ihren Häusern geworfen zu werden, weil sie die Miete nicht zahlen können. Fragen Sie sie, wo sie ihre Lebensmittel und die Kleidung für ihre Kinder herbekommen. Von den Verteilungsstellen für Lebensmittel und Kleider!

Fragen Sie sie, an wen sie sich um Hilfe wenden, wenn sie Geld brauchen, damit man ihnen den Strom nicht abdreht und sie nicht aus ihrem Haus geworfen werden.«

Ich sagte: »An mich. Ich gebe ihnen Geld, und zwar von Herzen. Ich verlange es nicht zurück, denn ich weiß, was sie durchmachen.«

Wir haben immer an diesem Fluß gelebt. Es ist der Fluß unserer Ahnen. Wir sind immer davon ausgegangen, daß wir hier fischen. Unsere älteren Leute können doch nicht noch einmal die Schulbank drücken. Sie haben ihren Stolz! Sie wollen nicht um Lebensmittel, Geld oder sonstwas bitten.

Manchmal essen sie die ganze Woche Thunfisch-Eintopf. Wenn niemand kommt, um es mir zu erzählen, erfahre ich es nicht. Sie sind zu stolz, um etwas zu sagen. Und ich sage zu ihnen: »Tut das euren Kindern nicht an. Sagt mir Bescheid. Ich habe eine Tiefkühltruhe.«

Washington, Kalifornien, Oregon, Alaska, Kanada ... wenn sie sich Sorgen um diesen Fluß machen, sollten sie besser den Fischfang draußen im Meer einschränken und anfangen, diesen Fluß zu verwalten. Sie sagen, wir, der Stamm Hoh, seien die Mitverwalter. Das sind wir nicht!

Die Leute sagen, wir seien die Bösen, wir würden Tag für Tag mit Netzen fischen, die von Ufer zu Ufer reichen. Sie wissen nicht, daß wir nur ein, zwei Tage die Woche fischen. Sie wissen gar nicht, wie oft wir den Fluß sperren.

Wir zählen alle Fische, die wir hier fangen, selbst die, die wir für unsere Zeremonien verwenden. Wir wiegen und messen sie. Wir wissen, ob es ein männlicher oder ein weiblicher Fisch ist, ob sie hier oder woanders laichen. Aber wir wissen nichts über den oberen Fluß. Wir wissen nur, daß der Staat sagt, sie würden dort auf eigene Ehre und Gewissen die Lochkarte benutzen. Wenn du einen Fisch fängst, lochst du auf Ehre und Gewissen deine Karte. Ha! Daß ich nicht lache!

Wir sind unser Leben lang immer weiter zurückgedrängt worden. Wir haben fast all unser Land verloren. Nur dieses winzige Gebiet ist uns geblieben. Unsere Fischrechte sind immer weiter beschnitten worden. Jetzt übt der Staat Druck aus, was die Jagd und den Muschelfang betrifft.

Ich erzählte dem Staat: »Wenn ich den alten Mann da unten sehe, der wird nächstes Jahr 80 und wirft da sein Netz aus, um einen Fisch zu fangen und um etwas zu essen zu haben, etwas, das er sein Leben lang gegessen hat. Und Sie wollen ihm erzählen, er darf den Fisch nicht essen. Wollen Sie hingehen, und ihm sagen, er solle sein Netz rausholen? Ich mache das nämlich nicht. Als Vorsitzende des Stammes gehe ich nicht zu ihm, um ihm das zu sagen. Ich werde dem Vollstreckungsbeamten erzählen, er soll ihn in Ruhe lassen.« Er hat sein ganzes Leben lang gefischt. Ich lebe seit meiner Geburt von Fisch . . . Fisch, Elch, Robbe. Ich will meinen Fisch. Meine Leute wollen ihren Fisch. Und wir werden ihn auch bekommen. Das gehört zu unserer Lebensweise.

Muscheln ausgraben, meinen Vorvätern folgen

Neulich war ich unten am Meer und habe Muscheln ausgegraben. Da stellte sich dieser Mann neben mich und sagte: »Ihr Indianer denkt, daß euch die ganze Welt gehört und ihr hier einfach Muscheln ausgraben könnt. Ihr holt hier die ganzen Muscheln weg.«

Wenn ich Muscheln ausgrabe und Meeresfrüchte, tue ich, was meine Großväter, was meine Vorväter schon vor mir taten. Und das werde ich bis zu dem Tag tun, an dem ich sterbe, und meinen Kindern das gleiche beibringen. Ich kann zum Meer und zum Fluß, um mir die Nahrung zu holen, die ich schon als junges Mädchen gegessen habe, und werde das auch weiter tun. Das ist mein Recht. Niemand in der Welt kann mir sagen, daß ich aufhören soll, all das zu essen, was mir immer geschmeckt hat.

Der Hass ist immer noch da

Der Haß auf uns von draußen ist immer noch da. Den Ku-Klux-Klan gibt es immer noch. Die weißen Übermenschen. Sie heizen sich gegenseitig an. Haß brütet Haß aus.

Ich kann das nicht verstehen. Die weißen Übermenschen können sich versammeln und eine Organisation bilden. Der Ku-Klux-Klan auch. Wenn wir aber eine indianische Organi-

sation gründen, um unsere Rechte einzufordern, gelten wir sofort als Abtrünnige. Wir werden überwacht, abgehört, verfolgt und bespitzelt. Das ist allerhand. Indianer möchten anerkannt werden. Wir sind souveräne Stämme. Wir möchten in Ruhe gelassen werden.

Ich wünschte, es könnte wieder so sein wie bei meinen Vorfahren, wir waren uns damals so nahe. Davon ist viel verlorengegangen. Aber es kommt wieder, es dreht sich jetzt um.

Ich bin drei Monate vor dem Tod meiner Mutter wieder zurück nach Hause gezogen, aber sie starb an dem Tag, an dem ich meinen Collegeabschluß machte. Ich hatte mir so gewünscht, sie würde mich in meinem Barett und Talar sehen. Stolz auf das sein, was ich erreicht hatte.

Nach dieser ganzen Ausbildungszeit kam ich zurück und bewarb mich in Forks um Arbeit. Alle gingen wie selbstverständlich davon aus, daß ich keine Ausbildung hatte. Sie dachten: »Eine Indianerin mit einer Ausbildung? Indianer haben keine Ausbildung. Sie sind viel zu sehr damit beschäftigt, sich zu betrinken.« So sieht in Forks die Einstellung zu Indianern aus.

Also begann ich, mit unseren Kindern zu arbeiten. Sie sagten zu mir: »Wir möchten tanzen lernen. Können wir nicht mit dir tanzen, Tantchen?«

Ich liebe alle, die auf dieser Welt leben. Hautfarbe und Nationalität machen keinen Unterschied zwischen den Menschen. Ich wurde dazu erzogen, jedem Respekt entgegenzubringen. Jeder ist ein menschliches Wesen. Es gibt nichts, was mich von den anderen trennt.

Ich hasse Menschen nicht, die hassen. Sie tun mir leid.

Wir wissen, dass es Menschen gibt, die beide Geschlechter in sich haben

In unserer Gemeinschaft kennen wir Menschen, die beide Geschlechter in sich haben. Wir wissen, es gibt Individuen, die haben Eigenschaften des anderen Geschlechts. Das ist immer akzeptiert worden.

Einmal kam dieser Mann zu mir und sagte: »Als ich geboren wurde, war ein Teil von mir Frau. Ich werde das niemals vor der Welt verbergen. Ich werde zugeben, daß ich mir von Geburt an wünschte, eine Frau zu sein. Ich kann mein Leben einfach nicht leben, ohne vor mir und der Welt zuzugeben, daß ich diesen Wunsch immer noch habe.«

Männer wie dieser haben Mutterinstinkte. Sie sind mütterliche Typen. Sie betrachten das Leben aus diesem Blickwinkel. Das ist nichts, wofür sie sich schämen müßten.

Der Adler kommt in schwierigen Zeiten

Wenn der ganze Streß und Druck mich voll erwischt, gehe ich hinunter zum Fluß. Ich singe. Ich weine und bete und spreche mit meiner Mutter und mit meinem Großvater, indem ich einfach sage: »Gebt mir Kraft.«

Oft, wenn ich dort sitze, kommt ein Adler und fliegt über den Fluß. Er sitzt mir auf einem Baum am anderen Ufer direkt gegenüber. Ich sagte: »Du bist da, wenn ich dich brauche. Du scheinst es immer zu wissen.«

Das gibt mir wirklich inneren Frieden und Kraft. Ich fühle mich dann so viel besser.

Wenn ich allein losgehe und diese Dinge tue, gibt mir das meine Kraft zurück, meinen inneren Frieden. Da habe ich die Möglichkeit, mit jemandem zu reden.

Wir haben immer Entscheidungen getroffen, die auf unseren Traditionen beruhen

Bevor es das System der Wahlen gab, haben wir Entscheidungen getroffen, die auf unseren Traditionen beruhten, wie sie von unseren Vorfahren an uns weitergegeben wurden.

Bevor das Regierungssystem kam und die Straßen kamen, warfen wir unseren Fisch einfach ans Ufer, und alle wußten, wem er gehört. Niemand rührte ihn an. Als die Straßen kamen, kamen auch Menschen von draußen und stahlen die Geräte und den Fisch. Sie dachten: »Das wird uns leichtgemacht.« Klauten hier was und dort. Das ist früher nie vorgekommen.

Diese Außenseiter kannten die Lehren nicht, wußten beispielsweise nicht, wie man sich gegenseitig respektiert. Wir wußten das alles. Wir sind damit aufgewachsen. Dann kamen andere, denen man all das nicht beigebracht hatte.

Es liegt ja da, also nimm's dir. Immer nehmen. Nicht einmal fragen, einfach nehmen. Solange es da liegt, warum nicht, sie kümmern sich nicht darum. Ich nehme es mir einfach.

Das erste, was verlorengeht, sind die Lehren der Alten für deine Kinder. Wenn die ausbleiben, geht alles verloren.

Die Doktor-Hexe und Stock-Indianer

Meine Kinder kommen zu mir und bitten mich, ihnen von Daskiya zu erzählen. Also setzen wir uns zusammen auf das Sofa, und ich fange an. Dann sage ich: »Hol die Decke. Wir wollen sie uns über den Kopf ziehen.« Das tun wir. Und bald darauf sagen sie: »Hör auf. Wir wollen nichts mehr davon hören!«

Q'waeti' war der Schöpfer. Er wurde Schöpfer genannt, weil er viele Dinge erschuf. Es gibt Geschichten darüber, wie das Land erschaffen wurde, wie Q'waeti' es erschuf. Viele Geschichten werden erzählt über Grenzsteingebiete, über Felsbrocken und wie Q'waeti' sie erschaffen hat.

Daskiya war eine Doktor-Hexe, die ihre Macht benutzte, um zu zerstören, was Q'waeti' erschuf, und die den Menschen, die sich ihr in den Weg stellten, Schaden zufügte. Uns sagte man immer: »Wenn ihr böse seid, wird Daskiya euch Pech auf die Augen schmieren, euch mitnehmen und als Sklaven für sich arbeiten lassen.«

Wer wollte da nicht gut sein!

Die Stock-Indianer waren einfach Geister. Sie schadeten anderen nicht, aber sie hatten Angst vor dem, was geschah. Die Zivilisation kam immer näher.

Manche Menschen haben die Stock-Indianer gesehen. Mein Stiefvater zum Beispiel. Er hatte eine Wagenpanne. Es

wurde dunkel. Er und ein Freund, der ihn begleitete, liefen die Straße entlang, um Hilfe zu holen, und plötzlich sahen sie diese kleinen Leute, und dann wurden sie blind. Also hielten sie sich gegenseitig fest und gingen so, daß sie den Straßenrand spürten, um nicht im Graben zu landen. Nachdem sie eine lange Strecke gegangen waren, konnten sie allmählich wieder sehen. Sie sagten, sie könnten niemanden erklären, was sie gesehen hatten.

Wenn du herumwanderst und sie in den Büschen hörst, mußt du einfach sagen: »Laßt mich in Ruhe. Ich störe euch nicht.«

Ich habe es erlebt. Ich weiß es! Es wird dann schrecklich still. Selbst die Frösche hören auf zu quaken.

Ich erinnere mich noch an die Geschichten. Ja, ich erinnere mich.

Die Trommel gab es, bevor der weisse Mann kam

Dich im Namen des Vaters, des Sohnes und des Heiligen Geistes bekreuzigen. Wo kommt das nur her! Bevor der weiße Mann kam, gab es das nicht. Wir hatten keinen Vater, keinen Sohn und keinen Heiligen Geist. Wir hatten den Schöpfer, wir hatten Mutter Erde, wir hatten den Mond, die Sonne und die Sterne. All das.

Als ich mich als junges Mädchen den Shakern (religiöse Sekte, Anm.d.Ü.) anschloß, konnte ich nicht trommeln. Ich konnte kein einziges indianisches Lied singen.

Die Trommel gab es, bevor der weiße Mann kam. Wir sangen unsere Lieder zur Trommel. Durch Trommeln und Singen holten wir uns spirituelle Hilfe.

Das Kreuz gab es nicht. Auch nicht die Glocken. Das alles kam mit den sogenannten »zivilisierten« Menschen.

Ich glaube an das, woran meine Mutter glaubte. Es gibt nur einen Schöpfer. Es gibt nicht viele Götter. Nur einen Schöpfer.

Sage nichts über meine Trommel. Das würde mich verletzen. Urteile nicht darüber, wie ich mit meiner Kultur und meiner Religion umgehe.

Ich weinte, als ich in den Spiegel schaute

Als ich an den Punkt kam, wo ich beschloß, mit dem Trinken aufzuhören und mein Leben in Ordnung zu bringen, weinte ich immer, wenn ich in den Spiegel schaute. Ich wünschte mir dann, ich könnte das junge Mädchen sehen, das ich war, bevor der Alkohol mein Leben regierte. Ich weiß noch, wie liebevoll und glücklich ich als junges Mädchen war. Jedesmal, wenn ich in den Spiegel schaute, dachte ich, ich würde dieses Mädchen nie wieder sehen.

Vielleicht ist das so, dachte ich, aber ich weiß, daß ich mich verändern kann. Und das tat ich. Ich hörte einfach auf. Die liebevolle, glückliche Seite des jungen Mädchens kehrte zurück.

Ich war überrascht, als dieser Medizinmann uns besuchen kam. Als wir miteinander redeten, stand ich auf, um Kaffee zu holen, und plötzlich sagte er: »Mary, als du aufgestanden bist und dich auf eine bestimmte Weise umgedreht hast, ist dir ein junges Mädchen hinterhergelaufen.«

Es war niemand außer uns im Haus, ich wußte also nicht, wovon er sprach. Dann fiel mir das glückliche und liebevolle junge Mädchen ein, an das ich immer gedacht hatte, wenn ich in den Spiegel schaute. Er sagte, vielleicht sei dieses junge Mädchen zurückgekehrt.

Nur weil ich mit all dem aufgehört habe, bin ich kein perfekter Mensch geworden. Ich werde immer bedauern, daß ich diese Dinge in meinem Leben getan habe. Das Trinken und all das. Ich werde bis zu meinem Tode niemals behaupten, daß ich ein perfekter Mensch bin. Das war ich nie, und das werde ich auch niemals sein.

Ich weiß, daß ich die Fehler, die ich gemacht habe, als warnendes Beispiel benutzen und mich mein ganzes restliches Leben lang davon leiten lassen kann.

Da war soviel Wut in mir in dieser Zeit, als ich trank. Ich brach mir die Hand bei einer Prügelei. Ich verprügelte eine Frau. Ich war schrecklich. Ich griff Radfahrer an. Wenn du trinkst, kommt deine Wut zum Vorschein. Wenn wir dann nach Hause kamen, schaute ich in den Spiegel und haßte diesen Menschen, der ich war. Dann wünschte ich mir immer, das junge Mädchen zu sein, das so still war, für das die Strände wie ein Hafen waren, ihr Platz, an den sie gehen konnte, um . . . all ihre Gefühle dem Meer, dem Fluß und den Wolken anzuvertrauen. Das war mein Platz, wo ich sitzen und den Wolken nachschauen konnte und so vieles sah. Den Nebel. Wenn er kam, angerollt kam, so dicht, daß du nichts mehr sehen konntest. Einfach im Nebel spazierengehen.

Frauen wissen mehr über die Liebe

Frauen wissen mehr über die Liebe als Männer.

Du kannst den anderen nicht einsperren. Damit erstickst du ihn. Liebe heißt miteinander reden. Miteinander teilen. Liebe heißt etwas übereinander erfahren.

Bei einer traditionellen Ehe will der Mann die Frau heiraten, ohne daß sie mitreden darf. Der Vater des Mädchens tauschte sie gegen Decken ein. Der Mann wickelte sie in eine weitere Decke und trug sie fort. Dann waren sie verheiratet.

Mein Großvater wollte seine Tochter, meine Tante, auf indianische Weise verheiraten. Er wollte seine Tochter einem Mann geben und dafür verschiedene Dinge bekommen. Sie wollte aber nicht und versteckte sich vor diesem Mann, und als sie zurückkam, sang sie ein Lied, das handelte davon, daß sie diesen Mann nicht heiraten wollte.

Bei der traditionellen Scheidung haben sie einfach die Decke in zwei Hälften geschnitten. Dann waren sie geschieden.

Wir sollten Kinder in den Arm nehmen

Wir sollten Kinder in den Arm nehmen und ihnen sagen, daß wir sie lieben. Mein Dad hat mich immer umarmt, mich gehalten und wirklich geliebt. Meine Mutter hat mich immer umarmt, wenn ich eine Umarmung brauchte, auch, als ich schon älter war. Sie waren beide für mich da, wenn ich sie brauchte.

Du mußt Kindern zeigen, daß du sie wirklich liebst.

Wir haben sieben Töchter. Jede hat ihre eigene Persönlichkeit. Ich zeige ihnen meine Liebe, indem ich sie in den Arm nehme und halte, sehr viel mit ihnen spreche und jedem Kind sage, daß ich es liebe. Nichts wird an dieser Liebe etwas ändern. Jedes Kind muß die Erfahrung machen, daß Menschen es so lieben, wie es ist und nicht, weil es versucht, jemand anderes zu sein. Sei du selbst. Du erschaffst dich. Du formst dich.

Soviel ist verlorengegangen

In unserer Kultur ist soviel verlorengegangen. So viele unserer Leute sterben und nehmen das Wissen mit sich. Und was sie mitnehmen, diese Weisheit, kann durch nichts und niemand ersetzt werden. Es geht verloren, wenn wir nicht den Alten zuhören, die uns noch geblieben sind.

Es hat seinen Grund, daß wir hier auf dieser Erde sind, und es liegt nicht in unserer Hand, wann wir kommen und wann wir gehen.

Die, die wir lieben, werden wir wiedersehen.

Ich gehe hinunter zum Fluß, um zu trauern. Ich sitze dort und singe und weine, bete und spreche mit meiner Mutter, spreche mit meinem Großvater und sage: »Gebt mir die Kraft.«

Man weint nicht um die Toten

Mom sagte zu mir: »Man weint nicht um die Toten. Und man bittet sie auch nicht zurückzukommen, vor allem nicht, wenn man getrunken hat. Sitz da nicht allein herum und weine um die Toten, damit sie zurückkommen; damit lädst du dir nur das Böse ein.«

Einmal konnte ich ihn riechen, ich konnte den Tod riechen in einer Ecke meines Hauses. Ich räumte alles, was dort stand, nach draußen. Ich machte den Teppich sauber. Machte alles sauber. Aber es nützte nichts. Meine Kinder hatten Angst. Sie liefen im Schlaf zur Tür hinaus. Ich schrie diesen Schrei, der direkt aus dem Bauch kommt. Alle meine Leute wissen, was es ist; es gehört zu unserer Kultur. Ich schrie immer häufiger. Und ich konnte nicht aufhören.

Mom rief einen indianischen Doktor, einen Lummi, zu Hilfe. Wir erzählten ihm nichts, nur daß etwas nicht stimmte. Er wußte, daß etwas oder jemand uns zusetzte. Er wußte es einfach. Dann erzählte ich ihm, daß diese Schreie aus mir herauskamen, wie von selbst und ohne daß ich wußte warum.

Er sagte: »Aber das bist du!« Er kam zu mir und begann zu singen; dann begann er mit seiner Medizin. Er sagte: »Du bist das, du machst das alles selbst. Was du da riechst, das ist der Tod. Du hast die Tür zu deinem Haus für Menschen geöffnet, die gestorben sind, Menschen, denen du wirklich nahe gewesen sein mußt. Aber sie müssen gehen. Du mußt sie gehen lassen.«

Drei Geister waren es, die im Haus herumwanderten. Mein Bruder war zuerst gestorben. Dann meine erste Kusine; sie war als nächste gestorben. Sie hatte ein vergrößertes Herz und war noch ein junges Mädchen. Dann Mona, meine

Schwester. Sie kam bei einem Autounfall um. Zwei von ihnen waren aufgrund von Alkohol gestorben.

Ich weinte. Ich sagte: »Das stimmt.« Ja, es stimmte. Ich wollte nicht, daß sie gehen.

Mom sagte: »Das kannst du nicht machen. Du kannst sie nicht hier festhalten.«

Ich mußte mein Herz und meinen Verstand reinigen.

Der indianische Doktor machte Zeremonien, um den Tod aus dem Haus zu vertreiben. Dann sagte er mir, ich müsse in meinem Herzen loslassen. Der Geist müsse befreit werden.

Es gibt eine Zwischenwelt, in der die Leute landen, weil andere sie halten, zwischen dieser Welt und dem Jenseits, in das sie gehen. Sie wandern herum, weil sie nicht weitergehen können.

Wenn wir einem Menschen nicht verzeihen, halten wir ihn hier fest. Zum Beispiel, wenn ein Mann andere umgebracht hat. Es ist schwer, so jemandem zu verzeihen. Dann wird der Geist hier festgehalten. Wir müssen verzeihen lernen.

Mom sprach also mit mir über den Tod: »Sei vorbereitet, wenn ich sterbe. Mach das nicht mit mir. Laß los. Erzähle das auch meinen Kindern, meinen Enkeln. Hängt euch nicht an mich. Ich muß weiter.«

Ich begann mich damit abzufinden, daß meine Mutter sterben würde. Ich wußte es ja. Sie war krank. Sie wußte es. An Weihnachten sagte sie, sie würde ihren Kindern ihren Schmuck geben. Sie sagte: »Ich möchte, daß ihr begreift, daß ich glücklich bin mit dem Leben, das der Schöpfer mir mit euch allen hier gegeben hat. Trotzdem gebe ich euch das. Das heißt nicht, daß ich gleich morgen sterben werde, sondern lediglich, daß ich in die Zukunft denke und euch darauf vorbereite, meinen Tod zu akzeptieren und mich weitergehen zu lassen in die nächste Welt.«

Lieder kommen direkt vom Schöpfer

Meine Mutter schenkte mir ein Lied, das nur ihr gehörte. Niemand kann es für sich beanspruchen oder auch nur ohne Erlaubnis singen, denn Lieder kommen direkt vom Schöpfer zu dir. Sie können weitergegeben oder verschenkt werden. Als ich es zum ersten Mal hörte, weinte ich, und sie weinte wirklich mit mir. Sie erklärte auf indianisch, warum sie mir dieses Lied gab, nämlich weil ich es so sehr liebte. Sie hatte recht.

Sie sagte, in diesem Lied ginge es darum, wie mein Großvater sich zu der Zeit gefühlt hat, als er das Lied empfing. Damals war eine seiner Töchter gestorben, und er empfing dieses Lied, um ihr zu helfen, in die Geisterwelt hinüberzugehen. Es ist ein trauriges Lied. Sehr traurig.

Wir können über Lieder mit der Geisterwelt kommunizieren. Jedes Lied hat eine Bedeutung, und jedes Lied ist wichtig.

Es gibt ein Beerenlied, das singe ich, wenn ich zum Fluß hinuntergehe. Ich habe dort einen Lagerplatz, zu dem gehe ich, wenn ich mich zurückziehen möchte. Dieses Lied ist, könnte man sagen, ein trauriges Lied, aber es hat eine Bedeutung. Es geht so: »Ich höre, wie die Beeren kommen; ich höre die Büsche vom Kommen der Beeren sprechen, ja, sie sprechen zu mir vom Kommen der Beeren. Ich kann die Büsche hören; ich kann das Wachsen hören; ich kann riechen, daß die Beeren kommen. Ich kann die Erdbeeren riechen und die Prachtbrombeeren. Die Büsche verkünden das Kommen der Beeren; die Büsche sprechen und sagen, die Beeren kommen. Ich kann die Beeren kommen hören.«

Lieder sind dein Helfer, deine Medizin

Dein Helfer. Wie deine Medizin. Deine Medizin, um jemandem zu helfen. Deine Kraft, deine Medizin. Sie wurde dein Helfer genannt.

Es hilft dir, wenn du eine Arbeit tust, mit der du anderen hilfst. Die Lieder gehören zu dem, womit du einem anderen helfen konntest, jemandem, der krank war oder im Sterben lag.

Mein Großvater empfing ein Lied, das ihm helfen sollte, die Schritte zu gehen, die es ihm erleichterten, den Tod seiner Tochter zu akzeptieren. Er ging für drei Tage hinunter zum Fluß, und plötzlich sah er dieses Kanu oben in einem Baumwipfel.

In diesem Kanu sitzen seine Tochter und ein paar Männer, die hochsteigen, bis sie sich über ihr befinden, auf den Baumwipfeln, in den Wolken. Das Kanu trug sie in die andere Welt. Es ist wirklich ein trauriges Lied. Das ist das Lied, das meine Mutter mir gab. Ich muß immer noch weinen, wenn ich es singe, und es ist auch als ob ich meine Mutter höre.

Damit deine Kraft, damit dein Helfer zu dir kommt und dein Lied, mußt du hinausgehen und sie empfangen. Du muß hingehen und in den Bergen, in den Flüssen deine Arbeit tun, um diese Kraft zu bekommen.

Kraft vergeuden

Manchmal, wenn Leute sich streiten oder wütend aufeinander sind, vergeuden sie damit nur ihre Kraft. Sie machen sich gegenseitig fertig, machen sich nur fertig! Mom sagte, sie hätte diese Kraft gesehen, man kann sie genauso sehen wie bei Leuten, die ihren Kraftstock benutzen.

Von Esau Penn, meinem Großvater, wird folgendes erzählt: Eines Tages benutzte Esau seinen Stock, um diesem Mann etwas zu zeigen, der an seiner Kraft zweifelte. Er hatte zu meinem Großvater gesagt: »Ich bezweifle, daß du überhaupt irgend etwas kannst. Ich glaube dir nicht. Du kannst es nicht.«

Da sagte Esau: »Zieh dein Hemd aus und knie dich dort hin. Bleib da. Knie dich hier hin und halte den Stock.« Das tat der Mann.

Esau begann, sein Lied zu singen und dem Stock Zeichen zu geben, und der Stock fing an, herumzuspringen. Der Mann versucht, den Stock zu halten, und der Stock springt herum, und er hält ihn fest, und der Stock bewegt sich trotzdem weiter. Er sagt: »Nein! Hör auf! Ich glaube dir. Ich glaube dir, daß du diese Kräfte hast.«

Die Lieder selbst sind der Helfer. Das ist dein Helfer, der zu deiner Medizin gehört. Du brauchst aber diese Lieder.

Manche Medizinmänner sind sehr stark. Sie können ihre Helfer-Lieder singen, ihre Medizin-Lieder, und glühendrote Kohlen in den Mund nehmen, ohne daß sie sich verletzen. Diese Kräfte werden innerhalb der Familie immer an die nächste Generation weitergegeben. Man hat sie mir angeboten. Man sagte mir, ich könnte diese Kraft bekommen: ich müßte nur meine Hand ausstrecken und sie nehmen. Ich war damals nicht bereit dafür, deswegen habe ich sie nicht angenommen. Sie wurde mir zu einer Zeit meines Lebens angeboten, als ich überhaupt nicht gefestigt war. Ich lehnte sie ab. Ich konnte sie nicht annehmen; ich war einfach nicht bereit dafür.

Die Gabe empfangen

Diesen Traum von Papa träumte ich, nachdem er am 2. Januar verschwand, aber bevor wir seinen Schuh am Strand fanden. Das Meer hat ihn einfach geholt. Er muß getrunken haben, und wir hatten drei Meter hohe Wellen.

In dem Traum ging ich runter ins Dorf zum Langhaus. Papa sitzt da und schaut durch das Langhausfenster.

Ich stand neben ihm und schaute auch durch das Fenster und sage: »Was machst du da, Papa? Wir haben dich gesucht!«

Er sagte: »Es gibt zwölf Trommeln und zwölf Sänger.«

Ich schaute noch einmal durch das Fenster und fragte: »Was für Tänzer sind das? Ich habe solche Tänzer noch nie gesehen.«

Er sagte: »Sie sind nicht gut. Sie sind schlecht. Sie sind böse. Geht nicht zu ihnen. Halt dich fern von ihnen. Sie sind nicht gut.«

Ich sagte: »Aber was für welche sind das?« Tänzer, die so bemalt und gekleidet waren, hatte ich noch nie gesehen.

Er wiederholte: »Es gibt zwölf Trommeln und zwölf Sänger.«

Genau in diesem Augenblick schauten zwei von den Tanzenden zu uns und zeigten auf mich. Genauso. Ich sagte: »Nein. Nicht mich. Nein.«

Ich wollte flüchten. Mein Vater packte mich am Arm und zog mich neben sich. Er sagte: »Du darfst auf keinen Fall rennen. Ganz gleich, wo du auf dieser Erde hinläufst, sie werden dich finden und mitnehmen. Du mußt lernen, stark zu sein, denn wenn du das nicht lernst, nehmen sie dich mit.«

Und sie kamen und packten mich am Arm und nahmen mich mit. Und ich dachte weiter: »O verdammt, was mache ich jetzt bloß?«

Ich begann zu beten und zu singen und zu beten. Ich stehe da und sage: »Was? Papa!«

»Du mußt immer stark sein!«

Was da mit mir passiert ist? Man sagte mir, ich hätte die Gabe empfangen.

Der indianische Doktor sagte: »Du hattest diese Gabe schon immer, aber du bekommst noch mehr. Es gibt eine Frau, die wird dir auf dem weiteren Weg helfen und dich anleiten. Sie ist jetzt hier bei dir. In deinem Gebet und deinem Verstand ist sie bereits bei dir.«

Ich sage, was ich in meinem Herzen für wahr halte

Ich sage immer, was ich in meinem Herzen für wahr halte. Darum geht es. Wenn alle das verstehen könnten, würden sie wissen, wie ich mich fühle. Wenn andere Menschen sich ihre Kultur bewahren und weiter danach leben würden, wüßten sie um diese Dinge.

Manchmal sagen die Leute, ich würde wieder Indianer spielen. Oh, das ist traurig.

Ich glaube nicht, daß ich Indianer spielen oder mich wie eine Indianerin aufführen muß. Ich bin eine. Ich bin so. Ich bin, wer ich bin. Und ich bin stolz.

Mit spirituellen Kräften spielt man nicht herum

Du mußt aufpassen. Mit spirituellen Kräften spielt man nicht herum. Bevor du dich auf sie einläßt, mußt du dich reinigen und dafür sorgen, daß du damit niemandem schadest, sondern nur hilfst.

Gerade jetzt passiert in diesem Land folgendes: Nicht-Indianer interessieren sich für die indianische Kultur und Medizin, aber lange nicht alle Indianer haben diese Kräfte in gleichem Maß. Am Anfang hatte jedes Volk auf der Erde diese Kräfte. Wir haben unsere nie verloren; sie werden immer noch weitergegeben. Jede Nationalität und Rasse muß ihre eigenen Kräfte finden, ihre Wurzeln aufspüren, denn selbst wenn die Leute vielleicht von uns lernen können, müssen sie ihre eigene Vergangenheit finden, um spirituell wirklich wachsen zu können. Unsere Abstammung ist wichtig. Würden sie sich zurück an ihre Vorfahren wenden, könnten sie herausfinden, woher sie kommen, und begreifen, wo sie hingehören. Sein Heimatland zu finden, das ist wichtig. Manche denken, das läge nur an der Hautfarbe. Falsch! Du magst mit einer bestimmten Hautfarbe oder sonstwas geboren worden sein, aber irgendwo in deinem Familienstammbaum zeigt sich, zu welchem Stamm, zu welcher Rasse du gehörst. Du mußt zurückgehen zum Stamm deiner Ahnen – um diese Zugehörigkeit zu einer Gruppe von Menschen mit ihrer eigenen Kultur, Religion und Sprache geht es. Wir wurden alle von ein und demselben Schöpfer erschaffen. Es gibt nicht viele Götter. Es gibt nur einen. Für uns ist Er der Schöpfer. Für die Weißen war es Gott, für die Orientalen vielleicht Buddha. Aber es gibt nur einen. Es gibt keine Unterschiede. Hautfarbe, Haare und Augen mögen unterschiedlich sein. Aber es gab keinen Unterschied in bezug auf das, was sie waren. Sie alle sind Menschen dieser Erde. Alles auf dieser Erde ist ein Teil der Schöpfung.

Sich der Black-Face-Gemeinschaft anschliessen

Wenn du dich den Black Face anschließt, mußt du in deinem Geist, in deinem Herzen, mußt du tief in deinem Innern wissen, daß du das wirklich willst, daß es dir wirklich ernst damit ist. Du darfst nicht damit herumspielen oder es dir anders überlegen. Du mußt wirklich dabeibleiben wollen. Du gehst nicht als Beobachter ins Räucherhaus oder ins Langhaus. Wenn du da hingehst, mußt du dich beteiligen.

Ich habe gehört, daß manche der Alten von den Black Face auf Mitgliederfang gingen. Sie schnappten sich Leute, verschleppten und entführten sie oder warteten an bestimmten Plätzen auf sie und sagten: »Komm, wir wollen meine Schwester besuchen.« Und dann ergriffen sie sie und zwangen sie, im Räucherhaus oder im Langhaus zu bleiben. Die Eltern waren damit natürlich nicht einverstanden. Das machte man aber nur an bestimmten Orten. Sie gaben den Leuten einen Schlag auf den Kopf, wenn es sein mußte. Ganz wörtlich. Sie hatten keine Wahl.

Als Mom dabei war, gingen die Leute aus eigenen Stükken und freiwillig hin, und es war ihnen ernst damit.

Ich werde sämtliche Regeln befolgen und alle ihre Anweisungen einhalten, damit ich erreiche, was ich in bezug auf die Medizin und den Helfer erreichen will.

Die Anführer der Black Face waren Oberhäupter der Klans. Egal was sie sagten, es wurde getan. Sie trafen die Entscheidungen. Alle Angelegenheiten, die untereinander zu regeln waren, wurden dem Oberhaupt vorgelegt, und er kümmerte sich darum.

Die Macht der Black Face

Die Leute, die meines Wissens die stärkste Macht haben, sind die Black Face in Kanada. Sie sagen, man kann rübergehen, um von ihnen zu lernen. Es muß dir aber ernst damit sein.

Bei den Black Face gibt es Medizinmänner, Medizinmänner mit starken Kräften. Ich habe einige bei der Arbeit beobachten können. Einer kam zu mir und meiner Familie, um uns zu helfen. Er redete eine ganze Weile mit mir über richtige und falsche, gute und schlechte Black Face. Er wußte, was ich denke, nämlich daß ich eines Tages dabeisein und dazugehören werde. Er hatte gesagt: »Schau dir diese Gruppe hier an; das sind die falschen Black Face. Zu denen willst du bestimmt nicht gehören.«

Manche benutzen die Kraft für üble Dinge. Das ist traurig. Mom sagte immer: »Spiel damit nicht herum. Unter Umständen schadest du dir selbst, wenn du dir zu Dingen Zugang verschaffst, von denen du nichts verstehst.«

Wenn du ins Langhaus gehst, darfst du bestimmte Dinge nicht tun. In diesen vier Jahren kannst du deine Ausbildung nicht weitermachen. Du kannst in der Zeit, in der du »Babysitter« hast, an vielen Dingen nicht teilnehmen.

Ich bade im Fluss

Ich bade im Fluß. Ich tauche viermal ganz unter. Morgens, noch bevor der Tag anfängt. Ich stehe mit dem Gesicht zum neuen Tag, und in der Zeit bete ich.

Wenn du das jeden Morgen machst, treten bestimmte Kräfte in den Vordergrund. Es gab Zeiten, da war ich so fertig . . ., so völlig am Boden durch alles, was passierte, daß ich einfach hingehen mußte. Es war so wohltuend, morgens dorthin zu gehen.

Bei den Black Face wirst du, wenn du anfängst, »Baby« genannt, du bist noch ein Baby. Diese Lehre läuft über einen Abschnitt von vier Jahren. Wenn du die vier Jahre hinter dir hast, wirst du immer noch »Baby« genannt; du wirst neu geboren. Du wirst in ein neues Leben hineingeboren.

Jeder hat seine eigene spirituelle Hilfe

Jeder hat seine eigene spirituelle Hilfe. Manche Leute wissen das vielleicht gar nicht, aber sie haben ihre eigene spirituelle Hilfe. Das gilt für jeden, der in dieser Welt lebt.

Ich behaupte nicht, daß ich spirituelle Arbeit mache. Ich bezeichne mich nicht als spirituellen Doktor. Ich habe noch einen weiten Weg vor mir. Ich lerne, aber jeder bekommt aus seinem Herzen, seinem Körper und seiner Seele seine ganz eigene Art von Hilfe.

Wir können losgehen und suchen und sie finden, ganz gleich, wie sie aussehen mag.

Die Kräfte spüren

Man hat mir unmißverständlich klargemacht, den Black Face fernzubleiben, mich nicht in ihrer Nähe aufzuhalten, solange ich nicht bereit war dazuzugehören, mich zu beteiligen und ihnen mein restliches Leben zu widmen. Ich sollte auf keinen Fall ins Langhaus gehen, um mir einfach so anzuschauen, was dort passiert.

Ich spürte die Kräfte aber trotzdem, wenn ich in die Nähe kam. Wie damals, als Mom zu der Zeremonie nach Kanada rüberfuhr und mich mitnahm. Ich war da wirklich noch sehr jung.

Der indianische Doktor kam vorbei. Er tanzte. Er stieß diese Schreie aus, die aus deiner Seele kommen. Diese Schreie kommen ganz von selbst, du kannst sie nicht kontrollieren. Das ist wirklich etwas Merkwürdiges. Du schreist nicht einfach los, deine Seele schreit die Schreie. Es ist schon komisch, wie das einfach passiert. Als er an mir vorbeikam, stieß er diese Schreie aus, und ich antwortete mit einem Schrei, der einfach aus dem Nichts kam, aber er kam aus mir. Und Mom sagte: »Stell dich hinter mich.«

Ich stellte mich hinter sie, und da tanzte er um sie herum. Er schrie wieder, und ich antwortete ihm. Und Mom sagte: »Geh in dein Zimmer. Halt dich fern von ihm.«

Er hatte diesen Stock, so einen mit Griffen. Er arbeitete mit diesem Stock und sang seine Lieder. Sie gingen zum Fluß, um jemanden zu suchen. Jemand war umgekommen, ich glaube, ertrunken. Sie sagte: »Bleib da weg. Sie sind am Arbeiten.«

Ich sagte: »Ja, gut.«

Im nächsten Augenblick bin ich aber schon dort und stehe neben ihm und weiß gar nicht, wie ich dahingekommen bin. Mom kam rüber und brachte mich zurück, und sie sagte: »Du bleibst jetzt hier!«

»Mom, ich weiß nicht, wie ich dahingekommen bin.«

Sie sagte: »Das weiß ich. Deswegen habe ich gesagt, du sollst da wegbleiben.«

Ich wurde einfach dort hingezogen. Ich weiß nicht wie. Das ist die Kraft, die da wirkt. Einmal brachte dieser spirituelle Doktor einen weißen Mann zum Schreien. Der zweifelt bestimmt nie wieder an einem indianischen Doktor. Der Doktor brachte ihn dazu, fast drei Wochen lang zu schreien. Er schrie im Laden, überall, und die Leute starrten ihn an, als wollten sie sagen: »Irgendwas stimmt doch nicht mit dem; irgendwas stimmt überhaupt nicht mit ihm.«

Der indianische Doktor zeigte sich nirgends, aber bevor er ging, sagte er zu dem weißen Mann: »Du hast bezweifelt, daß ich irgendwelche Kräfte habe. Du hast dich in meine Arbeit eingemischt. Du wirst schon sehen! Ich habe meinen Helfer, du wirst es erleben.«

Am selben Abend ging es natürlich los, und meine Schwester konnte es gar nicht glauben und sagte: »Mom! Mach was, damit das aufhört!«

Sie sagte: »Das kann ich nicht. Der Doktor hat das mit ihm angestellt, damit er an seine Kräfte glaubt.«

Drei Wochen später kam mein Schwager zu uns rüber. »Mom, ruf ihn her und sag ihm, daß ich ihm glaube!«

Und er hörte auf zu schreien.

Die spirituelle Suche, Tomanawis kommt zu dir

Meine Mutter war bei den Black Face, aber Mom lebt nicht mehr. Und ich finde mich nicht zurecht. Es gibt niemanden, der mir etwas beibringen kann. Von den Alten weiß auch keiner was drüber, denn die Black-Face-Versammlungen hier bei den Hoh hörten auf, als solche Dinge auftauchten wie Läden, Straßen und all das. Sie wußten, daß die Black Face niemals akzeptiert werden würden, und die Gesetze der Vereinigten Staaten verboten sie. Jetzt muß ich mich selbst auf die Suche machen. Ich frage Leute und spreche mit spirituellen Heilern und frage, was ich als nächstes tun soll.

Ich bekam einen Brief, man lud mich ein, am Geistertanz teilzunehmen, aber da fiel mir ein, was Mom mir gesagt hatte: »Du mußt mit dem arbeiten, was hier war. Sonst geht es völlig verloren. Geh nicht irgendwo anders hin, um Dinge zu lernen, die zu anderen Gemeinschaften gehören.«

Die indianische Medizin, Tomanawis selbst, kommt zu dir. Sie kommt zu dir. Sie wird bald zu mir kommen.

Du mußt wirklich Geduld mit dir und deinem Leben haben, damit Tomanawis kommt, denn sonst bist du ständig am Grübeln, Fragen und Überlegen.

Dich darauf vorbereiten, dass dein Helfer zu dir kommt

Mom sagte, um dich darauf vorzubereiten, daß dein Helfer zu dir kommt, mußt du den Reinigungsprozeß durchlaufen, du mußt morgens baden und dann darauf warten, daß die Sonne aufgeht oder daß der Tag anbricht. Du mußt viele Tage für dich bleiben, fasten, schwitzen und was sonst noch damit verbunden ist. Kein Kontakt mit der Außenwelt, einfach für dich bleiben. Sie sagte, ihr Vater habe das ständig getan. Sie sagte, ihr Vater habe immer Rohes gegessen, rohes Elchfleisch, und das Blut getrunken, denn das gehörte dazu, das war der Weg, um seine Medizin zu empfangen.

Mom sagte mir, wie ich erkennen kann, daß meine Zeit kommt, meine Zeit dazuzugehören. Ich würde es in meinem Herzen wissen. Jetzt bin ich bereit. Ich habe mich morgens immer vorbereitet mit den Ritualen, mit denen ich mich im Fluß gereinigt habe.

Das Schreien fängt an

Es fing damit an, daß ich schrie. Beim Autofahren, wenn ich schlafen ging, dann schrie ich einfach. Ich schreckte meinen Mann aus dem Schlaf auf, und er saß senkrecht im Bett, »Schläfst du nicht?«

Das Schreien ist wie der innere Teil deiner Hilfe. Und manchmal schreie ich noch immer, wenn ich weiß, daß irgendwas passiert. Mein Mann fragt mich dann: »Geht das heute nacht wieder los?«

Ich habe einfach immer weitergemacht und soviel geträumt. Manchmal habe ich drei Nächte hintereinander geträumt, daß ich hingehe und eintrete . . . es ist dunkel, aber ich gehe nirgendwohin. Jemand ist hinter mir. Ich könnte nie sagen, wem die Stimme gehört, die zu mir sagt: »Du weißt, was du zu tun hast. Du weißt, was du zu tun hast. Du weißt es!«

Ich versuche mich umzudrehen, aber da ist niemand. In der nächsten Nacht wieder das gleiche. Und schließlich, nach der dritten Nacht, sagte ich zu meinem Mann: »Wenn das noch mal passiert, gehe ich zu einem Medizinmann. Ich muß wissen, was dahintersteckt.«

Ich habe soviel Zeit damit verbracht, spirituelle Hilfe zu suchen. Etwas, das mir den Weg zeigt.

Ich lebte in Angst. Mir wurde klar, daß all die Todesfälle, der Alkoholismus, die Politik, die Diskriminierungen, daß all diese Erfahrungen in meinem Leben mich an den Punkt gebracht haben, wo es Zeit für mich wurde, meinen spirituellen Lehrer aufzusuchen. Es war Zeit, die Alte von den Black Face aufzusuchen.

Ethel Wilson

Cowichan

Lange bevor das trübe Tageslicht im Regenwald anbrach, liefen Mary und ihr Mann John wie schnell huschende Silhouetten im Hoh-Nebel hin und her, um ihre Taschen im Wagen zu verstauen. Sie waren schon eine ganze Weile auf der Asphaltstraße gefahren, die sich an der Nordwestküste des Pazifik unter einer schweren Nebeldecke entlangwand, als der neue Tag sich zu zeigen begann, und Mary war auf ihrer lang ersehnten Pilgerfahrt zu ihren spirituellen Wurzeln bei den Black Face ein gutes Stück vorangekommen.

Es hatte sich gelohnt, daß John und Mary so früh aufgebrochen waren, um mit der ersten Fähre von Port Angeles, Washington, nach Vancouver Island in British Columbia zu fahren. Sie waren zeitig genug angekommen, um ganz vorne in der Warteschlange zu stehen. Mary hatte wenig geschlafen; unter schweren Lidern blinzelte sie nach draußen und beobachtete mit wissendem Blick, wie das Schiff beladen wurde. Wenn sie die Meerenge von Juan de Fuca überquert hatte, würde das letzte Hindernis zwischen ihr und ihrer Lehrerin aus dem Weg geräumt sein – Ethel Wilson, einer der anerkannten Alten der Cowichan.

»Neah Bay.« Mary brach die Stille etwa zur selben Zeit, wie der Mann mit der Flagge begann, eine Reihe Wagen nach der anderen in den Bauch des Schiffes zu dirigieren, so daß die wartenden PKWs, die Lieferwagen und die schweren, vielrädrigen Laster sich in Bewegung setzten. »Dort sind wir uns zum ersten Mal begegnet, Ethel und ich. Es war bei einem Potlatch (Geschenkeverteilung zu verschiedenen Anlässen, Anm.d.U.) in Neah Bay. Ich glaube, es war ein Gedenkfest, nachdem meine Mutter gestorben war. Ethel war eine der Alten in der Black-Face-Gemeinschaft und eine Freundin meiner Mutter. Sie kam zum Abendessen. Wir fühlten uns sofort zueinander hingezogen. Wir fingen tatsächlich beide an zu weinen. Wir hatten uns nur einen Blick zugeworfen und fingen an zu weinen. Dann rannten wir aufeinander zu und umarmten uns. Ich war mehr als reif für so eine Begegnung. Ich wußte auf der Stelle, daß sie meine spirituelle Lehrerin ist.«

Während alle noch Stoßstange an Stoßstange in dem stikkigen Schiffsbauch warteten, fuhr Mary mit ihren Erinnerungen fort: »Die Zeremonien der Black Face finden zum Wechsel der Jahreszeiten statt. Wintersonnenwende. Selbst die Alten wußten das immer. Dann hielten sie die Black-Face-Zeremonien ab, bis ... ich weiß, oben in Kanada sagen sie immer, bis die Frösche ... manche richten sich nach den Fröschen, nach dem Quaken, danach legen sie fest, wann die Zeremonien beginnen und wann sie enden. Und dort sah ich sie.«

Aufgeregt hielt Mary inne, um Luft zu holen, und fügte dann hinzu: »Ethel sagte: ›Weißt du ... ich glaube wirklich ... du solltest zu mir kommen, oder ich komme runter zu dir, wo du wohnst.‹

Und ich mußte wirklich weinen. Ich meine ... es war einfach ... ich weiß nicht, was es war.

Dann sagte Ethel: ›Weißt du, du mußt zu mir kommen. Dieses Jahr haben wir unsere Black-Face-Versammlung. Du kannst zur Eröffnung herüberkommen und eine Weile bei mir bleiben.‹«

Herüberkommen – das hieß für Mary mehr, als nur die Grenze nach Kanada zu überqueren. Es war eine Reise zurück in ihre Vergangenheit, zu ihren Vorfahren, um die Verbindung zu einer uralten spirituellen Grundlage wieder aufzunehmen. Ihre Mutter hatte diese Verbindung ebenfalls gepflegt; aber sie war es auch, die Mary davor gewarnt hatte, bevor sie nicht wirklich reif dafür war. Da Mary ihre Bereitschaft, ihre eigene Odyssee zu beginnen, ständig in Frage stellte, hatte diese Reise sich immer wieder verzögert. Während sie ihren Morgenkaffee in der Snack Bar trank, zeigten sich die Zweifel erneut. Hinter ihr hatten der Regen und die offene See Port Angeles schon verschluckt, und jetzt grübelte sie darüber nach, was in Duncan – Ethels Zuhause, Sitz des Großen Hauses der Cowichan und Mittelpunkt der örtlichen Black-Face-Gemeinschaft – wohl auf sie zukommen würde.

Angst – nicht so sehr vor den Geistern, die, wie man ihr erzählte, immer noch auf dem heiligen Grund der Cowichan herumwanderten, sondern wegen der Gerüchte über die Vorfälle bei den Zeremonien im Großen Haus – hatte sie zurückgehalten und zögern lassen. In den letzten Jahren hatten die Schlagzeilen der Lokalpresse immer wieder von Todesfällen unter den Initiierten und von weiteren Vorkommnissen berichtet, bei denen Teilnehmer an bestimmten Körperteilen gebissen worden waren, wenn bei den Ritualen mit ihnen »gearbeitet« wurde. Die Vertreter des Großen Hauses hatten die Nachricht verbreitet, daß diejenigen, die gestorben waren, einfach nicht die körperliche Ausdauer besaßen, die Rituale durchzuhalten, so daß sie nicht imstande waren, die Prüfungen zu bestehen, weil sie sich zu sehr in diese materielle Welt verloren hatten und durch die heutige Ernährung geschwächt waren, zuviel Akohol, Zukker oder schlechte Medizin im Körper hatten. Das alles war bei den Ritualen deutlich geworden.

Warnende Briefe – manche sagen, von religiösen Gruppen, die sich gegen die traditionellen Praktiken wenden – waren an angehende Schüler verschickt worden, um sie darauf aufmerksam zu machen, daß sie ohne ihre Einwilligung im Großen Haus eingesperrt werden konnten, solange die Anführer sie bei sich behalten wollten, wenn sie sich nicht zur Verfügung hielten oder nicht auftauchten, sobald die Alten sie riefen. All diese Verdächtigungen hatten sich wie eine Wolke des Entsetzens über dem Großen Haus und den Aktivitäten zusammengeballt, die unter den hohen, rauhen Holzbalken, hinter den quietschenden, alten Türen und zwischen den unverputzten Bretterwänden stattfanden.

Trotzdem übten das Große Haus und das, was es verkörperte, auf Mary eine Anziehungskraft aus, wie sie sich selbst eingestehen mußte. Vor dem Bau der modernen Einfamilienhäuser war das Große Haus Wohnstätte für viele Familien gewesen. Es stand für eine kulturelle Lebensweise, die von vielen Menschen entlang dem schmalen, etwa 150 Meilen langen Küstenstreifen praktiziert wurde, der vom Norden Kaliforniens ganz bis hoch zu den Queen-Charlotte-Inseln in Kanada läuft. Gemeinsame Sitten und Glaubensvorstellungen, religiöse Zeremonien und Medizingemeinschaften, Eheschließungen zwischen den verschiedenen Stämmen und der Tausch von Menschen, meistens von Frauen, um die Gemeinschaft zu festigen und friedliche Lösungen von Konflikten zu sichern, hatten die vielen Gemeinschaften als entfernte Verwandte, die alle ein gemeinsames Erbe und eine gemeinsame Zukunft hatten, fest miteinander verbunden. Jetzt war das Große Haus ein Symbol für das spirituelle Zuhause der Menschen. Hier ruhten sie aus, hier ließen sie sich sozusagen nieder, hier wurden die Lehren weitergegeben, Geschichten erzählt, Tränen getrocknet, hier wurden sie geheilt und schließlich als Tote hergetragen. Es war das Zentrum. Man hatte Mary gesagt, daß sie hier neu geboren werden würde, daß sie hier spirituell »leben« und schließlich ihren inneren Frieden finden würde.

Und dann waren Marys Jahre des Wartens und Zweifelns, des Heranreifens ihres Entschlusses, den ersten Schritt zu tun, zu Ende. Nervös atmete sie ein letztes Mal tief durch, während sie aus dem Wagen stieg und auf Ethels zerfallenes Haus zuging, ein von der Regierung gebautes Haus, umgeben von vielen weiten Gebäuden im gleichen Stil und im gleichen Zustand. Die kleine Dame, die mit Vorliebe täglich einige Stunden perfekte Pullover strickte und leidenschaftlich gerne Bingo spielte, öffnete ihr die Tür. Und als Mary sie sah in ihrem bescheidenen Kleid und Auftreten, fühlte sie sich sofort wohl. Es war, als wäre sie nach Hause gekommen.

Nachdem sie eine Weile geplaudert hatten, fragte Mary Ethel, was sie tun solle. Immer wieder schreie es aus ihr heraus, sagte sie, und sie fühle es in ihrem Brustkorb. Ethel sagte ihr, das müsse heraus; sie müsse ins Große Haus gehen. Sie würde gerufen, und wenn sie nicht ginge, würde ihr etwas passieren, wie den alten Frauen, deren Männer sie nicht hingehen ließen. Sie würden sich jetzt nur noch dahinschleppen, ganz gebückt (dabei hält sie ihre Hand hoch, die

Handfläche von sich gekehrt, und krümmt ihren Zeigefinger). Wenn du das nicht rausbringst, kann es dich umbringen. Dein Lied drängt nach draußen.

Mary schien ihr zuzuhören und auch nicht. Dann begann sie selbst wieder zu reden.

»Ich habe viel geschrien. Es scheint zur Zeit des Todes zu passieren. Deswegen wollte ich kommen und bei dir bleiben. Wenn ich mich weit von zu Hause entferne oder schlafen gehe, schreie ich. Ich wußte nicht, was ich tun soll. Immer wenn ich hier auf der Insel war, hielt Mom mich zurück. Sie sagte, ich solle so lange nicht hingehen, wie ich nicht dazugehörte. Sie sagte, ich dürfe nicht da rumstehen und zuschauen. Immer, wenn ich näher kam, damals beim ersten Mal, schaute ich mit Mom zusammen den Tänzern zu.

Ein Tänzer mit einer Maske kam vorbei und schrie direkt vor mir, und ich schrie zurück. Mom stieß mich zurück. Aber er ging um uns herum und schrie wieder vor mir, und ich schrie zurück. Da sagte Mom, ich solle ins Haus gehen und auf sie warten. Ich konnte nie etwas sehen oder mitmachen.

Als sie mich baten, Babysitter für die Anwärter im Großen Haus zu spielen, sagte ich, ich hätte niemals Weisungen bekommen. Ich hätte niemals hingehen dürfen. Ich sagte, ich könnte nicht hineingehen. Nachdem sie mich gefragt hatten, sagten sie mir, wie ich Babysitter für die Babies sein könnte, so nennen sie die Neuen da drinnen. Als ich nach Hause ging, fing ich an zu weinen. Ich fing an, ein paar von Moms Liedern zu singen. Ich sang und weinte den ganzen Weg. Ich war einfach so glücklich, weil ich sang und die Lieder wieder hörte.«

Ethel Wilson. Du mußt dich beobachten, wenn dir diese Dinge passieren. Als ich es zum ersten Mal spürte, dachte ich, ich wäre einfach erschöpft, denn ich war von vier Uhr morgens bis zum nächsten Morgen um zwei Uhr wach geblieben, um den Tänzern zu helfen. Ich sagte zu dem Mann, mit dem ich zu der Zeit zusammenlebte: »Puh, mein Brustkorb tut wirklich weh.« Also nahm ich ein Aspirin und dachte, das würde helfen. Aber es half nicht. Es saß direkt in der Mitte meines Brustkorbs. In dieser Nacht, zischsch, kam es einfach raus. Sie kamen und holten mich sofort und setzten mich hin. Dann begannen sie, ihre Lieder zu singen. Schon bald konnte ich spüren, wie sie mich hochhoben, als hätte ich meinen Körper verlassen oder würde schweben. Dann holten sie diesen alten Mann, der sich neben mich setzen sollte. Ich hatte Angst. Er machte so komische Geräusche, »um-m-m-rrrr«, so ähnlich. Dann sagten sie: »Jetzt kannst du dein Lied singen. Du bist jetzt wie neu.«

Ich bin Black Face. Wir haben unsere eigene Farbe, wir müssen sie selbst herstellen. Ich wurde krank davon, vom Schreien, vom Brüllen. Ich hatte bereits zwei Kinder. Vier Tage lang war ich krank. Sie kamen und halfen mir. Dann ging es mir etwa zehn, fünfzehn Jahre gut. Als ich dann unten im Großen Haus arbeitete, da unten, kochte ich für die Leute. Ich stapelte die Teller. Alle waren am Tanzen, die Trommeln dröhnten. Da kam jemand und stand direkt hinter mir, und ich deckte den Tisch in der Nähe der Tür, als die Trommler hereingelaufen kamen. Eine Frau trommelte direkt hinter mir, und da kehrte meine Krankheit zurück. Dann kümmerten sie sich um mich. Aus diesem Grund bin

ich da drin. Und ich habe Glück gehabt, daß es so herausgekommen ist, sonst wäre ich schon lange hinüber, wenn es nicht so herausgekommen wäre. Dann wäre ich krank geworden wie diese Frau.

Es gab da unten immer einen alten Mann, der Charlie hieß. Er zeigte den Leuten immer, wie sie sich hinsetzen sollten, so, auf diese Art, und er trommelte. Er konnte herausfinden, welche Krankheit du hast. Sie brachten eine Frau zu ihm, deren Augen schwollen immer an. Und die Ärzte wußten nicht, was ihr fehlte. Sie lief von einem Arzt zum anderen und sagte: »Meine Augen schwellen an.« Aber als sie ihren Mann verlor, weinte und weinte sie und wurde krank vom Schreien, sie wurde krank davon. Der alte Mann sagte zu ihrem Sohn und zu ihren Schwestern: »Wenn ihr diese Frau nicht schreien laßt, wenn ihr sie nicht runter ins Große Haus laßt, wird sie sterben. Ihr unternehmt also besser etwas und laßt sie da unten schreien.« Also arbeiteten sie damit und brachten sie nach unten und machten eine Tänzerin aus ihr. Sie ist Red Face geworden; sie hat ein wirklich schönes Lied herausgebracht. Sie lebt immer noch. Und die andere, die nicht dorthin gebracht wurde, sie war schon vorher krank vom Schreien, und sie lebten beide am selben Ort. Die andere, die richtig krank wurde und die man nicht ins Große Haus brachte, sie ist gestorben. Sie starb einfach. Sie wurde einfach immer dünner, und dann ging sie. Du hättest sie sehen sollen, als sie das Große Haus verließ, und dabei hätte man ihr helfen sollen. Und die Ärzte fanden nicht heraus, was ihr fehlte. Aber unsere Indianer, sie wußten, was ihr fehlte. Aber ihr Mann wollte nicht, daß sie hinging.

Als meine Mama ihre Babys verlor, weinte und weinte sie und wurde krank. Die indianischen Ärzte sagten, sie könnten ihr nicht helfen. Das einzige, was sie tun könnten, wäre, sie ins Große Haus zu bringen. Also brachten sie sie hin, und sie wurde Red Face, wie auch ihr Lied sagt.

Offensichtlich passiert es, wenn Gefühle verletzt werden und du vom ständigen Weinen ein rotes Gesicht bekommst. Das steigert sich allmählich, bis du ganz wund bist, richtig wund.

Wenn dein Vater oder deine Mutter stirbt, dann weinst du auch. Dann fängst du an zu schreien. Es scheint ewig zu dauern, bis du darüber wegkommst, weißt du, du hast sie so gern gehabt, und noch lange kommen dir immer wieder die Tränen. Du hast an sie gedacht. Bei uns Indianern mußt du dann einen Tanz organisieren, ein Fest zum Gedenken an sie, du mußt Geld ausgeben und Decken verschenken. Du gibst weg, was du geschenkt bekommen hast. Auch das soll helfen, die Tränen abzuwischen. Wenn die dann dein Gedenkfest gefeiert hast und keine Tränen mehr kommen, dann läßt du los. Du wischst dir die Tränen ab und weinst zum letzten Mal um diesen Menschen, denn du hast damit gearbeitet. Du hörst auf zu weinen. Dein Kopf ist klar. Du hast an diesem Abend geweint, und du hast zum allerletzten Mal um diesen Menschen geweint. Morgen wird es anders sein, ah, ein völlig neuer Tag ist morgen, denn du hast das hinter dich gebracht. Es hat dich belastet. Wenn du es an diesem Abend losläßt, läßt du alles auf einmal los. Am nächsten Tag ist dir viel, viel leichter ums Herz. Darum geht es beim Gedenkfest. Wenn du losläßt, wischst du dir die Tränen ab mit diesem Fest, und es kommen keine Schreie mehr.

Die Black Face gibt es immer noch

Die Black Face gibt es immer noch. Es gibt schwarze Farbe und Red Face und zwei Black Face, das sind zwei verschiedene Dinge. Ich kann das nicht erklären, weil ... die Regierung hat versucht, das zu unterbinden. Aber es ist das einzige, was uns geblieben ist. Wirklich das einzige. Wir können das nicht aufgeben. Wir brauchen das für vieles. Für die Gedenkfeste, für die indianische Namensgebung und eigentlich auch für die jungen Mädchen, die dreizehn geworden sind, aber das findet nicht mehr statt. Das war früher.

Black Face. Die Farbe. Wenn die Zeit kommt und du einen Grund dafür hast ... es gibt einige Gründe dafür, sich zu wünschen, daß dein Sohn oder deine Tochter Tänzer wird. Manche bringen sie hin, weil sie völlig ausgerastet sind und sie sie nicht mehr bändigen können. Vielleicht denken sie, das Große Haus wird helfen. Sie bringen sie ins Große Haus, wo man sie zu Tänzern macht. Wenn sie Tänzer werden, empfangen sie das Lied, vom Meer, von den Bergen oder woher auch immer. Das Mädchen muß entscheiden, welche Farbe sie will, welches Lied sie empfangen will. So empfängt sie ein wirklich schönes Lied von einer roten Farbe. Du mußt sie anmalen.

Die Farben stammen alle vom Meer oder von den Tieren oben im Wald. Sie empfangen also die schwarze Farbe. Vier Tage wird mit ihnen gearbeitet. Dann geben sie ihnen die Farbe, und sie kommen mit einem wirklich schönen Lied heraus. Manchmal mußt du sie noch nicht einmal fragen, welches ihr Tier ist. Manchmal enthält das Lied die Worte. Dann weißt du, welches Tier sie haben. Und du weißt, wie sie sich kleiden werden, denn jeder trägt entweder das rote Gewand, Gras, oder das, das wir den Wolf nennen. Und es gibt alle möglichen schönen Lieder.

Die Kraft kommt von den Liedern

Deine Kraft kommt von den Liedern. Ein ganz schönes ist uns verlorengegangen. Ich weiß nicht, wie dieser Vogel auf englisch heißt. Er sang wirklich schöne Lieder. Aber jetzt scheint sie niemand mehr zu empfangen. Niemand hat sie mehr empfangen. Und sie sind wirklich wunderschön. Sie gehen so hoch und dann so und dann alle, alle so. Es ist wirklich wunderschön, und anschließend, wenn es zu Ende ist, geht es noch so und dann so. Sie haben es verloren, das Lied, wir haben es verloren, ich weiß nicht, was damit passiert ist, aber niemand empfängt es mehr. Jedes Reservat hat seine eigene Gruppe, und wenn sie sie ins Große Haus bringen, empfängt jede ihre eigenen Lieder. Niemand außer ihnen kann dieses Lied benutzen. Jede bekommt ihr eigenes.

Manchmal liegen die Leute einfach da und sagen: »Ich bekomme kein Lied. Ich bekomme kein Lied. Ich bekomme kein Lied.« Sie sind verwirrt. Dann kommen sie und holen mich, und ich rede mit ihnen. Ich sage zu ihnen, du mußt einfach nur weinen. Denk an etwas wirklich Schlimmes, das du einmal erlebt hast in deinem Leben, und schrei es heraus. Dann kommt das Lied zu dir. Jeder bekommt sein eigenes Lied. Ihr Schrei ist das Lied. Wenn du nach deiner Mama schreist, ist in dem Schrei etwas, da kommt es heraus. Es wird rauskommen.

Wenn es rauskommt, gibt es dir Stärke.

Die Spiritualität verlieren

Ich habe immer ein ganz ungutes Gefühl, wenn ich daran denke, wie wir unsere spirituelle Verbindung mit vielem verlieren. Wir haben diese Verbindung fast völlig verloren. Im Augenblick passiert hier eine ganze Menge, nicht nur bei meinen Enkeln, sondern bei allen Kindern hier im Reservat und in all den anderen Reservaten.

Bei den Versammlungen wird den Jüngeren gesagt, sie sollen nicht vor den Alten herlaufen, und hier rennen sie einfach los, ohne die alten Leute zu respektieren, sie rennen einfach vor ihnen her und sagen noch nicht einmal »Entschuldigung.« Von zehn Kindern entschuldigt sich vielleicht eines, wenn es die Alten überholt. Die anderen rennen einfach los. Uns hat man früher beigebracht, uns zu entschuldigen oder nicht vor den Alten herzulaufen, sondern andere Möglichkeiten zu finden, dorthin zu gelangen, wo wir hinwollten.

Sie hätten sich nicht erschiessen müssen

Uns geht alles verloren, was wir als Indianer hatten, und das ist der Grund dafür, daß sich hier viele junge Männer umgebracht haben.

Einer war noch ein Junge, er hat sich erhängt, man hat ihn gefunden, als er dort hing. Und nicht weit von hier, gleich da drüben auf der anderen Straßenseite, hat sich einer erschossen. Und der andere junge Kerl, der neben meiner Tochter wohnte, ich weiß nicht, was sich der angetan hat, aber er hat auch Selbstmord begangen. Sie hätten mit jemandem reden sollen, sie hätten sich ihre Schwierigkeiten von der Seele reden sollen, dann hätten sie sich nicht erschießen müssen.

Früher haben die Menschen im Grossen Haus gewohnt

Vor langer Zeit haben die Menschen im Großen Haus gewohnt. Eine Familie tat sich zusammen, vielleicht acht, neun oder zehn Leute, und sie haben das Haus mit ihren eigenen Händen gebaut. Es gab keine Motorsäge, nur selbst hergestelltes Werkzeug, damit haben sie diese Großen Häuser gebaut. Wenn sie damit fertig waren, sind die, die es gebaut haben, dort eingezogen. So haben sie da drinnen gewohnt, in all den Großen Häusern der Cowichan. Es gab kein Radio, kein Fernsehen, jeden Abend haben sie sich in einer Ecke des Großen Hauses versammelt, haben den einen alten Mann dort hingesetzt, alle kleinen Kinder haben sich vor ihn gesetzt, und der alte Mann hat zwei, drei Stunden Geschichten erzählt, und die Kinder haben einfach zugehört. So haben sie die Geschichten am Leben erhalten, die wahre Geschichte, die vor langer, langer Zeit passiert ist mit Tieren wie dem Adler, den Walen oder so. So haben sie sie am Leben erhalten. Heute sehen die Leute lieber fern, als sich irgendwas anzuhören. Selbst wenn du mit ihnen redest, wollen sie sich was anschauen, die Kleinen möchten sich Comics anschauen. Sie haben keine Zeit, sich die alten Geschichten anzuhören. So ist das alles verlorengegangen.

Die Geschichte von dem Mädchen, das seine Hände ins Wasser hielt

Vor langer, langer Zeit fuhren sie mit Kanus, die sie überallhin brachten. Und da war dieses junge Mädchen – während das Kanu fuhr, hielt es seine Hände ins Wasser. Sie wünschte sich einen Freund, und sie spielte mit dem Wasser, als wäre es ihr Freund. So hat es mir mein Großvater erzählt. Das alles ist vor langer Zeit tatsächlich passiert.

Sie hielt ihre Hände immer noch ins Wasser, während das Kanu fuhr. Plötzlich hielt jemand oder etwas ihre Hände fest. Und sie war glücklich darüber, daß ihre Hände festgehalten wurden. Sie ließ die, die ruderten nichts merken, aber sie ließ ihre Hände ins Wasser hängen, und etwas hielt sie fest. Als sie nach Hause kamen, gingen sie in das Große Haus, wo sie lebten. Das Mädchen legte sich schlafen. Und weißt du, sie schlief immer noch, als sie plötzlich kamen und sie weckten. Und da war ein, ja, ein Junge war da. Er war es, der ihre Hände im Wasser gehalten hatte. Er verwandelte sich, er verwandelte sich in einen Jungen und kam und besuchte sie. Sie war glücklich darüber und erzählte niemandem davon. Ich weiß nicht, wie lange es so ging, daß er kam und sie besuchte.

Plötzlich kam ein wirklich starker Wind auf, und die See war rauh, wirklich rauh, und die Fische kamen alle an den Strand und lagen dort einfach herum. Die Leute gingen hinunter zum Stand, sie brachten Eimer mit und sammelten die Fische ein, sie waren wirklich glücklich, daß ihre Nahrung einfach am Strand lag. Und dieser Fisch, der sich in den

Jungen verwandelte, er war bereit, das Mädchen zu holen. Er war es, der dem ganzen Dorf die Meeresfrüchte schenkte, bevor er das Mädchen holen kam. Die anderen sammelten immer noch all die Fische am Strand ein, und plötzlich kam etwas aus dem Wasser, ging in das Haus dort, holte das Mädchen, und sie liefen zusammen ins Wasser. Die Eltern des Mädchens wußten nicht, was da vor sich ging. Jemand ging zu ihnen und erzählte ihnen, daß der Fisch ihre Tochter geholt hatte.

So nahmen sie sie mit. Die Eltern weinten, aber ihnen wurde gesagt, daß immer, wenn sie nichts zu essen hatten, Nahrung für sie dasein würde, wenn sie da unten aufwachten. So wurde alles eingerichtet, und die Eltern mußten immer daran denken, daß ihre Tochter im Wasser nicht leben konnte und vielleicht eines Tages zurückkommen würde. Sie saßen häufig da und schauten zum Strand, um zu sehen, ob das Mädchen zurückkam. Schließlich holten die jungen Männer, die auf Walfang gingen, alle Kanus. Sie fuhren los und suchten vor den Inseln nach ihr, weil sie nicht glaubten, daß sie so lange im Wasser leben konnte.

Sie jagten ihr nach, immer um die Inseln herum. Schließlich sahen sie sie oben auf dem Riff. Sie kamen mit ihren Kanus dicht an sie heran, um sie mit nach Hause zu nehmen, aber sie wollte nicht mit ihnen zurückkommen. Sie kämpfte. Während sie kämpfte, begann ihre Nase zu bluten, das Blut schoß nur so heraus, als sie sie gefangen hatten. Sie wurde schon ganz bleich. Sie mußten sie loslassen und ließen sie gehen.

Diese Geschichte soll wirklich wahr sein; sie geschah vor vielen, vielen Jahren. Das ist eine der Geschichten, die unsere Ur-Ur-Ur-Großväter erzählten. Danach versuchten sie nie wieder, sie einzufangen. Sie ließen sie einfach ziehen. Und es stimmte, sie mußten nicht mehr aufs Meer, um Meeresfrüchte zu holen. Die Fische kamen zu ihnen an den Strand, weil sie sich auf diesen Handel eingelassen hatten. In unserer Sprache und auf unsere Art und Weise könnte ich das noch besser erklären. In unserer Sprache würdest du es wirklich verstehen.

So bleibt dein Geist stark

Was ich als junge Frau nicht alles zu tun hatte, zum Beispiel Wasser holen und den Berg rauftragen, zwei Eimer. So bist du stark geblieben, du warst immer in Bewegung. Heute haben sie gar nicht mehr viel zu tun, nur hier und da ein paar Handgriffe, den Boden fegen und ähnliches. Keine harte Arbeit, wie wir sie tun mußten. Sobald sie etwas härter ranmüssen wie beim Holzhacken, tut es ihnen schon überall weh. Ich denke so für mich, früher war das besser als heute. Durch die Arbeit blieb dein Körper stark, und so blieb auch dein Geist stark. Vielleicht gibt es heute so viele Selbstmorde, weil der Geist so schwach ist, daß die Menschen aus ihren Schwierigkeiten nicht rausfinden, und dann erschießen sie sich einfach.

Als sie alles mit der Hand machten, blieben sie am Leben, und wenn sie 90 Jahre alt waren. Und sie sorgten immer noch für ihren Lebensunterhalt, indem sie all diese Arbeiten verrichteten, die mit der Hand gemacht werden mußten.

Körper und Geist arbeiten zusammen. Sorge dafür, daß dein Körper stark ist, dann ist auch dein Geist stark. Wenn dein Geist arbeitet, kannst du das hier spüren. Hier in der Mitte, an den unteren Rippen.

Unsere Kultur geht verloren

Zuviel von unserer Kultur geht verloren, zu schnell. Meine Töchter und Söhne wurden im Internat erzogen, da hat man sie bestraft, wenn sie ihre Sprache sprachen. Die Folge ist, daß sie ihre Sprache völlig verlernten. Alles, was unsere jungen Leute brauchen, geht verloren. Es gibt diese Dinge einfach nicht mehr. Jetzt laufen die Kinder herum und machen, was sie wollen. Ich selbst wurde wirklich sehr streng erzogen. Nicht von meiner Mutter, mein Vater war es, der mir im Nacken saß. Als ich noch jung war, verstand ich das nicht, aber allmählich dämmerte mir dann, um was es ihm ging. Damals gab es keine Elektrizität oder fließendes Wasser. Du mußtest dein Wasser in Eimern holen. Du mußtest

Holz hacken und Feuer im Herd machen. All das war zu tun. Und Dad war ständig hinter mir und sagte mir dies und sagte mir das. Ich sollte nicht so langsam sein. Ich sollte diese Dinge schnell erledigen. Und meine Enkel, die jetzt gerade heranwachsen, haben das alles verloren.

Uns ist so vieles von den Lehren verlorengegangen, die die Alten immer an die Jungen weitergegeben haben. Wir sollten sie eigentlich auf die Zukunft vorbereiten. Sobald sie alt genug sind, acht, neun Jahre alt, müssen wir anfangen, ihnen beizubringen, wie sie sich um sich kümmern können. Betten machen, den Boden fegen, abwaschen, Ordnung halten. Das alles gilt nicht mehr.

Schau dir an, wie ich früher arbeiten mußte. Heute machen sie einfach den Hahn auf und haben heißes Wasser. Und tun sich trotzdem noch schwer abzuwaschen. Schau dir an, was ich zu tun hatte. Keine Waschmaschine. Ich hatte ein Waschbrett und einen großen schwarzen Topf.

Mit dreizehn zur Frau werden

Mit dreizehn wird ein Mädchen mündig. Sie ist dann kein junges Mädchen mehr, sondern eine junge Frau. Früher wurden alle ins Große Haus geholt, um dabeizusein, wenn das Mädchen dreizehn wurde, und man tanzte Tänze mit Masken. Aber heute findet das nicht mehr statt.

Sie saß in eine Decke gewickelt in der Mitte. Die Familie gab ihr alles, was sie brauchte, Decken, Geschirr und ähnliches. Sie konnte sich ihren Mann nicht selbst aussuchen. Die Eltern des Jungen entscheiden, ob sie sie wollen, und dann reden sie mit ihren Eltern. Sie weiß noch nicht einmal, wie er aussieht. So war es bei mir. Es hat gut geklappt. Deswegen habe ich acht Kinder bekommen!

Nachdem die ganze Familie ihr all diese Dinge gegeben hat, geht sie und heiratet und nimmt alles mit. Sie ist jetzt bereit, ihr eigenes Leben zu führen.

Um die jungen Mädchen wurde angehalten, wenn sie noch ganz klein waren. Die Eltern des Jungen hielten um sie an und sagten: »Sie wird zu uns gehören.« Sobald sie mündig wird, kommen sie und holen sie. Aber die Eltern des Jungen mußten draußen warten, bis die Eltern des Mädchens entschieden hatten, ob sie mit Ja oder Nein antworten wollten. Bei einem Nein wurde jemand nach draußen geschickt, um es ihnen zu sagen. Wenn sie ja sagten, kamen alle zu einem großen Treffen zusammen, bevor sie das Mädchen gehenließen.

Ich war damals noch so jung. Meine Eltern waren sehr streng, sie ließen mich, bis ich dreizehn war, nie von der Insel. Zu der Zeit muß der Vater meiner Kinder mich gesehen haben. Er muß sich in mich verliebt haben, glaube ich.

Mein Großvater war über 80, und er muß zu meinem Vater gesagt haben: »Der allererste, der kommt und um deine Tochter anhält, mit dem müssen wir sie gehen lassen.« Als sie kamen und um mich anhielten, bekamen sie also gleich ein »Ja«. Ich war etwa vierzehn. Sie holten mich aus dem Haus und setzten mich neben ihn. Er war sieben Jahre älter als ich, 21 Jahre war er.

Ich mochte ihn gleich, als ich ihn sah. Am nächsten Tag brachte er mich aus dem Lager weg. Ich versuchte einfach, immer über alles, was ich tat, zu lachen, zu kichern, ich war ja noch so jung. Ich wußte von alldem vorher nichts.

Ich wurde so jung verheiratet, daß ich mit meinen vier Töchtern erwachsen geworden bin. Die Leute fragen mich sogar, ob diese da meine Schwester wäre. Etwa zwei Jahre, nachdem ich verheiratet wurde, bekam ich mein erstes Baby. Als meine Töchter mündig wurden, war alles anders. Meine Töchter gingen einfach hin und suchten sich ihre Männer selbst aus.

Es macht mir zu schaffen, daß unsere ganze Lebensweise sich so verändert hat.

Der wirkliche und wahre Sinn des Lebens

Der wirkliche und wahre Sinn des Lebens ist deine Familie, die Liebe, die du hast, der Respekt, die Traditionen, die du weiterführst. Du mußt nicht reich sein, um das alles zu haben; diese Dinge kannst du nicht kaufen.

Was wird aus uns allen werden? Das macht mir Sorgen. Es macht mir wirklich Sorgen, denn meine Enkel bekommen nicht das, was ich bekommen habe. Sie sind nicht vorbereitet auf die Zukunft. Sie sind auf nichts vorbereitet, vielleicht auf einiges, aber nicht auf alles. Und das macht mir wirklich Sorgen.

Manche Leute haben gegen Ende des Monats nicht einmal mehr genug Brot. Die meisten finden heute keine Arbeit. Sie müssen von Sozialhilfe leben, und was sie an Sozialhilfe bekommen, reicht oft noch nicht einmal für einen Monat. Am Ende des Monats haben sie nicht mehr genug Brot auf dem Tisch. Es wird immer härter. Ich habe drei Enkel, und zwei von ihnen können keine Arbeit finden, obwohl sie einen Abschluß haben. Einer meiner Enkel hat Arbeit in Victoria gefunden und macht sich wirklich gut. Vielleicht schafft es einer von zehnen.

Sie sagen, sie wollen, daß unsere Alten festhalten, was sie wissen, und es an die Jüngeren weitergeben. Und warum geben sie uns keine Chance? Die geben sie uns nicht. Nein. Deswegen sage ich, daß es immer schwieriger wird, immer härter, unseren jungen Menschen etwas beizubringen.

Was sollen wir als Indianer denn darstellen? Unsere Lebensweise geht mehr und mehr verloren.

Ethel warf immer wieder ein Auge auf die Uhr, und während sie uns vertrauliche Einzelheiten der spirituellen Lehren des Großen Hauses darlegte, wurde sie allmählich unruhig. Natürlich hatte sie bestimmte Verpflichtungen, denen sie nachkommen mußte. Nur Krankheit konnte sie davon abhalten, ihren Tagesplan einzuhalten. Nun wurde es Zeit für Bingo, und sie mußte gehen.

Ohne daß sie sich dessen bewußt war, hatte Ethel Mary viel Stoff zum Nachdenken geliefert. Mary wußte jetzt, daß die Intitiation in das Große Haus mit Fasten – vier Tage und Nächte lang weder essen noch trinken – verbunden war, damit der Körper gereinigt wurde und sie imstande war, ihr Lied anzunehmen. Als nächstes würde man »mit ihr arbeiten« – bestimmte, dazu berufene Personen würden in die Mitte ihres Körpers blasen, um das Leben zurückzurufen – und zwar morgens und abends –, täglich zweimal in den nächsten vier Tagen.

Wenn dann ihre »Erneuerung« stattfand, würden die Trommeln mit den Hufen und Rasseln erklingen. Nach vier Tagen würde man ihr eine Augenbinde anlegen, damit ihre Sinne wacher wurden für das, was um sie herum geschah. Dies hatte den Zweck, so sagte man ihr, sämtliche Teile ihres Körpers zu stärken, während sie hineingeboren wurde in das Wiedererkennen des Geistes. Dann folgten die Bäder.

Nach Hause zurückgekehrt, nahm Mary sich die Weisungen sehr zu Herzen. Sie würde täglich vor Sonnenaufgang in Quellwasser baden und viermal untertauchen müssen. Wenn sie dieses Ritual einhielt, würde weißes Licht sie umgeben, und damit würde sie vorbereitet sein. Mit diesem Ritus, mit dem sie die materielle Welt abstreifte, würde sie den Morgen begrüßen und sich dem neuen Tag und ihrem Schöpfer gereinigt zuwenden. Da sie gewarnt worden war, daß die materielle Welt sie im Verlauf des Tages wieder einholen würde, mußte sie sich jeden Tag aufs neue reinigen. Wenn sie diesen Ablauf vier Jahre diszipliniert einhielt, würde sie, so versicherte man ihr, wie neugeboren sein – ein wirklicher Mensch.

Da sie wußte, daß es zu ihrem eigenen Vorteil war und ihrem Wohlbefinden und ihrer spirituellen Wandlung diente, wenn sie sich an diese Weisungen hielt, machte sie still für sich ihre Pläne, während die Fähre über das jetzt glatte Wasser der Meerenge zu schweben schien und die Sterne und die entfernten Lichter von Port Angeles zum Vorschein kamen. Sie fuhr nicht einfach nach Hause zurück – sie war zu Hause angekommen.

Cecilia Mitchell · Akwesasne

Mohawk

Mitternacht hüllte Akwesasne in einen dunklen Schleier. Die schmale Sichel des zunehmenden Mondes, die über dem träge dahinfließenden Sankt-Lorenz-Strom schimmerte, brachte ein wenig Licht in die Schwärze. Schatten verdüsterten die wenigen Lichter, die noch in den Häusern entlang der engen Uferstraße schienen, wo ich in der Zufahrt zu der kleinen Bäckerei auf die verabredete Sitzung mit der Mohawk-Medizinfrau Cecilia Mitchell wartete, die mir aus dem Teesatz lesen würde. Sie hatte mich zu einer Zeit eingeladen, wo sie gewöhnlich die Öfen anheizte und den Teig für die Kuchen, das Schmalzgebäck und die Brötchen ausrollte, die sie am nächsten Tag verkaufen würde. Im Augenblick rührte sich gar nichts in der Bäckerei und ihrem winzigen angrenzenden Haus. Die Minuten zogen sich hin zu einer endlos langen Stunde. Meine Phantasie begann zu wuchern. Ich hatte das Gefühl, daß Hunderte von versteckten Augenpaaren mich aus der Nacht hinter verhangenen Fenstern anstarrten. Der leichte, kühle Augustwind war in feuchte Nässe übergegangen. Ich spürte plötzlich, wie Angst in meiner Magengrube rumorte und mir die Kehle zuschnürte, während ich mir meines Alleinseins ganz stark bewußt wurde – ein Weißer in einem Wagen mit dem Kennzeichen eines fremden Bundesstaates, der mitten in der Nacht im Reservat parkte. Die gewalttätigen Auseinandersetzungen zwischen den verschiedenen politischen Fraktionen der Mohawk in den letzten Jahren fielen mir ein, und ich dachte ernsthaft daran, wegzufahren und eine neue Verabredung zu einer Tageszeit zu treffen, die mir sicherer erschien.

Durch das Echo schneller Schritte auf dem Asphalt schreckte ich aus meinem ohnehin angespannten Zustand hoch. In der Dunkelheit klangen sie wie Gewehrfeuer, das lauter wurde und in meine Richtung kam. Als sich der rhythmische Gleichschritt näherte, startete ich meinen Wagen, denn ich war überzeugt, daß es ein Fehler gewesen war, mich um diese Zeit zu verabreden, da ich ja wußte, daß ein Mensch in einem geparkten Wagen als jemand wahrgenommen werden konnte, der nichts Gutes oder noch Schlimmeres im Sinne hatte – als FBI-Agent. Als ich die Scheinwerfer einschaltete, sah ich mein »Phantom« vor mir – es war nur ein Kind, das die Straße entlangrannte und wahrscheinlich von Freunden oder Verwandten kam und auf dem Weg nach Hause war. Erleichtert darüber, daß meine Phantasie mir einen Streich gespielt hatte, konzentrierte ich mich auf die Umrisse der Gestalt, die vom Ufer des Flusses in meine Richtung kam. Ich erkannte Tim, Cecilias Sohn, der sich meinem Wagen mit kritischen Blicken näherte. Er kam vom abendlichen Fischfang zurück, und mir war entgangen, wie er angelegt hatte.

Nachdem er sich meine Erklärungen angehört hatte, verschwand er wieder im Schatten. Bald darauf gingen die Lichter im Haus an, und eine verschlafene, aber wie immer lebhafte Cecilia kam und winkte mir zu, ich sollte zur Eingangstür ihres Bäckerladens kommen. Sie ließ die Tür angelehnt, fuchtelte an den Lichtschaltern herum, und gleich darauf war die Bäckerei hell erleuchtet. Mit der Kaffeekanne bereits in der Hand, um frischen Kaffee zu kochen, drehte sie sich um und fragte mich lachend und mit lebhafter Mimik: »Wie lange stehst du denn schon da draußen?«

Ohne meine Antwort abzuwarten, strahlte sie mich an und sagte: »Ich habe mir wohl eine Extra-Portion Schlaf geholt. Das mache ich möglichst oft. Aber du hättest klopfen und mich wecken sollen. Timmie rüttelte mich wach und sagte, da draußen würde ein weißer Kerl auf mich warten«, und ihr schallendes Gelächter schien anzudeuten, daß sie die erste Runde schon für sich entschieden hatte. Cecilia kannte mich bereits. Ohne daß ich mir darüber im klaren war, hatten meine Unterweisungen bereits angefangen, und offensichtlich hieß die erste Lektion Geduld.

Cecilia und ich lachten und tranken Kaffee. Wir leerten eine Kanne und machten uns dann die nächste. Die Zeit

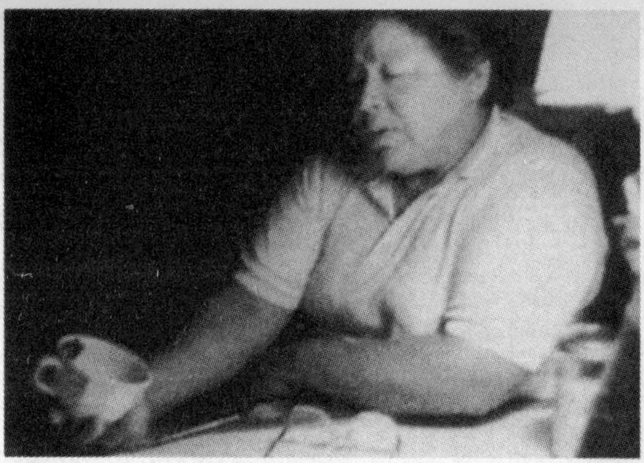

verging. Ich entspannte mich. Sie spürte, daß ich ihren Weissagungen über mein Leben mit einer gewissen Ängstlichkeit entgegensah, und wußte genau, was sie tat. Bald würde ich mich willig, ja sogar begierig auf den Tee einlassen, den ich bislang als böses Omen betrachtet hatte.

Cecilia hatte die Tasse, aus der ich mit langsamen Schlukken meinen Kaffee trank, genau im Blick. Als nur noch ein kleiner Rest übrigblieb, und ich überlegte, ob ich noch eine Tasse wollte, schob sie ein Saftglas vor mich hin und goß Milch hinein. Mit einem beruhigenden Lächeln sagte sie: »Kaffee kann dir schwer im Magen liegen, deswegen ist die Milch gut. Außerdem müssen wir noch Tee trinken und den Satz lesen. Es wird Zeit.«

Schnell wie der Blitz stellte sie einen Unterteller und zwei saubere Tassen auf den Tisch. In eine Tasse hatte sie bereits die Teeblätter gegeben. Nachdem sie kochendes Wasser zugegossen hatte, kippte sie die dunkler werdende Flüssigkeit von einer Tasse in die andere und noch mehrmals hin und her. »Dadurch wird der Tee stärker«, sagte sie. »Er muß stark sein, damit es richtig klappt.«

Dann fügte sie lachend hinzu: »Du möchtest doch, daß es klappt, oder?« Sie schob den Tee, der jetzt dunkelgrün war, behutsam vor mich hin und sagte: »Trink das aus! Trink die ganze Tasse leer, bis auf den letzten Tropfen, wenn du kannst.«

Ich zögerte einen Augenblick, dann setzte ich die Tasse an die Lippen. »Paß auf, daß sich die Teeblätter zwischen den einzelnen Schlucken am Boden absetzen«, sagte sie. »Wenn du alles geschafft hast, stellst du die Tasse umgekehrt auf den Unterteller.«

Dreimal wiederholte sie diesen Ablauf während der Sitzung, füllte die Tasse mit Wasser und benutzte nur die ursprünglichen Blätter, die in der Tasse geblieben waren, nachdem ich den Tee getrunken und die Tasse umgekehrt auf den Unterteller gestellt hatte.

Cecilia plauderte, als ob nichts Besonderes los wäre.

»Wenn du mit vielen Leuten redest, wirst du erfahren, daß es vor langer Zeit in unseren Sechs Stämmen Traumdeuter gegeben hat. Heute gibt es die bei uns nicht mehr. Jetzt sind wir, könnte man sagen, zu Teedeutern geworden. Manche von uns deuten auch Tarotkarten, andere den Himmel und alles mögliche. Die Zeiten verändern sich. Die Leute gehen heute anders vor. Manche Menschen haben ganz bestimmte Gaben; es ist unwichtig, welche Hilfsmittel sie benutzen.«

Als ob es ihr jetzt erst wieder einfiel, nahm sie nach einer Weile die Tasse, drehte sie um, setzte ihre Lesebrille auf und untersuchte die Rorschach-ähnlichen Überbleibsel, die am Tassenboden hafteten.

»Da kommen Neuigkeiten auf dich zu«, sagte sie, »große Neuigkeiten.«

Als sie mein verschrecktes Gesicht sah, tätschelte sie meinen Arm. »Das ist völlig in Ordnung. Die Dinge kommen dir nur deshalb beängstigend vor, weil du sie so siehst. Das alles ist nichts Schlimmes; nur ein wenig über dich und deine Zukunft, und die Zukunft kannst du ändern, wenn du das wirklich willst.«

Sie nahm ihre Brille ab und warf mir einen Blick zu, der besagte: »Bist du bereit?« Dann schaute Cecilia wieder in die Tasse, drehte sie systematisch, wartete. Mir kam es wie eine Ewigkeit vor, als sie schließlich sagte: »Ob du's glaubst oder nicht, du wirst von Leuten von drüben geführt, aus der Geisterwelt. Es könnte deine Mutter, dein Vater, deine Großmutter oder jemand anderes sein, jedenfalls niemand von hier. Du findest das wahrscheinlich merkwürdig, aber wenn ich es für Indianer mache, stoße ich sehr oft darauf.

Wir werden von unbekannten Faktoren geleitet und ... ob du's glaubst oder nicht ... aber manchmal, wenn du die Straße entlangfährst und weißt, mit deinem Auto stimmt was nicht, und du denkst, ›Ich komme bestimmt noch bis zur nächsten Tankstelle, aber mir geht wirklich der Sprit aus‹, und manchmal, durch einen komischen Zufall oder sonstwas, fährst du wirklich mit dem letzten Tropfen Benzin, aber dem Himmel sei Dank, da ist gleich vor dir eine Tankstelle. Indianer haben starke übersinnliche Fähigkeiten, und sie sagen: ›Irgendwer hilft mir, irgendwer da oben sorgt für mich.‹

Und genau das gilt auch für dich. Du hast unbekannte Helfer, die dich bei dem unterstützen, was du machst. Nicht nur eine Person, sondern eine ganze Familie, eine Familie, die aus drei Leuten besteht. Meistens sind sie aus der Familie, wie die Großmutter, der Großvater oder eine Tante. Menschen, die deine Welt gemeinsam verlassen haben. Sie sind gleichzeitig gegangen und haben dich von oben im Auge, halten Ausschau nach dir.

Dir hätte immer wieder dies oder das passieren können, aber sie haben dich sicher geleitet. Ist das nicht merkwürdig?

Ich werde dir zeigen, warum. Siehst du das hier? Auch jetzt sind sie dir ganz, ganz nahe. Ich sehe dich gleich dort stehen, und ich sehe diese Leute. Siehst du, diese Leute berühren den Boden nicht. Sie sind oben im Raum, in einer anderen Dimension. Aber ich kann drei Leute da sehen. Ich sehe einen alten Mann, eine alte Dame und eine Frau. Du wirst von Kräften geleitet, die du selbst nicht verstehst. Diese Leute sind schon drüben. Und sie werden dir helfen.«

Irgendwann kurz vor Anbruch der Dämmerung war Cecilia mit dem Deuten meiner Teeblätter fertig. Statt mich müde zu fühlen, war ich hellwach durch all das, was sie aus den Klumpen feuchter Teeblätter, die an meinem Tassenboden kleben blieben, geschlossen hatte. Ich war bereit, noch mehr zu erfahren, nicht über mein Schicksal, sondern über die Mohawk und über Cecilia selbst.

Cecilia begann, von ihrem Leben und der Lebensweise ihrer Leute – der Mohawk – zu erzählen.

Sehen, was für ein Schatz das Kind ist

Ich habe von verschiedenen Menschen Medizin gelernt, auch von der Schwester meiner Großmutter. Sie machte meine Mutter darauf aufmerksam, was für ein Schatz ihr Kind war. Sie sagte, ich sei die siebte. »Schick sie los, damit sie Medizin holt.«

Meine Mutter sagte immer zu mir: »Beweg deinen Hintern und hol das Zeug.«

Als ich etwa fünf Jahre alt war, hieß es immer: »Geh und hole das; hol mir einen Zweig von den Himbeeren. Hol mir einen Zweig Traubenkirschen, vom Apfelbaum, vom Pflaumenbaum«, dies und das. Ich wußte, was das war. Ich ging hin und holte es.

Die Verwandten meines Vaters sagten zu meiner Mutter: »Weißt du, daß das Kind Gaben hat und Medizinkräfte?«

Meine Mutter sagte: »Ich weiß. Alle meine Kinder sind etwas Besonderes.«

»Nein, du weißt, was ich meine. Sie ist das siebte Kind.«

Meine Mutter lachte nur. Ich war gerade fünf, sechs Jahre alt und ganz verwirrt von all diesem Gerede. Sie sprachen über mich.

Sie sagten, sie solle mich losschicken, um Medizin zu holen und mir die Pflanzen zu zeigen. »Stell sie auf die Probe. Schau, ob sie das kann.«

So wanderten wir über den Hügel hinunter zum Fluß, den ganzen Weg. Sie erzählten mir etwas über die verschiedenen Pflanzen, wozu sie gut waren. Und ich, weißt du, ich kickte Stöcke und Steine in der Gegend herum und hörte diesen alten Leuten zu. Eines Tages sagte die Tante meines Vaters zu meiner Mutter: »Mary, schick sie los, sag ihr, sie soll sieben verschiedene Früchte holen.«

Und meine Mutter sagte: »Komm mal her.«

Ich ging zu ihr. Sie sagt: »Ich möchte, daß du losgehst und mir sieben Früchte und ein paar Zweige von diesem ganz bestimmten Baum bringst.«

Ich zog also los. Ich mußte einen Zweig von der Traubenkirsche holen und einen Zweig vom Holzapfelbaum. Ich mußte Pflaumen und Kirschen und verschiedene andere Früchte holen.

Zu der Zeit war meine ältere Schwester an Tb erkrankt, und sie hatte drei oder vier Kinder. Sie mußte anderthalb Jahre ins Sanatorium. Die Tante meines Vaters kam zu meiner Mutter und sagte zu ihr: »Das Mädchen da, das kann ihr helfen. Sag ihr, sie soll diese Medizin holen, und schau, was sie tun kann. Wir können deine ältere Tochter in einer Woche von ihrer Tb heilen. Aber wir müssen diese Medizin jetzt zubereiten.«

So ging ich los. Ich war vielleicht sechs Jahre alt, aber ich konnte mich an die Bäume erinnern, die sie mir gezeigt hatten, und auch an die verschiedenen Medizinpflanzen. Ich ging hin und holte sie und holte auch das Richtige.

Da sagte diese alte Dame: »Siehst du, ich habe dir doch gesagt, daß sie das kann. Sie hat Gaben, und du fängst am besten gleich an, ihr was beizubringen.«

Als ich ein kleines Mädchen war,

wußten die älteren Frauen um das Potential eines jeden Kindes, das hier im Reservat lebte. Sie wußten, was es konnte und was nicht. Aus irgendeinem Grund wußten sie das einfach. Sie wußten es. Sie hatten mich ausgesucht, Medizin zu sammeln.

Sie mußten mir das nur einmal zeigen. Dann habe ich mich immer daran erinnert. Bis heute kenne ich jedes Stück, jedes Blatt Medizin, das diese Leute mir gezeigt haben. Ich habe nichts davon vergessen.

Deswegen sage ich, daß ich soviel Glück gehabt habe. Ich hatte das Glück, daß sich etwas entwickelte. Denn als ich jung war, war ich wirklich schlimm. Ich ging von der Schule. Ich wurde oft windelweich geprügelt, das war schon was. Heute kann ich hier sitzen und darüber lachen.

Ich bin froh, als die geboren zu sein, die ich bin. Wenn ich an all das denke, was ich in meinem Leben durchgemacht habe, könnte man traurig werden, aber ich habe soviel daraus gelernt. Ich kann nähen, einen Garten anlegen, Körbe flechten. Zu diesen Dingen wurde ich gezwungen, weil meine Mutter meinen Vater so sehr dafür haßte, daß er uns verlassen hatte. Sie rächte sich an mir, weil ich sein Liebling war. Und sie dachte, sie würde mich bestrafen, aber das stimmte gar nicht. Meine Schwestern, die hat sie wirklich verletzt, aber mich nicht. Ich bin daran gewachsen.

Ich habe viel gelernt. Für mich war alles Spaß und Spiel. Meine Mutter sagte immer: »Hast du nichts zu tun?«

Ich sagte dann: »Nein, nichts. Ich habe alles erledigt, was ich tun sollte, den Boden gewischt, die Betten gemacht, dies und das.« Und es stimmte.

Dann sagte sie: »Gut, dann geh in den Garten, Unkraut jäten.« Also zog ich das Unkraut aus dem Boden, betrachtete die Pflanze und sagte: »Wieso bekommt diese Pflanze Blätter, hier kommt ein Blatt. Manche wachsen so und dann hier hoch, da lang und da.« Und ich betrachtete die Pflanzen, einige Stengel waren eckig und andere rund, einige waren behaart und andere wieder nicht. Ich lernte viel. Ich jätete weiter Unkraut und erforschte die Pflanzen. Dann tat ich so, als ob ich eine vom kleinen Volk wäre, denn bei uns kennen wir das kleine Volk, das in den Wäldern lebt. Und ich kroch unter das Unkraut, schaute hoch und sah mir die Blätter an. Sie sehen so hübsch aus, von unten betrachtet. Ganz anders als von oben. Ich bin eine merkwürdige Person, was? Merkwürdig. Das war mein großes Entkommen.

Den Geist mit böser Magie brechen wollen

Meine Mutter haßte mich wirklich, weil ich so stark war. In mir war ein Geist, den konnte sie nicht brechen. Sie versuchte es zwar, aber . . .

Eines Abends, als ich schon lange verheiratet war, sagte sie zu mir: »Ich möchte, daß du bei mir schläfst, denn morgen mußt du mich nach Cornwall bringen.«

Dabei habe ich Kinder, einen Haushalt und einen Mann. Aber ich sagte, in Ordnung. Ich erzählte meiner Familie, daß ich bei Mom sein würde, und: »Ich bleibe über Nacht, denn ich muß sie morgen früh gleich nach Cornwall bringen.«

Sie sagten: »Gut.«

Sie hatte ein kleines Haus, nicht viel größer als dieses Zimmer. Sie hatte einen Kamin, ein Bett, ein Bad und eine Küche. Sie hatte ein Feldbett neben dem Ofen stehen, so daß sie, wenn es kalt wurde, aufstehen und Holz nachlegen konnte. Sie sagte: »Du kannst hier schlafen, wenn du dafür sorgen willst, daß das Feuer heute nacht nicht ausgeht.« Sie sagte: » Ich lege mich da drüben hin.«

Und ich sagte: »Gut.«

Um es kurz zu machen, sie saß an meinem Bettende, und ich lag da und schlief ein. Es war ganz ungewöhnlich für mich, daß ich einfach so einschlief. Als ich schlief, wachte ich auf – so dachte ich jedenfalls – und schaute zum Fenster. Auf der Fensterbank lag eine Schlange. Sie war gestreift, grau, braun, schwarz, eine ganz normale Schlange, weißt du. Dann spürte ich mein Bett unter mir; ich bewegte mich auf dem Feldbett, und meine Hand fiel nach unten und traf auf eine Schlange. Ich berührte sie, und die Schlange wickelte sich um meine Finger und kroch auf meinen Arm, dann glitt sie nach hier und da rüber, kam direkt zwischen meine Brüste und schaute mich an. Ich sagte: »Heiliger Strohsack!« Dann schaute ich mich um, und die Schlange, die hockte da und schaute mich an. Ich konnte seine Nase sehen, sie war irgendwie quadratisch. Sie, das heißt er, zeigte seine Zunge, da war Schleim drauf. Ich sagte: »Heiliger Strohsack!« Ich wußte, wenn ich zeigte, daß ich Angst hatte, würde er mich beißen, würde mich berühren und vergiften. Und er wußte das auch. Ich weiß nicht warum, aber ich wußte, die Schlange war ein Mann.

Ich schaute ihn an. Ich sagte: »Wenn du glaubst, du kannst mir Angst einjagen, hast du dich geirrt, mein Lieber. Du kannst mich beißen, wenn du willst, aber du kannst mich nicht töten.« Dann sagte ich: »Es gibt nur drei giftige Schlangen, tut mir leid, du gehörst nicht dazu. Denn sie können im Kalten nicht überleben.« Und ich schaute ihn weiter an und sah seine Augen; sie waren braun, schwarz und gelb. Ich schaute ihn weiter an und sagte: »Warum verschwindest du nicht? Du machst mir keine Angst.«

Er glitt zurück und verschwand. Dann schaute ich mich im Zimmer um. Überall im Haus waren Schlangen. Ich träumte, daß da gepunktete Schlangen waren, Schlangen mit Gänseblümchenmuster und einige mit einem, ah, wie eine Spirale. Ich schaute und schaute und schaute, und ich dachte: Wenn ich die Schlange sehe, die orange und rot ist und ... wie die Korallenschlange, ich weiß, dann ist es mit mir vorbei. Ich sah sie nicht, aber ich sah all die anderen Schlangen. Puh, all die Schlangen, runde und graue Schlangen.

Schließlich schüttelte ich meinen Kopf und versuchte, meine Füße zu bewegen, aber es ging nicht. Ich konnte auch meinen Kopf nicht bewegen. Schließlich konnte ich ihn ein ganz klein wenig bewegen und wachte auf. Meine Mutter saß am Bettende. Sie saß auf meinen Beinen und hielt meine Füße fest. Sie waren wie betäubt.

Sie versuchte, mir mit böser Medizin zu schaden. Wirklich wahr. Ich sollte einen Herzinfarkt bekommen. Es war ganz klar, daß sie mir etwas gegeben hatte, damit ich von all diesen Schlangen träumte, die mir Angst einjagen sollten. Du kannst dich im Schlaf so erschrecken, daß du einen Herzinfarkt bekommst.

Wo die Seele hingeht

Ich habe keine Ausbildung. Ich behaupte nicht, viel zu wissen, aber ich habe Gefühle.

Und so fühle ich. Lach mich nicht aus. Dieser kleine Kreis, den ich hier zeichne, das ist für mich unsere Welt. Hier leben wir. Die Punkte zeigen, wo wir heute sind. Dann gibt es noch einen anderen Kreis hier, der läuft um den kleinen. Dorthin geht die Seele, wenn sie den Körper verläßt. Es heißt, sobald der Körper stirbt, verschwindet soundsoviel deines Körpers, wie eine Rauchwolke. Ich habe das sofort geglaubt, als ich davon hörte. Deine Seele verläßt den Körper und geht in diese andere Dimension, und dort treibst du dich vierzig Tage herum. Zehn Tage nach deinem Tod gibt es eine kleine Zeremonie, so etwas wie ein Fest. Dann können wir mit der Seele Kontakt aufnehmen. Zehn Tage, in unserer Tradition machen wir zehn Tage nach unserem Tod eine Zeremonie.

Sagen wir, dies ist der zehnte Tag. Zehn Tage, nachdem du gestorben bist, treibst du dich noch immer hier herum. Zehn Tage. Dann findet eine Zeremonie im Langhaus für dich statt, die Häuptlinge kommen, um zu reden und dir zu helfen, diesen Menschen loszulassen. Wie bei meiner Mutter, als sie starb ... Meine Mutter war vielleicht eine. Sie war gut und schlecht zugleich. Du konntest sie so oder so sehen.

Als meine Mutter starb, hatten wir diese zehn Tage, in denen sie den Geist der Toten loslassen, in denen sie ihn gehen und ruhen lassen. Sie führten diese Zeremonie nicht richtig durch; die Leute, die die Zeremonie machten, wußten gar nicht, was sie taten. Ich wußte das nicht. Meine Mutter hat mir soviel Kummer bereitet, manchmal habe ich Schuldgefühle deswegen. Aber wenn ich darüber nachdenke, liege ich eigentlich nicht falsch. Ich denke schon in die richtige Richtung. Ich werde mir deswegen keine schlaflosen Nächte machen. Meine Mutter war ungerecht zu mir und auch zu meinen Schwestern, weil sie selbst so viele Probleme hatte.

Ich nahm Kontakt mit unseren traditionellen Häuptlingen auf. Ich bat sie um ein traditionelles Fest für meine Mutter, damit sie loslassen konnte, denn es hing ihr nach, wie sie mich und meine Schwestern behandelt hatte. Ich wollte sie gehenlassen. Ich wollte sie nicht festhalten wegen dieser Geschichten, so daß sie sich weiter hier herumtrieb. Sie einfach in Frieden ruhen lassen. Ich nehme an, meine Mutter hatte ihre Gründe für ihr Verhalten. Es mußte so sein. Ich wollte sie freigeben. Mir wurde beigebracht, daß es eine tödliche Sünde ist, seine Kinder schlecht zu behandeln, eine Sünde, für die du auf ewig in der Hölle schmorst. Ich wollte nicht, daß meiner Mutter das passierte. Trotz allem ist sie schließlich meine Mutter. Ich wollte nicht, daß sie so leidet, wenn es so ist, daß man im nächsten Leben leiden muß.

Ohne zu erkennen ... die Leute, die diese Zeremonie für meine Mutter durchführten, machten es nicht richtig. Meine Mutter kam nicht frei. Aber zur gleichen Zeit machte ich spontan eine andere Zeremonie für sie, und dadurch wurde sie frei. Es gab den üblichen Fluchtweg für sie.

Ich glaube daran, daß es eine Geisterwelt gibt, und seit meine Mutter gestorben ist, hatte ich niemals mehr Alpträume von ihr, mir ist nichts mehr mit ihr passiert. Ich habe seitdem immer sehr gut geschlafen.

Dort findet ihr Leben statt. In dieser Welt ist sie jetzt, und sie ist frei. Vierzig Tage nach ihrem Tod hätte ich Kontakt zu ihr aufnehmen können. Aber ich entschied mich dagegen; ich hatte zuviel zu tun. Ich glaube, sie ist jetzt wahrscheinlich in einer anderen Dimension.

Was tut ihr Weißen, wenn jemand stirbt? Sagen wir, deine Frau stirbt, sie stirbt, und du hattest vielleicht Probleme mit ihr, vielleicht warst du ihr untreu und weißt, sie hat darunter gelitten, und du hast ihr nie gesagt, daß es dir wirklich leid tut, und weil du's ihr nie gezeigt hast, treibt sie sich hier herum. Sie kehrt in dein Leben zurück, verfolgt dich. Du läßt sie nie mit einer Zeremonie frei. Sie muß dich immer weiter verfolgen, versuchen, mit dir ins reine zu kommen. Aber in unserer Gemeinschaft lassen wir diese Menschen gehen.

Du musst für alles zahlen, was du getan hast

Wenn du diese Erde verläßt, mußt du für alles zahlen, was du getan hast. Du mußt für den Weg zu deinem Schöpfer bezahlen. Dein Leben, wie du es gelebt hast, ist der Weg, auf dem du reist.

Wenn du schlecht warst, wird der Weg ganz schön steinig sein. Wenn du ein guter Mensch bist und niemandem zu schaden versuchst und immer das Richtige tust, verläuft der Weg zu deinem Schöpfer glatt und einfach.

Ganz gleich, was du auf dieser Erde tust, ich glaube, daß du dafür bezahlen mußt, bevor du stirbst. Und manchmal mußt du auch teuer bezahlen. Das ist meiner Mutter passiert. Ich sage das überhaupt nicht gerne.

Die Menschen haben Angst vorm Sterben

Viele Menschen haben Angst vorm Sterben.

Ich habe keine Angst vorm Sterben.

Wenn meine Zeit morgen kommt, bin ich bereit. Und ich habe keine Angst.

Ich bin neugierig darauf, was nach diesem Leben kommt. Und wenn ich sterbe, bin ich nicht tot. Das, was ich zurücklasse, wird ewig leben.

Das, was ich meinen Söhnen oder Enkeln beigebracht habe, wird ewig leben. Das bin ich, das, was ich zurücklasse. Das Wissen. Du stirbst niemals. Du bist Teil der Sonne, Teil des Universums.

Du bist Teil davon. Du kannst die Sonne verstehen, den Mond, Donner, Gefühle, das Sein, aber den Tod ... Niemand, wirklich niemand kann ihn verstehen, und ich bin wirklich neugierig darauf. Wenn ich tot bin, wenn ich gegangen bin, dann werde ich es wissen.

Ich werde dir etwas Merkwürdiges zeigen. Siehst du den Baum da draußen? Gleich den da. Ich habe hier immer gestanden und abgewaschen und dort hochgeschaut. Dann sah ich diesen Vogel. Er saß gleich da oben immer am selben Fleck. Oh, habe ich mir gesagt, das ist bloß ein Vogel. Solche wie diesen gibt es viele, habe ich mir gesagt. Am nächsten Tag, als ich hier war, kam der Vogel angeflogen und saß dort und schaute einfach hierher. Das ging etwa zwei Wochen so. Mir wurde das allmählich richtig unheimlich. Ich sagte zu den Mädchen, die mit mir in meiner Bäckerei arbeiteten: »Schaut euch das an. Da sitzt wieder dieser Vogel.«

Eines Tages fuhr ich nach Cornwall, da war eine Freundin hier und sagte: »Du weißt ja, daß ich herkam und hier den Abwasch gemacht habe. Ich schaute hoch, und da flog dieser Vogel weg. Aber die Tür war offen, und er flog hier rein. Er flog hier herum, flog auch ins andere Zimmer. Dann setzte er sich auf den Boden, spazierte herum, schaute und flog zur Tür hinaus.« Danach haben wir ihn nie wieder gesehen. Und an diesem Tag starb meine Mutter. Natürlich war ich noch nie tot, deswegen weiß ich nichts darüber. Aber ich glaube an den Geist.

Wenn wir bestimmte Dinge nicht verstehen, heißt das noch lange nicht, daß es sie nicht gibt.

Für viele Leute gibt es eben die Dinge nicht, die sie nicht verstehen oder nicht kennen. Ich sage, es gibt vieles. Wenn wir etwas nicht kennen, heißt das nicht, daß es das nicht gibt.

Wir wissen eben einfach nichts über diese Situation.

Du hast negative und positive Seiten

Wie alles hast auch du negative und positive Seiten. Oft ist Feuer sehr gut für dich, aber Feuer kann dich auch zerstören. Es kann dich umbringen. So sind die Dinge eben. Wie Tag und Nacht. Tagsüber hast du Licht und nachts die Dunkelheit. So ist es mit allem, auch mit Menschen. Es gibt gute, und es gibt schlechte Menschen.

Mit der Medizin ist es nicht anders. Es gibt positive und negative. Manch eine Medizin ist gut, eine andere schlecht. Das hängt davon ab, wer damit arbeitet. Der Mensch hat das

Wissen. Es hängt davon ab, wie er es benutzt. So sieht unsere Gesellschaft aus.

Ich kenne eine Medizin, von der bräuchte ich nur einen Teelöffel voll in den Wasserturm zu geben, um alle hier in diesem Reservat an einem Tag auszulöschen. Andererseits ist diese Medizin wirklich gut für Menschen, die körperliche Probleme haben, aber wenn du sie nicht richtig anwendest, kann sie dich in drei Sekunden umbringen. Und sie hinterläßt auch keinerlei Spuren. So ist das mit starker Medizin. Und zu bestimmten Jahreszeiten wirkt sie sogar noch stärker.

Weißt du, einmal hatte ich ein Problem. Da trat dieser junge Mann in mein Leben. Er erzählte mir alles über seine Probleme. Dieser Bursche war am Rande des Selbstmords. Und ich wußte das nicht, weil ich ihn nicht kannte. Scheinbar besuchte er eine Hellseherin, und die stopfte ihn mit lauter Blödsinn voll. Er war so verängstigt, und ich machte eine Sitzung mit ihm. In seiner Tasse sah ich nichts von alledem. Ich sah einige negative Dinge und einige positive, die er in den Griff bekommen konnte. Und, ah, er sagte: »Weißt du, ich kann das gar nicht glauben.« Er sagte: »Ich habe das Gefühl, mir fällt ein großer Stein vom Herzen.« Ich sagte: »Ich sage dir nur, was ich in den Teeblättern sehe«, und sagte noch: »Du hast es selbst gesehen.«

»Tja«, sagte er, »aber da ist nichts von dem, was sie mir gesagt hat. Mensch, ich sage dir, ich war wirklich soweit, mir eine Kugel durch den Kopf zu jagen.«

Es war ihm wirklich ernst damit, und ich konnte nicht glauben, daß ihm jemand solche Dinge erzählte. Diese Frau, die ihm die Zukunft las, ich glaube, sie arbeitete mit Karten. Da kannst du rauslesen, was du willst. Aber in den Teeblättern siehst du die Dinge. Es geht ihm jetzt wieder gut, er ist wieder klar im Kopf.

Neulich schaute er bei mir vorbei. Er lachte und sagte: »Ich kann nicht glauben, daß ich so blöde war, das alles zu glauben.« Ich sagte: »Na ja, manchmal, wenn wir am Boden sind und alles schiefläuft, was nur normal ist«, sagte ich, »dann lassen wir uns hängen und werden etwas merkwür-

dig. Du mußt daran denken, das Leben ist kein Rosengarten. Du mußt schwere Wege gehen und aus allem das Beste machen. Du darfst nicht aufgeben. Du mußt dich drauf einlassen und damit arbeiten.«

Ich bin Indianerin, ich weiss vieles

Ich bin Indianerin; ich bin meinen Leuten nahe, ich teile ihre traditionellen Überzeugungen, und ich verstehe etwas von Medizin. Ich weiß vieles. Ich bin wie zwei Menschen.

Vieles passiert. Menschen reden über die Welt, über Sex, über Mann und Frau. Ich kann da durchaus mitreden. Ich kenne Menschen, die fühlen sich nur zu bestimmten Menschen hingezogen und können anderen ihr Herz nicht öffnen. Sie glauben, daß andere sie auslachen. Ich habe mit vielen Menschen und vielen Problemen zu tun und kann mich in Menschen reinversetzen, die kein Englisch sprechen oder nichts über die Gesellschaft der Weißen wissen. Ich kann mich aber auch in Leute reinversetzen, die mit Weißen gelebt haben, ich weiß, wie sie leben, denn ich war auch dort. Ich kann auch mit weißen Menschen umgehen, mit ihrem Glauben an ihre Gesellschaft.

Ich kann mich in Frauen versetzen, die Kinder haben, in Frauen, die Ehemänner haben, und in Frauen, die keinen Mann mehr haben, weil die Ehe schiefgegangen ist. Das alles habe ich auch durchgemacht. Deswegen kann ich mich da reinversetzen.

Ich kann mich in Teenager und ihre Probleme versetzen, denn ich war selbst ja auch mal Teenager. Ich kann mich in den Zustand versetzen, als ich 15 war, und mich genau daran erinnern, wie es damals war. Wenn ich mit einem Mädchen in dem Alter rede, stelle ich mir vor, ich wäre selbst ein Teenager, und dann verstehe ich, worüber sie nachdenkt und was sie als Teenager durchmacht.

Die meisten Leute leben nur für den Augenblick. Ich bin 54, aber es geht nicht nur um mein Leben mit 54. Ich habe auch davor ein Leben gehabt und werde in Zukunft ein Leben haben.

Ich habe gute Medizin gelernt

Ich habe gute Medizin gelernt. Ich hätte auch auf die schlechte aus sein können, aber das wollte ich nicht, denn das ist wirklich übel. Manche wollen das, um anderen Menschen zu schaden. Frag mich nicht, warum. Das ist eine traurige Angelegenheit. Der Grund dafür, daß es schlechte Medizin und negative Menschen gibt und die Welt so ist, wie sie im Augenblick ist, liegt für mich darin, daß wir ständig auf der Hut sein müssen. Manchmal werden wir in Versuchung geführt, manchmal nicht. Der Schöpfer gab uns einen Verstand, damit wir entscheiden können, auf welche Seite wir uns schlagen wollen.

Eine Spukgeschichte und die alte Hexe

Einmal, als ich in Syracuse lebte, luden die Onondagas mich ein, bei ihnen im Reservat zu leben. Normalerweise hassen die Onandagas die Mohawk. Sie sagen es nicht laut, aber es ist so. Wie auch immer, ich war wirklich baff, als sie mich fragten, ob ich nicht bei ihnen im Dorf leben wollte. Nicht ich persönlich war gemeint, es ging ihnen darum, daß ich Medizin gelernt hatte. Sie wollten, daß ich bei ihnen lebe, damit ich ihnen helfen konnte. Und das tat ich. Dann war da diese Frau – sie haßt die Mohawk, sie spricht es nicht laut aus, aber es stimmt –, die sagte: »Schickt diese Hexe weg; sie muß hier aus dem Reservat verschwinden.« Das sagte sie und dann noch: »Ich werde schon noch herausfinden, wie mutig sie ist.« Sie kam mitten im Winter abends um elf Uhr zu mir und fing an, mir von all diesen Hexen zu erzählen und dazu andere komische Geschichten. Sie prahlte mit ihren Kräften. Ich sagte mir: »Ich weiß, was du vorhast, du alte Hexe. Ich habe nicht die geringste Angst vor dir.«

Sie fing an, mir all diese Dinge zu erzählen, und ich sagte: »Ach, wirklich?« Ich ließ sie einfach weiterreden. Es war schon nach zwei Uhr morgens, da sagte sie: »Hast du Angst?« Ich sagte: »Nein.«

Darauf sie: »Ich kriege Angst, jetzt, wo wir über all das reden«, und: »Ach Mensch, ich muß jetzt nach Hause.«

Ich sagte: »Übrigens begleite ich dich besser. Es ist ziemlich glatt draußen.«

Sie sagte: »Du hast keine Angst?«

»Nein«, sagte ich. »Das ist doch alles nichts im Vergleich zu dem, was in Akwesasne los ist.«

Ich brachte sie in dieser Nacht nach Hause, und, Mann, als ich sie nach Hause gebracht hatte, da hättest du mich rennen sehen können. Ich rannte zurück, als wäre der Teufel hinter mir her. Ich habe mich nicht einmal umgeschaut.

Sie hatte mir Angst eingejagt, aber ich ließ mir vor ihr nichts anmerken. Sie versuchte, mir Angst einzujagen, aber sie konnte es nicht. Ich war stärker als sie. Ich habe zuviel durchgemacht, als daß sie mir hätte Angst einjagen können.

Der Mond hat Macht

Der Mond hat Macht über die Erde. Ich weiß nicht, ob er mehr Macht über die Frauen als über die Männer hat, aber er hat mit Sicherheit viel Macht über uns Menschen. Er bestimmt den Monatszyklus der Frauen. Denn unser Körper, aus was besteht er denn, zu drei Viertel aus Flüssigkeit, und der Fluß ist bei Frauen viel stärker, weil wir das Monatsblut ausstoßen, darum nehmen wir das deutlicher wahr als die Männer.

Wir sind mit dem Mond verbunden. Das gibt uns bestimmte Kräfte und eine Beziehung zu Erde und Mond, von der Männer nichts wissen.

Aber die meisten Frauen verstehen das auch nicht.

Der Mond und Medizin

Der Mond hat auch Einfluß auf Medizin. Medizin, die über der Erde wächst, muß bei Vollmond gesammelt werden und wenn er zunimmt. Medizin, die unter der Erde wächst, wie zum Beispiel Wurzeln, sollten bei Neumond gesammelt werden, und Medizin, die im Winter benutzt wird – also aufbewahrt werden muß –, wird gesammelt, nachdem die Glühwürmchen gekommen sind. Das ist wahrscheinlich im August, irgendwann Ende August wird sie gesammelt, weil dann die Wurzeln reifer sind. Du kannst jede Medizin pflükken, wann du willst, aber wenn du etwas aufbewahren willst, sammelst du es, nachdem die Glühwürmchen gekommen sind.

Natürlich könnten wir da noch tiefer einsteigen. Bestimmte Medizinpflanzen müssen beim Erntemond gesammelt werden. Wenn das, was gesammelt wird, über dem Wasser wächst... ich meine, im Wasser, aber über dem Boden im Wasser..., dann sammelst du es in der dunkelsten Nacht zur Erntezeit... um den Erntemond herum. Das ist im September oder Oktober, denn du mußt unter Wasser tauchen, und es heißt, wenn du das Ding zu fassen kriegst, fängt es an zu vibrieren. Wenn du danach greifst, bewegt es sich wie eine Schlange. Hast du jemals eine Schlange festgehalten? Du kannst ihre Bewegungen spüren und die Vibrationen... wenn du das zu fassen bekommst, hältst du es besser mit beiden Händen fest, weil es anfängt, sich nach hinten zu bewegen... es kann dich zu Boden reißen, wenn du nicht genug Standfestigkeit hast. Du mußt es zu fassen bekommen und herausreißen.

Es gibt für alles eine Zeit und einen Ort

Bei Medizin gibt es für alles eine Zeit und einen Ort. Die kommt nur einmal. Du mußt sie zur richtigen Zeit holen.

Wie diese besondere Zeit, in der eine Frau schwanger werden kann. So gibt es auch eine besondere Zeit, um Medizin zu holen, weil sie dann ihr volles Potential hat. Ihre volle Kraft.

Wenn du dir diese Wurzeln im Wasser mal anschaust, die sehen aus wie Schlangen. Und wenn du untertauchst, fühlen sie sich auch wirklich an wie Schlangen. Wenn du das zu fassen kriegst, Mann, ich sage dir, da durchfährt es dich vielleicht. Zu einer ganz bestimmten Zeit, die Indianer haben dreizehn Monde wie die Japaner oder eins von den orientalischen Völkern, und ich glaube, beim dreizehnten Mond sollst du nach diesen Wurzeln tauchen. Dann haben sie die meiste Zauberkraft.

In eurer Sprache heißt sie Wasserlilie, aber es gibt weiße und gelbe Sorten. Ich rede von der weißen, sie bewegt sich wie eine Schlange und ist sehr lang. Wenn du die zu fassen kriegst, denkst du, sie zieht dich runter, zieht dich unter Wasser, und zwar deswegen, weil sie so viele kleine Wurzeln hat, die Wurzeln haben noch mal Extrawurzeln.

Am meisten hast du wahrscheinlich davon, wenn du sie im Herbst zwischen September und Oktober holst. Dann setzt der neue Mond ein, und die Medizinpflanzen haben die meiste Kraft. Oh mein Gott, das ist vielleicht was.

Die Macht der Indianischen Medizin

Indianische Medizin wandert direkt in deinen Körper, dorthin, wo er geheilt werden muß, und arbeitet da auf ihre Weise. Die modernen Ärzte kurieren nur äußerlich.

Die Krankheit bleibt im Körper. Früher oder später taucht sie an einer anderen Stelle wieder auf. Deswegen müssen wir vorbeugend Medizin einnehmen.

Medizinleute können sich nicht selbst behandeln

Medizinleute können sich nicht selbst behandeln. Es klingt vielleicht verrückt, aber ich denke, das hängt mit Fürsorge und Liebe zusammen. Ich denke, wenn jemand krank ist, wie zum Beispiel mein Vater, dann hat seine Besserung sehr viel mit Liebe zu tun. Er weiß, daß ich ihn liebe, und er vertraut mir, daß ich das Richtige tue, um ihm zu helfen.

Wir Indianer stecken alle zusammen und kümmern uns umeinander. Die Medizinmenschen bleiben bei ihren Leuten, um ihnen zu helfen.

Mir liegen die Indianer am Herzen, weil es nur noch so wenige von uns gibt. Du kannst die Karte der Vereinigten Staaten nehmen, einen Bleistift holen und Punkte einzeichnen, das sind die Reservate. So wenige sind wir. Deswegen liegt uns sehr viel aneinander, ich weiß nicht, ob sie sich in anderen Kulturen so nahe sind.

Die Weißen halten nicht so eng zusammen. Ich glaube, deswegen nicht, weil sie sich nach der Regierung und dem Staat richten; die Gesetze versuchen, die Menschen zu vereinheitlichen, und das funktioniert bei weißen Menschen offensichtlich sehr gut. Bei uns Indianern nicht. Wir behalten unsere eigene Kultur.

Meinen Vater heilen

Mein Vater war ein Partygänger. Er tanzte und trank gern, aber er war kein schlechter Mensch. Er hat das Leben einfach genossen. Er hatte 20 Jahre lang Blutzucker, Diabetes. Er gab sich selbst Spritzen. Er sagte: »Nun, Liebes, du bist zu Hause. Du weißt, was du jeden Tag zu tun hast, siehst du diese Spritze?«

Er nahm seinen dicken Arm und schob die Spritze rein. Ich sagte: »O Gott, Paps«, sagte ich. »Ich mache das nicht. Auf keinen Fall!« Ich sagte: »Ich putze keine Fenster und nehme keinen Fisch aus, ich spiele nicht Bingo, und das hier mache ich auch nicht.«

Meine Zehen, das schwöre ich bei Gott, die drehten sich so herum. Er lachte, weißt du, er kennt das schon. Ich sagte: »Morgen früh, Paps, da holst du das Boot raus und machst es fertig.« Ich sagte: »Wir fahren raus und holen Medizin.«

Ich fuhr also mit ihm und einem anderen alten Mann von da unten los, mit dem ich seit 20 Jahren Medizin sammle und zusammenarbeite. Zu dem sagte ich: »Wir müssen Medizin holen. Ich will verdammt sein, wenn ich ihm solche Spritzen gebe. Ich mache das einfach nicht.«

Er lachte und sagte: »Er ist dein Vater, du mußt es machen.«

Ich daraufhin: »*Nein*. Ich mache das nicht!« Ich sagte: »Ich werde das nicht machen.«

Am nächsten Morgen brachen wir direkt von hier auf. Wir holten Medizin. Wir holten sieben verschiedene Arten. Ich ging nach Hause und fing an, die Sache in die Hand zu nehmen. Innerhalb von vier Monaten hatte ich den Mann von seinem Zucker völlig geheilt. Keine Spur mehr davon. Er ist jetzt seit sieben Jahren gesund.

Vier Monate, nachdem ich nach Hause gekommen war, hatte er einen Schlaganfall, weil er keine Medikamente mehr hatte. Er hatte sie einfach weggelassen, weil er nie auf sich achtete. Er wußte nicht, wie das geht. Er hatte einen Schlaganfall, und der Arzt sagte: »Machen Sie sich keine großen Hoffnungen. Ihr Vater ist 83 Jahre alt.« Zu der Zeit sagte er: »Da ist nicht mehr viel zu holen; vielleicht noch ein Jahr, sechs, sieben Monate, dann ist es vorbei mit ihm.« Ich sagte: »Erzählen Sie mir nicht, daß mein Vater stirbt, denn er stirbt nicht.«

Ich ging zurück und holte noch mehr Medizin, ach, und diese Senfflaschen, in die nur so ein bißchen reingeht . . . Ich kam nach Hause und machte einen großen Topf von der Medizin fertig und brachte sie in Senfgläsern ins Krankenhaus. Er konnte nicht reden; er lag einfach nur da. Ich nahm einen Strohhalm oder Löffel oder was ich gerade zu fassen bekam, und gab ihm das. Selbst im Krankenhaus sorgte ich dafür, daß er seine Medizin hatte. Aber wir machten ihn gesund!

Er hatte vier Schlaganfälle, aber mit Hilfe der indianischen Medizin lebt er immer noch. Er steht immer noch auf. Er läuft herum. Geht zur Toilette. Ich habe keine Schwierigkeiten mit ihm.

Ich sagte zu ihm: »Stirb mir hier nicht weg. Ich bin nicht nach Hause gekommen, um dich unter die Erde zu bringen. Reiß dich zusammen, sorge dafür, daß es dir gutgeht.«

Indianische Medizin nimmst du meistens vorbeugend ein. In der weißen Gesellschaft versuchen sie, die Menschen zu vereinheitlichen. Aber wir sind alle anders. Du magst bestimmte Sachen essen, die mir nicht schmecken, und eine Dritte mag wieder etwas anderes, obwohl wir vielleicht in derselben Gegend leben. Wir essen alle anders. Wenn du zum Arzt gehst, sagt der dir: »Sie dürfen das nicht essen, da ist Zucker drin. Sie dürfen das nicht essen, das ist weißes Brot. Sie brauchen Vollkorn.« Aber du mußt essen, woran dein Körper gewöhnt ist.

Meine Stiefmutter erzählte mir, bevor sie starb: »Dein Vater darf kein weißes Brot, und dein Vater darf kein rohes Fleisch, und er darf kein ... dein Vater darf keinen Wein trinken und keinen Schnaps.«

Da sagte ich zu ihr: »Jesus Christus, entschuldige diesen Ausdruck, Mary, aber was zum Teufel ißt er denn? Kein Wunder, daß er krank ist.«

Sie gab ihm, was der Doktor gesagt hatte. Er nahm neun verschiedene Pillen, die der Doktor ihm verschrieben hatte. Eine war gegen Blähungen, eine für die Nerven, eine, damit er einschlief, eine, um sein Blut zu verdünnen, und was weiß ich noch alles.

Ich schaute mir die Pillen an, ich schaute den Doktor an und sagte: »Können Sie mir erkären, wofür diese Pillen sind?«

Er erklärte es mir der Reihe nach, und jedesmal sagte ich: »Er braucht das nicht; er braucht das nicht. Wofür ist das? Das braucht er nicht.«

Er sagte: »Das können Sie nicht machen!«

Ich sagte: »Hören Sie mir gut zu! Sie bringen meinen Vater um. Ich versuche, sein Leben zu retten.«

Er sagte: »Haben Sie irgendeinen Abschluß, damit ich weiß, wozu Sie befugt sind?«

Ich sagte: »Überlassen Sie die Verantwortung ruhig mir. Ich werde mich um meinen Vater kümmern.«

Er hat keine Blähungen mehr, keine Schwierigkeiten mit seinem Blut und auch keinen Zucker mehr. Er hat auch keine Probleme mit den Schlafen. Und er hat keine Probleme mit der Verdauung. Er kann jeden Tag aufs Klo. Viele ältere Leute können nur ein-, zweimal die Woche.

Mein Vater ißt Eis, Kuchen, er ißt Donuts, trinkt Milch, und nicht diese verwässerte Milch, keine Magermilch. Dad ißt alles und hat keine Probleme mit Zucker.

Ich sagte zu dem Arzt: »Erzählen Sie mir verdammt noch mal nicht, daß mein Vater stirbt, denn ich bin nicht bereit, ihn sterben zu lassen.«

Der Arzt ist tot; er ist inzwischen gestorben.

Spielkasinos und Geld

Was ich da mit den Teeblättern anstelle, ist nichts Großartiges. Für mich ist das nicht so wichtig. Für manche Leute aber schon. Ich komme in Kontakt mit Leuten, die spielen, wie die Kriegergemeinschaft. Diese Leute sind sehr durcheinander. Aber wenn sie zu mir kommen, sehe ich keinen

Krieger vor mir. Ich sehe einen Menschen, der sehr verstört ist und jemand braucht, der ihn leitet.

Die Krieger, wie sie sich selbst nennen, brauchen Hilfe, um ihre Situation zu verstehen. Wenn ich die Teeblätter für sie deute, hilft ihnen das bei der Entscheidung, wie es für sie weitergehen soll. Ich gelte als »anti«, denn ich bin gegen das Spielen und alles, was da noch passiert, zum Beispiel Zigarettenschmuggel. Und hier sitzt ein Mensch vor mir, der das Spielen und alles, was damit zusammenhängt, unterstützt. Das Traurige ist, daß diese Leute glauben, wir hätten kein Geld, wenn es keine Spiele gäbe, und keinen Fortschritt. Wir brauchen das nicht, denn das Spielen zerrüttet unser Leben. Sie wissen in ihrem Herzen und tief in ihrem Inneren, daß es gefährlich ist. Aber sie brauchen Geld. Sie begreifen nicht, daß sie all das nicht nötig haben.

Je mehr Geld du hast, desto mehr Probleme hast du auch. Nimm diesen kleinen Laden hier; ich verdiene nicht viel Geld, aber genug, um meine Rechnungen zu bezahlen und zu machen, was ich will. Wenn ich heute nachmittag zumachen will, drehe ich einfach den Schlüssel um und schließe. Manche sagen, da verliere ich Geld. Ich sage, was ist schon Geld. Dann verdiene ich es eben morgen. Ich werde nicht sterben, wenn mir heute nachmittag 30, 40 Dollar durch die Lappen gehen. Ich wandere in die Berge, pflücke Süßgras, genieße die schöne Luft und mache mit Dad einen Ausflug. Das ist mir mehr wert als 30 Dollar. Ich, ich mache, was ich will, und ich danke dem großen Friedensstifter dafür. Es ist wichtig, daß ich in die Berge gehe. Ich werde es tun.

Schwierigkeiten in Akwesasne

Wir hatten hier Schwierigkeiten wegen der Spielkasinos. Es hätte gar nicht soweit kommen dürfen. Unsere Regierungen, es gibt drei Regierungen für ein Volk ... so zerstückelt. Wir haben einen Stammesrat, dann die Bruderschaft und das Langhaus. Im Langhaus sind die traditionell eingestellten Leute. Auf kanadischer Seite gibt es die Bruderschaft, und die Stammesleute sind Amerikaner. Die haben sich alle zusammengeschlossen und die Gemeinde zusammengerufen, um unsere Meinung zu hören, und ich habe zu ihnen gesagt: »Wißt ihr, das ist eure Chance, souverän zu sein. Ihr habt euer Langhaus, ihr habt euren Bruderschaftsrat, und ihr habt den Stammesrat.« Der Stammesrat rief Cuomo und die Staatspolizei, damit sie uns helfen. Aber sie helfen uns nicht. Die Bruderschaft kann uns auch nicht helfen, das geht überhaupt nicht. Bleiben nur noch die Traditionalisten. Das sind wir; ich gehöre zu den traditionellen Leuten, und ich werde nicht groß herumposaunen, was hier passiert. Wenn du früher mit solchen Leuten Schwierigkeiten hattest, hast du ihnen ein Ohr abgeschnitten und sie aus diesem Reservat verbannt. Du hast einfach gesagt: »Wenn es dir nicht gefällt, wie die Dinge hier laufen, und du den Leuten zusetzt, dann wirst du verbannt.«

Krieger

Die Leute benutzen das Wort *Krieger*, das dürfte gar nicht sein. Krieger, wirkliche Krieger, werden von den Klan-Müttern ausgesucht in Zeiten, in denen sie gebraucht werden. Sie werden ausgesucht, um die Familie und das Volk zu verteidigen. Heute gibt es ein paar Radikale, einige von ihnen sind noch sehr jung. Es kann einen krank machen, mitanzusehen, daß sie nicht imstande sind, die Lebensweise ihres eigenen Volkes zu verstehen. Es macht einen krank, daß sie sich selbst als Krieger bezeichnen, sich selbst dazu ernennen, ohne daß die Klan-Mütter sie ausgesucht haben. Diese Leute wissen gar nicht, was es wirklich heißt, ein Krieger zu sein.

Manche Leute sind so durcheinander. Einige fangen gerade an, etwas über ihre Traditionen zu erfahren, ohne vorher davon gewußt zu haben. Und sie haben die Waffen gegen ihre eigenen Leute gerichtet. Jetzt fangen sie an, sich Gedanken darüber zu machen. Ich habe ihnen erzählt, was ich in der Tasse sah, ich habe die Teeblätter für sie gedeutet und ihnen gesagt, daß sie auf dem falschen Weg sind. Es liegt an ihnen, das in Ordnung zu bringen, denn nach unseren

Gesetzen und Anordnungen im Langhaus ist es so: wenn du zu Anfang auch nur den Bruchteil von einem Zentimeter abweichst, bist du zu dem Zeitpunkt, an dem du deinem Ziel näher kommst, schon meilenweit von deinem eigentlichen Weg entfernt.

Heute gibt es in Akwesasne eine Gruppe von etwa zwanzig Kindern zwischen zehn und dreizehn, vierzehn Jahren alt. Sie nennen sich Dolch-Krieger. Es sind so prächtige Jungens. Sie könnten eine wichtige Rolle in der Gemeinde spielen, aber sie laufen rum und terrorisieren die Leute. Ihre Eltern müssen Geld haben, denn sie haben Wheelers (motorisierte Kleingefährte, Anm. d.Ü.) mit drei und vier Rädern. Meistens haben sie drei- oder vierhundert Dollar in der Tasche und beklauen andere. Sie rasen auf ihren Fahrzeugen durch die Gemeinde.

Vor etwa zwei Wochen fuhr einer von ihnen die Straße hoch, holte einen Freund ab und raste hier durch St. Regis und knallte mit einem Auto zusammen. Einer der Jungen war sofort tot, und der andere ist hirntot. Das waren genau dieselben beiden, die mich terrorisiert haben, als ich für die Leute kochte, die vor den Kasinos Wache schoben, damit dort nicht mehr gespielt wird. Diese Burschen kamen hier vorbei und drohten, den Propangastank in der Bäckerei hochgehen zu lassen. Ich sagte zu ihnen: »Ihr seid verrückt! Wenn ihr diesen Tank hochgehen laßt, geht ihr selbst mit in die Luft. Ihr seid einfach dumm. Ihr wißt nicht, was ihr tut.«

Es macht mir so zu schaffen, was mit den beiden passiert ist. Ich frage mich immer noch, warum es mir so zu schaffen macht, wenn einige Leute in der Gemeinde sagen: »Gut so, jetzt müssen wir uns nicht mehr mit ihnen herumschlagen.«

Sie waren kleine Arschlöcher. Am liebsten hättest du sie vermöbelt und ihnen Manieren beigebracht. Aber ich hätte mir nie gewünscht, daß sie sterben sollten.

Indianer sein

Manche halten sich heute nicht mehr an die Traditionen, tun aber nach außen hin so. Diese Leute leben nach Klischees. Sie ziehen sich schicke indianische Sachen an, setzten sich eine schwarze Sonnenbrille auf und tragen ihr Haar lang.

Wenn du Indianer bist, dann bist du's eben, so ist das für mich. Dann mußt du keine Wildledersachen, Perlen, Federn und das ganze Zeug tragen. Ich sage immer, wenn du Indianer siehst, die sich so anziehen, dann leben die nach Klischees. Schaut, ich trage Wildledersachen, eine schwarze Sonnenbrille und lange Haare, ich bin Indianer. Natürlich kommen die Weißen hier vorbei, schauen sich um und sagen: »Wo sind die Indianer? Oh, da ist einer, trägt Wildleder, lange Haare und eine schwarze Sonnenbrille. Das ist ein Indianer.«

Und das ist traurig, denn diese Leute wissen viel, aber sie verstecken sich hinter dem Friedensbaum. Sie benutzen das als Vorwand, und das ist wirklich übel. Aber ich glaube, daß sie mit Drogen und all dem Zeug angefangen haben, weil sie so viel Wissen über Indianisches und indianische Lebensweise hatten.

Bei uns gibt es doch auch dieses Sprichwort, daß die Kinder für die Sünden ihrer Eltern büßen müssen. Du kannst das täglich beobachten, daß die Eltern etwas anrichten und die Kinder in der einen oder anderen Weise dafür bezahlen müssen. Das ist traurig.

Die Stärke der Frauen beim Konflikt

Die Mohawk-Frauen sind die stärksten. Wir sind die besten. Wir sind das Rückgrat unserer Gemeinschaft. Wir sind hier stark. Wenn die Männer nicht machen, was wir von ihnen wollen, gehen wir hin und machen es selbst. Wir sind die Kriegerinnen, die wirklichen Kriegerinnen.

Wir konnten den Staat nicht dazu bewegen, uns zu helfen. Wir konnten auch die Provinzpolizei von Quebec, die QPP, nicht zum Kommen bewegen, auch nicht die Royal Canadian Mounted Police. Es hat uns einfach gereicht. Wir wandten uns überall hin, und auch unsere Häuptlinge konnten nichts machen; es ging einfach nicht. Als sie nicht dafür sorgen konnten, daß die Anordnung von uns Frauen, die Spielkasinos zu schließen, ausgeführt wurde, mußten wir die Sache selbst in die Hand nehmen.

Ich sagte: »Keiner nimmt uns das ab. Laßt uns selbst hingehen und kämpfen.«

Und das taten wir auch. Wir haben uns zusammengetan, gingen hin und traten sie in den Hintern. Ich weiß auch nicht, woher wir die Kraft nahmen. Aber, Junge, Junge, ich sage dir, als wir erstmal losgelegt hatten, konnte uns keiner mehr aufhalten.

Ich habe während der Belagerung manchmal 24 Stunden durchgearbeitet, um für die Leute zu kochen, die das Kasino bewacht haben. Ich weiß nicht, woher ich die Kraft genommen habe. Ich sage immer, es gibt höhere Wesen da oben. Die Götter. Und die übernehmen meinen Körper. Ich weiß selbst nicht, wie ich das gemacht habe. Und ich habe keine Drogen oder Tabletten genommen, gar nichts. Das ist etwas, was ich selbst nicht verstehe.

Die Leute sahen mich und fingen an zu lachen: »Was kann ich dir bringen?« Ich sagte: »Gib mir ein paar Orangen oder Äpfel«, und plötzlich kamen von überall Lebensmittel, Geld. Ich brauchte kein eigenes Geld auszugeben.

Wir kochten und kochten all diese Mahlzeiten. Alle waren glücklich. Ich habe vom ersten bis zum letzten Tag der Belagerung gekocht.

Und wir haben diese Kasinos geschlossen.

Frauen haben die Macht von Generationen

Frauen. Sie haben die Macht von Generationen. Frauen haben die Macht, Kinder zu bekommen oder auch nicht.

Wenn alle Frauen beschließen würden, keine Kinder mehr zu bekommen, kannst du dir ja vorstellen, wie lange es diese Welt geben würde. Sie wäre einfach ausgelöscht.

Du kennst bestimmt das alte Sprichwort: »Hinter jedem erfolgreichen Mann steht eine Frau, die ihn den ganzen Weg nach oben drängt.« So wird auch das Langhaus geleitet. Wir setzen die Männer ins Büro, und wir können sie da auch wieder rausholen. Die Leute denken, die Häuptlinge hätten die Macht. Aber das stimmt nicht; sie sind nur ein Werkzeug. Die Frauen sind die Speichen dieser Gemeinschaft. Sie müssen die Kinder gebären; wir müssen dafür sorgen, daß sie richtig erzogen werden. Und dann gibt es bei uns die Klan-Mütter. Frauen sind für alles die wichtigste Quelle. Ohne Frauen gäbe es kein Leben.

Für dich klingt das vielleicht etwas ordinär, aber in Wirklichkeit, weißt du, wenn die Männer Sport machen wie Boxen oder Ringen, dann haben sie keinen Sex und leben enthaltsam. Und deswegen, ich weiß auch nicht, es ist . . . ich weiß nicht, wie ich es erklären soll, aber . . . ach, wenn du, ach, ich könnte das in meiner Sprache sehr viel besser erklären. Es geht darum, daß ein Mann, der trainiert oder Sport macht, enthaltsam lebt und dann sehr viel wacher und stärker ist.

In unserer Kultur war es vor langer Zeit den Frauen, die ihre Periode, ihre Menstruation hatten, nicht erlaubt, unter die Leute zu gehen, sie hatten außerhalb eine Hütte. Dort blieben sie. Sagen wir, ich hätte drei oder vier Töchter und

zwei hätten ihre Periode, dann dürften sie nicht hiersein. Sie müßten dort bleiben, bis ihre Periode vorbei ist, denn wir glauben, daß sie eine bestimmte Anziehung auf Männer haben, wenn sie ihre Periode haben. Damit haben sie den Männern den Kopf verdreht, ohne daß sie wußten, was da passierte. Es war einfach so.

Wenn jüngere Frauen da sind, Mädchen, die vielleicht noch Jungfrau sind, sind Männer . . . sie finden diese Mädchen offensichtlich anziehender als die Frauen, mit denen sie schon Sex hatten, und sie wissen das noch nicht einmal. Das ist vor allem dann so, wenn die Mädchen ihre Periode haben. Und die Männer haben keine Ahnung, was los ist. Sie fühlen es wirklich nicht, aber es wirkt wie ein Magnet.

Aber noch mächtiger sind Frauen, die ein Baby bekommen, das wirkt genauso. Sie wurden von den Leuten ferngehalten . . . regelrecht ferngehalten . . ., weil sie die Energien an sich zogen und so mächtig waren. Das ist merkwürdig, und schwer zu erklären.

Zieht Kraft ab. Das passiert einfach. Das Baby in ihr zieht automatisch jede Energie oder Kraft an sich. Man muß sich davon fernhalten.

Für mich ist das etwas ganz Alltägliches.

In unserer Gemeinschaft ist es so, daß die Frauen bestimmen. Die Frauen haben bei uns starke Rechte. Es gibt viele Zeremonien, die sind nur für Frauen. Wir sprechen meistens nie über diese Dinge; sie sind heilig.

Frauen: Das Rückgrat deines Zuhauses

Nimm dich selbst zum Beispiel. Wie wärst du dran, wenn du deine Frau nicht hättest? Die dafür sorgt, daß das Feuer nicht ausgeht, während du weg bist? Nichts wärst du, da bliebe nicht mehr viel von dir übrig. Du kommst nach Hause, und was findest du vor? Kein Zuhause, nur ein Haus. Ein Haus ohne Frau ist kein Zuhause. Als du jünger warst und von der Schule kamst, hast du als erstes immer die Tür aufgemacht und laut gerufen: »Mama!« Wenn sie nicht da war, hattest du dieses Gefühl von Leere im Herzen.

Selbst bei mir zu Hause ist das so. Immer wenn die Tür aufgeht, und noch bevor sie wieder zugemacht wird, höre ich sie rufen: »Ma-a!« So ist es in jeder Familie. Da ruft niemand: »Dad!«, sondern immer nur »Ma«.

Wenn es keine Mutter gibt, bleibt gar nichts.

Ein Mensch muß sehr stark sein, um ohne Frau leben zu können. Deswegen gehe ich davon aus, daß Frauen der Hauptrückhalt unserer Gesellschaft sind. Sie sind das Rückgrat.

Eine Frau ohne Familie ist nichts, denn wenn eine Frau keine Kinder und keine Familie hat, ist ihr Leben sehr leer.

In unserer Kultur hat eine Frau einen Mann geheiratet, um Kinder zu bekommen, sie zu versorgen und zu beobachten, wie sie wachsen, um zu sehen, in welche Richtung sie sich entwickeln und sie darin zu unterstützen. Heute ist das nicht mehr so. Schon mit vier Jahren liefern sie ihre Kinder bei irgendwelchen Fremden ab, die nichts über ihr Kind wissen. Das Kind wächst auf und wird nie in seinen Fähigkeiten unterstützt. Es fühlt sich verloren, und noch bevor es dreizehn ist, nimmt es Drogen, weil es so durcheinander ist. Es ist voller Energie, die in ihm brodelt, und weiß nicht, wohin damit, also vergiftet sie sein Denken.

Freier Sex

Die Frauen haben früher ihre Kinder abgetrieben, wenn sie keine wollten. Sie nahmen Medizin, wenn sie keine Kinder wollten. Sexualität spielte eine sehr wichtige Rolle in ihrem Leben, denn es gab eine Zeit, wo sie freien Sex hatten, und eine Zeit, wo das vorbei war. Es gab eine Zeit, wo die jungen Männer Sex brauchten, und sie konnten nur Sex mit älteren Frauen haben, die keine Kinder bekamen. Es war fast, ja, fast wie eine Orgie, eine Minischule. Das war Sitte im Frühling. Da gab es so etwas wie eine Orgie, wo die jungen Männer lernten, mit Sex umzugehen, aber nicht mit den jungen Mädchen. Sondern mit älteren Frauen, die keine Kinder mehr bekommen konnten.

Das stammt noch aus der Zeit, wo sie die Jungfrauen geopfert haben, als die Frauen verheiratet wurden, aber die Familie den Ehemann aussuchte. Die Mädchen mußten unberührt sein. Sex spielte da eine wichtige Rolle, du könntest wahrscheinlich ein ganzes Buch darüber schreiben.

Mir ist es egal, von welcher Kultur du kommst, heute hängt das alles davon ab, wie du aufgewachsen bist und wie stark du dich deiner Kultur zugehörig fühlst. Für mich ist es nicht richtig, Kinder ohne den Mann zu bekommen, mit dem du verheiratet bist. Das gilt für mich immer noch, aber vielen Frauen, ach, denen ist das egal. Die scheren sich nicht darum. Vor allem hier haben viele Frauen Kinder, weil die Regierung ihnen Geld dafür gibt. Je mehr Kinder sie haben, und es ist ihnen scheißegal von wem, desto mehr Geld haben sie in der Tasche.

Am Anfang unserer Zeit war es etwas sehr Heiliges, Kinder zu bekommen und dich einem Mann erst hinzugeben, wenn du mit ihm verheiratet warst. Im Langhaus ist es heute noch fast genauso.

Manche Menschen lehnst du sofort ab, wenn du sie kennenlernst, du fängst an, an ihnen herumzukritisieren und suchst nach Dingen, die du ihnen anhängen kannst. Selbst wenn sie dir nie etwas getan haben, möchtest du ihnen eins auswischen. Dann wieder gibt es Leute, die richten soviel Schaden an, und trotzdem kannst du sie nicht hassen. Warum ist das so? Ich weiß es nicht. Wie dieser Bursche da, der hat so einen schlechten Ruf, er ist so hinter den Frauen her. Manche sagen, man sollte ihn aus dem Langhaus werfen. Ich sage, er tut doch niemandem was zuleide. Ich sagte, schließlich können Frauen, wenn sie die Röcke hochschlagen, schneller rennen als ein Mann, der die Hosen runter hat. Stimmt's?

Die Kinder sind immer dabei

In unserer Gemeinschaft sind die Kinder immer dabei, ganz gleich, was wir tun. Aber geh zu den Weißen, da wird den Kindern immer gesagt: »Geht raus spielen.«

Als ich meinen Mann heiratete, hielt ich sozusagen Einzug in die Gesellschaft der Weißen. Er war ein Weißer, und diese Leute schlugen ihre Kinder und brachten ihnen überhaupt nichts bei.

Als ich aufwuchs, war das anders. Es gab keine Kluft zwischen den Generationen. Die Kinder redeten und spielten mit den Alten. Die Leute im mittleren Alter reden mit den Teenagern. Heute erlebst du das nicht mehr. Selbst Indianer sind heute nicht mehr so wie früher. Ich glaube, deswegen haben wir so viele Probleme.

Du mußt das Gute in dir fördern und es beibehalten. Weißt du, das ist das eine, daß ich nie versucht habe, meine Kinder zu ändern, nie. Ich habe meine Kinder nie taufen lassen. Ihr Vater war Katholik; ich bin Traditionalistin. Ich habe meine Kinder um ihres Vaters willen nie taufen lassen. Ich habe sie auch nie ins Langhaus mitgenommen. Ich möchte, daß sie die Menschen sind, die sie sein wollen. Ich sage ihnen immer: »Wenn du ein ›Holy Roller‹ (nordamerikan. Sekte, Anm. d.Ü.) werden möchtest, dann tu das, aber sei ein guter ›Holy Roller‹. Wenn du Katholik sein möchtest, sei ein guter Katholik, ein guter Christ. Werde nicht Katholik, nur weil dein Vater Katholik war und möchte, daß du's auch wirst. Ich möchte nicht, daß ihr ins Langhaus geht, nur weil ich dort bin. Wenn du ins Langhaus gehen möchtest, dann mußt du wirklich dafür eintreten. Sei am besten, was du gerne sein möchtest. Wenn du nichts findest, dann laß dich treiben, bis du herausfindest, was du sein willst.

Unser Land ist wie unsere Mutter

Unsere Umwelt ist etwas Erstaunliches. Jetzt, wo ich älter werde, lausche ich immer öfter der Welt, unserer Mutter, unserer Mutter, der Erde, und den Planeten und Bäumen, den Käfern und Tieren und allem anderen um mich herum. Ich achte auf das, was unsere Umgebung sagt. Der Mond und die Sonne und selbst der Wind haben Einfluß auf uns. Und ich sage: »Schau dir den Mond an. Morgen ist er voll, die Energie in unserem Universum steigt an, die Moskitos werden ausschwärmen. Schau, jetzt, jetzt gibt es keine Moskitos; sie kommen erst gegen fünf Uhr raus, denn dann ist die Energie am stärksten.«

Es war doch so, es war sechs Uhr. Wir saßen hier, und ich wollte die Teeblätter für dich deuten. Es war Vollmond, und ein Moskito setzte sich auf meinen Arm. Genauso war's. Ich sagte: »Siehst du, ich hab's dir doch gesagt.«

Für uns, für uns Indianer ist das Land wie eine Mutter, die uns alles gibt, Medizin zum Beispiel. Alles, was uns lieb ist, ist auch heilig für uns, wie unser Land, denn es gibt uns unsere Medizin.

Du sorgst für das Land, und es sorgt für dich. Deswegen nennen wir es Mutter Erde.

Eines Tages werden wir nicht mehr schwimmen gehen können

Uns Indianern, uns liegt unsere Umwelt sehr am Herzen. Als ich ein kleines Mädchen war, saß mein Großvater immer pfeiferauchend mit gekreuzten Beinen auf der Veranda, und einmal sagte er: »Tja, meine Kleine, eines Tages werden wir nicht mehr schwimmen gehen können, weil die Flüsse völlig verdreckt sind.«

Ich schaute dann zu ihm hoch und dachte: »Wie soll denn das möglich sein, wie können sie denn jemals all das viele Wasser dreckig machen?«

Hier ist noch etwas, was er sagte: »Es wird eine Zeit kommen, da können meine Enkelin und ihre Schwestern nicht mehr in dem Fluß da schwimmen. Er wird völlig verdreckt sein von all den Flugzeugen und den Fabriken in Cornwall, die ihre Abwässer in die Flüsse pumpen. Und auch die Medizin wird nichts mehr taugen.«

Die Weissen haben ihre Zeremonien verloren

Ihr Weißen habt eure Zeremonien verloren, und das ist eine traurige Geschichte. Ihr hattet das auch, aber die Regierung schert die Leute alle über einen Kamm, so daß sie ihre Identität verloren haben, und deswegen habt ihr in der Welt so viele Probleme. Weil die Menschen diese Dinge nicht mehr haben. Der Schöpfer hat dich erschaffen, hat dich gemacht. Du hattest das alles und hast es verloren. Und das ist nicht deine Schuld, wie vieles, was Menschen heute erleben. Es ist die Schuld deiner Vorfahren.

Die Weißen haben eine gewisse Kultur. Wenn eure Männer zum Beispiel nach acht Stunden von der Arbeit nach Hause kommen, sich auf die Couch plumpsen lassen und fernsehen, das ist ihre Kultur.

Sich am Sonntagmorgen rausputzen und dann in die Kirche gehen, um zu sehen, wer am besten angezogen ist. In der Hinsicht haben wir alle unsere Rituale, die wir einhalten: das gilt für jeden.

Fußballmannschaften, Baseballmannschaften.

Weißt du, bei uns . . . wie mein Sohn Timmie, als er in Korea war, in Übersee bei der Armee, schrieb er mir einen Brief, in dem stand: »Ma«, schrieb er, »es ist so öde hier. Nichts hat hier einen Sinn. Ich wünschte, ich wäre jetzt zu Hause bei dir, ich weiß, daß ihr bald losgeht, um Süßgras zu sammeln.«

Und es war so um diese Zeit. Ich bekam seinen Brief und las ihn und sagte: »Ach, mein Kind achtet wirklich auf diese Dinge.« Er weiß, wann Süßgras-Zeit ist, und er sagte, wie leer er sich fühlt.

Selbst heute, wo ich eigentlich kein Süßgras mehr holen muß, weil ich keine Körbe mehr flechte, gehe ich noch in die Berge, um es zu holen. Der Grund dafür ist eher, daß ich in das Wesen, in die Natur der Dinge zurückkehre, wenn ich das mache.

Wir sind wie Blumen auf der Erde

Es ist so traurig, wenn die Leute versuchen, alle Menschen gleichzumachen. Alle sollen gleich sein. Wir sind wie Blumen auf der Erde. Es wäre doch so langweilig, wenn wir da draußen nur Gänseblümchen sehen würden, schwarz-weiße Gänseblümchen. Verschiedene Menschen, verschiedene Ideen, verschiedene Überzeugungen – dadurch wird das Leben viel interessanter.

In den Reservaten leben zwar Indianer, aber viele von ihnen sind eigentlich keine Indianer. Sie verhalten sich eher wie Weiße. Sie glauben an das Christentum, und deswegen betrachte ich sie nicht als Indianer, denn sie haben sich auf die Überzeugungen, die Gesetze und den ganzen Kram der Weißen eingelassen.

Für unsere Leute war alles heilig

Für unsere Leute war alles heilig. Und wie heilig alles war. Wie heilig war es für sie, wenn der Frühling kam und das neue Grün hervorbrach.

Neues Grün wuchs aus der Erde, und alle feierten die Erdbeeren, die Bohnen, den Mais und den Beginn des Herbstes, die Medizin und alles. Ich sage immer: »Mensch, sieh dir das an. Sie sind so bemitleidenswert, sie nennen uns Wilde.« Und ich sage: »Sie wissen es nicht besser. Sie wissen es wirklich nicht besser. Sie können sich nicht auf nächste Woche freuen, wenn du diese grünen Insekten kommen hörst; sie haben lange Beine, grün ... Gottesanbeterinnen. Wie auch immer, die Leute taten ihre Arbeit, und plötzlich hörten sie das Zirpen, und sie hörten auf zu arbeiten und sagten: »Oh, toll, das Korn ist jetzt soweit, es wird jetzt reif.« Das war, wenn die Heuschrecken kamen. Und dann, wenn die Glühwürmchen flogen, sagten wir: »Mensch ja, jetzt können wir losgehen und Medizin sammeln.«

Und dann sahen wir die Grashüpfer kommen und sagten: »O nein, da sind die Biester wieder. Wir müssen Süßgras sammeln gehen.« Wenn du keins sammelst, dann springen sie auf das Süßgras, und überall, wo sie landen, hinterlassen sie ihren Tabak, ihre Zeichen, und der macht das Gras kaputt. Wenn der Wind die Blätter bewegt, brechen sie.

Das sind die kleinen Dinge, die die Indianer wissen.

Die katholische Kirche und der Weg des Kreuzes

Als die Jesuiten sich hier niederließen, stellten sie fest, daß sie, um hier existieren und überleben zu können, ihr System und unseres miteinander verbinden mußten. Sie veranstalteten immer eine Prozession, den Weg des Kreuzes, herum um das Dorf. Ich rede von früher, ich bin jetzt 54, gestern hatte ich Geburtstag. Ich war damals etwa 14; ich rede von der Zeit vor etwa 40 Jahren, als die Priester und Nonnen und die Leute sich ihre besten Sonntagskleider anzogen, und dann hatten sie diesen Burschen mit dem großen Ding da, das trugen sie durch das ganze Reservat. Sie machten an bestimmten Plätzen halt, und zwar da, wo die Leute vom Langhaus waren, wo ihre Klan-Häuser standen. Ich weiß noch, wie jemand sagte: »Heute fangen sie beim Wolf an, bei den Wolf-Klan-Leuten.« Das war oben auf dem Berg, wo meine Mutter und mein Vater wohnten.

Dort stand ein kleines Haus; sie bauten eine kleine Hütte, die für das Langhaus stehen sollte, das früher dagewesen war. Und dort befand sich auch ein Wolf-Symbol. Also hielten sie dort und beteten. Dann gab es da ein anderes Haus mit einer Schildkröte. Das war über den Berg; mitten im Ort beim Haus meiner Großmutter. Sie bauten diese Hütte mit drei Wänden, Rückwand und Seitenwände und Dach, und befestigten mit Reißzwecken Bettlaken daran, an die sie Blumen steckten, so daß die Priester, wenn sie kamen, dort hielten und beteten.

So verbanden sie das miteinander, damit alle Leute zu ihnen kamen. Weißt du, so waren die Christen. Sie wollten alle einfangen. Wenn sie dich nicht zum Glauben brachten, haben sie dich windelweich geprügelt, dann hast du schon geglaubt. So war das.

Ich fragte meine Mutter, ich sagte: »Wieso halten sie hier und da und da drüben.«

Sie sagte: »Da waren die Klan-Leute immer.«

Ich wollte als kleines Kind immer alles wissen. Ich ging den Fluß hinunter zu dieser alten verkrüppelten Frau. Sie war bettlägerig. Ich sagte: »Wer sind die Klan-Leute?«

Sie sagte: »Oh, davon redest du?« Und sie erzählte mir, was ich wissen wollte. Ich sagte: »Aha.«

Sie sagte: »Am Anfang gab es beim Volk der Mohawk nur drei Klans. Den Wolf, die Schildkröte und den Bären. Das waren die drei Hauptklans bei uns. Und für diese Hauptklans, da gab es für jeden einen Platz. Und dann gab es noch einen weiteren. Das war die Schnepfe. Der war für die Leute, die keinen Klan hatten.« Das war der Klan meines Vaters, denn er kam von Oklahoma und stammte von Weißen ab. Für die gab es also auch einen Platz.

Aber es war wirklich erstaunlich, wie sie die Christen und das Langhaus zusammenbrachten.

Heute kommen die Priester nicht mehr raus und holen sich bei den Prozessionen kalte Füße. Aber vor langer Zeit haben sie das immer getan.

Zeitweise – das muß auf dem Höhepunkt dieser Entwicklung gewesen sein – wollten die Katholiken einer der Sechs Stämme des Bundes der Irokesen werden. Und wir sagten: »Auf keinen Fall, für euch ist in unserer Gemeinschaft kein Platz.«

Sie wollten einer der Stämme im Bund sein wie die Mohawk, Onondagas, Oneida, Cayuga, Seneca, Tuscarora. Sie wollten einer von uns werden, wie ein Stamm der Christen. Wir sagten: »Verschwindet hier. Ihr paßt nicht in unsere Gemeinschaft.«

Sie waren hinter dem Platz der Mohawk direkt hier in Akwesasne her. Sie waren hinter ihnen her und wollten sie dahinkriegen, daß sie sich anschließen. Wir wurden wegen der Christen beinahe aus dem Bund rausgeworfen. So gehen sie vor, die Katholiken. Wenn ich meinen Wampum-Gürtel hätte, könnte ich dir das zeigen. Es gibt einen Wampum-Gürtel, der erzählt von zwei Leuten, Hand in Hand mit zwei Häusern oder einem Haus, und am Ende des Wampun-Gürtels sind an dieser Stelle sieben Reihen. Das kannst du nachprüfen, da sind sieben Reihen. Beim Wampum-Gürtel ist alles symbolisch. Wenn du ihn betrachtest und die sieben Reihen siehst, ist das die Stelle, wo die Katholiken sich anschließen wollten. Die siebte ist es. Jede Reihe steht für einen Stamm des Bundes. Das Wampum erzählt, was damals passiert ist, was passiert ist, als sie sich anschließen wollten.

Wenn du diese Zeit näher erforschst, wirst du sehen, daß die Mohawks gezwungen wurden, einen Sitz für die Christen einzurichten, und die Folge ist, daß wir beinahe aus dem Bund geflogen wären. Sie zwangen uns zu dem Versuch, einen Sitz für sie einzurichten, aber die Leute machten da nicht mit.

Das Langhaus ist wie heilige Erde

Jetzt ist das Langhaus ein Platz, wo sich alle treffen. Es ist wie heilige Erde. Du hast die Leute bestimmt schon davon reden hören, und ich kann das Langhaus denen, die nichts davon wissen oder verstehen, am besten erklären, wenn ich sage,

daß das ein Platz ist, wo Leute beten. Sie kommen für alles mögliche hierher, genauso wie andere Leute in die Kirche gehen. Aber wir betrachten es nicht als Kirche, weil unser Rat sich dort trifft, unsere sozialen Aktivitäten da stattfinden und weil wir die Wintersonnwende feiern; alles, weißt du, alles findet da statt. Alles kommt da zusammen . . . deine Politik, deine heiligen Feste, alles, wirklich alles.

Zu einer Zeit wohnten die Menschen bestimmter Klans alle zusammen in einem Gebäude. Das war das Langhaus. Heute haben wir nur ein Langhaus, weil jeder in seinem eigenen Haus wohnt.

Das Langhaus ist uns sehr, sehr heilig. Wir sollten streng darauf achten, daß es nur für die Ureinwohner ist, nicht für die Öffentlichkeit. Denn es gibt viele Leute, die kommen einfach nur, um zu beobachten und zu sehen, was die Indianer machen. Für uns ist diese Zeit im Langhaus etwas sehr Heiliges.

Wenn wir ins Langhaus gehen, müssen wir alle schlechten Gefühle und Gedanken draußen lassen. Wir müssen uns reinigen und uns davon befreien. Ich tue das, weil mein Schöpfer und ich miteinander reden, und ich weiß, das ist das natürliche Gesetz zwischen uns. Er und ich, wir wissen, was ich sage, und wenn ich mit meinem Schöpfer spreche, ist das eine Angelegenheit zwischen Ihm und mir. Nicht wie bei den Katholiken, wo du deine Sünden bekennst, dir wird vergeben, und dann kannst du hingehen und so weitermachen wie eh und je und anschließend wieder zur Beichte gehen und deine Sünden bekennen. Bei uns läuft das nicht so. Wir lassen das hinter uns. Wenn wir uns reinigen, ist das für immer. Du gehst nicht hin und machst so weiter wie bisher.

Deswegen heißt Heiraten in unserer Gemeinschaft auch, daß du nur einmal heiratest. Es ist nicht richtig, daß die Leute hingehen und heiraten und dann ihre Ehefrau oder ihren Ehemann einfach ausrangieren und sich jemand anderen suchen. Das ist nicht richtig. Du mußt sicher sein, daß du weißt, was du tust, wenn du dich auf solche Dinge einläßt. Das ist das Gesetz der Natur.

Es ist alles in dir. Du mußt immer ganz aufrichtig sein. Mit anderen Worten, du mußt aufrichtig sein in dem, was du tust. Die indianische Lebensweise ist so wunderschön, und die Leute hören einfach nie etwas davon.

Die meisten Menschen wissen noch nicht einmal, was es wirklich bedeutet, Indianer zu sein. Es gibt universelle Gesetze. Im allgemeinen richten sich die traditionellen Leute danach, und wissen, welche Bedeutung sie haben. Aber so viele meiner eigenen Leute wissen das nicht; sie wissen nicht, welche Bedeutung ihre eigene Lebensweise hat. Sie sind in die Irre geführt und geleitet worden.

Wenn du einmal deinen Weg verloren hast, ist es schwerer zurückzufinden.

Und dann auch noch etwas. Wenn du Land hast ... ich weiß nicht, wie ich das erklären soll, es ist sehr schwer für mich. Ich bin als Christin erzogen worden und aufgewachsen, und als ich 15 wurde, konnte ich vieles nicht verstehen. Ich fing an, ins Langhaus zu gehen, und erst dort, an Ort und Stelle, verstand ich allmählich viele Dinge, die wirklich richtig waren, und das, was die Christen mir erzählten, war es aber auch, das war so verwickelt, daß ich es nicht verstehen konnte.

Es heißt, wenn du Land hast, dann sollst du es nicht verkaufen. Du verkaufst dein Land nicht; du gibst es deiner Familie oder jemandem, der es braucht, denn wenn du Land verkaufst, ist das genau so, als würdest du deine eigene Mutter verkaufen. Das machst du einfach nicht. Als ich älter wurde und heiratete, kaufte ich dieses Land in Potsdam, und ich konnte es nie übers Herz bringen, das Grundstück dort zu verkaufen. Also sah ich davon ab und schenkte es meinem jüngsten Sohn und sagte zu ihm:

»Man verkauft kein Land. Wenn du Land oder Grundbesitz bekommst, verkaufst du es nie. Du kümmerst dich darum. Du gibst es an deine Kinder weiter. Wenn du keine Kinder hast, gibst du es an jemand anderen weiter. Du mußt dich darum genauso kümmern wie um deine Mutter, deinen Vater oder deine Großmutter, aber du verkaufst es nicht. Du kümmerst dich darum. Aber wenn du es nicht brauchst, dann bekommt es ein anderes Familienmitglied.« Für mich ist das etwas Heiliges, etwas sehr Heiliges.

Mittwinter ist wie unser Neujahrsfest

Wir haben eine Mittwinterzeremonie, ein Mittwinterfest, es fängt irgendwann im Januar an. Das ist wie unser Neujahrsfest. Es richtet sich nach dem Mond und den Sternen. Die Leute kommen von überallher, von allen sechs Stämmen. Das Mittwinterfest findet an verschiedenen Orten zu verschiedenen Zeiten statt, eine Woche hier, dann meinetwegen in Onondaga, dann in Oneida. Es macht die Runde. Keine zwei Stämme feiern es gleichzeitig.

Das Langhaus ist ein unabhängiger Platz, wo wir beten. Wie eine Kirche, aber es ist keine Kirche. Ein Platz, wo wir alle hingehen, alle traditionellen Leute, zum Beispiel, wenn wir jemanden beerdigen, eine Trauerfeier haben oder wenn die Zeit für unsere Feste kommt. Sehr oft werden Nicht-Indianer nicht reingelassen, zum Beispiel bei unseren Festen, wie eben Mittwinter. Auch zu anderen Zeiten dürfen sie nicht rein, vor allem, wenn die Hadoui dort sind. Das sind Medizinleute von der False-Face-Gesellschaft, die sich dort treffen, deswegen haben Nicht-Indianer keinen Zugang. Wenn das Treffen stattfindet, und du gehst einmal rein, kannst du nicht wieder rausgehen. Dann mußt du bleiben, bis es vorbei ist. Das ist wirklich etwas Unglaubliches, so schön. Wenn die Klan-Mütter zum Beispiel etwa gegen zehn Uhr abends, ach, wenn sie dann zu tanzen anfangen. Diese alten Damen, von denen manche Ende siebzig sind, sie stehen auf und tanzen von zehn Uhr abends bis fünf oder halb sechs morgens . . . ohne Pause. Du kannst gar nichts Schöneres erleben.

Ich fing mit 15 an, ins Langhaus zu gehen. Meine Mutter hat mich immer halb tot geprügelt, weil ich dorthin ging. Sie sagte immer: »Du bist so böse.« Sie sagte: »Weiß du eigentlich, daß du den Langhaarigen folgst?« Sie nannte die traditionellen Leute »Langhaarige«. Und sie machte sie immer herunter. Ich weiß noch, wie ich ins Langhaus ging, und da waren all diese Frauen mit ihren Babys. Und du hörtest da drinnen nie ein Kind schreien. Nie!

Ich komme im Langhaus nicht aus dem Staunen heraus, das gilt für alles, was ich dort erlebe und lerne. Das ist wirklich etwas ganz Besonderes. Wenn du einmal dorthin gehst und dabei bleibst, kannst du nicht zurück, ich hab's noch nie erlebt, daß jemand nicht mehr kommt.

Grossmutter Mond und Bruder Sonne

In unserer Gemeinschaft haben wir keinen speziellen Gott, auf den wir uns ganz konzentrieren und an den wir all unsere Gebete richten.

Der Mond ist unsere Großmutter, unser Bruder die Sonne, weiß du, und immer so weiter. So wie in der griechischen Mythologie, ganz verschiedene Kräfte. So ist es auch in unserer Gesellschaft. Wir haben die vier Winde. Und Gewittermacher.

Wir haben auch das kleine Volk, die kleinen Leute, wie die Iren, die haben ihre Kobolde.

In unserer Gesellschaft danken wir für den Mais, den Mutter Erde uns gibt. Wir danken Mutter Erde dafür, daß sie uns den Mais schickt, der uns nährt und wachsen läßt. Und wir danken auch den Bohnen und dem Kürbis. Und den Erdbeeren. Erdbeeren sind eine großartige Medizin für Frauen, um sich zu reinigen, um den ganzen Körper zu reinigen.

Die Nicht-Indianer glauben an Gott, aber wir glauben an das göttliche Universum.

Wie die Sonne, die ist unser Bruder. Sie gibt uns Kraft, sie gibt uns Leben. Dann der Mond, der ist deine Großmutter. Die Erde ist deine Mutter. Das indianische Gebet erklärt alles. Ein Mann sollte es beten. Es gibt Legenden, die werden von Generation zu Generation weitergegeben, da heißt es, überall, wo du auf Indianer triffst, da wächst Süßgras, denn das ist das Haar von Mutter Erde. Das ist Mutter Erdes Haar. Das Süßgras.

Lorraine Canoe · Brooklyn

Die Wände des Langhauses der Mohawk in Akwesasne in der nördlichen Provinz des Bundesstaats New York an der kanadischen Grenze knarrten, verwitterte Bretter schwankten hin und her, und der altersschwache Holzfußboden vibrierte wie die straff gespannte Haut einer Trommel, während Hunderte von Füßen sich im gleichen Takt zu den uralten Rhythmen der traditionellen Schildkrötenrasseln hoben und senkten. Die Gesänge des großen Federtanzes singend und stampfend, schlugen die erfahrenen Sänger mit den Rasseln immer wieder auf die primitiven hölzernen Bänke in der Mitte der großen Halle. Die schüchterne Braut führte die Frauen an, der Bräutigam ging stolz vor den Männern her, die Tänzer bewegten sich froh und bewußt ehrerbietig im Kreis: sie alle nahmen am heiligen Ritus zu Ehren des Schöpfers teil, bekräftigten dadurch seine Existenz und verliehen damit auch der Eheschließung des Paares Gültigkeit.

Wie die anderen Mitglieder ihres Klans saß Lorraine Canoe auf dem Platz der Wölfe und schaute aufmerksam zu, wie Braut und Bäutigam vom einen zum anderen gingen und jedem der Anwesenden von dem Hochzeitskuchen aus Maisbrot und Erdbeeren anboten.

Lorraine Canoe wohnt in Brooklyn, unterrichtet am Hunter College in New York City, und verkauft in Manhattan Gemüse, kehrt jedoch jeden Sommer und zu besonderen Zeremonien in ihr Haus in Akwesasne zurück. Jetzt, zu Beginn des Tanzes, der den letzten Teil der Hochzeitszeremonie bildet, richtete sich die Traditionalistin, die aus ihrer Haltung kein Hehl macht, alarmiert auf – Nicht-Indianer, die die Bedeutung des heiligen Rituals nicht kannten, hatten sich dem Kreis der Tänzer angeschlossen. Aber Lorraine hielt sich zurück.

Erst vor einer Stunde hatte Katsi'tsiahawi dafür gesorgt, daß sich die Köpfe im brechend vollen weißen Bretterbau des Langhauses drehten und Geflüster aufkam, als sie schüchtern durch die Frauentür eintrat.

Sie bot einen schönen Anblick in ihrem fransenbesetzten weißen Wildlederkleid und leuchtete wie der Vollmond an einem klaren, sternenübersäten Nachthimmel. Während alle Augen ihr folgten, bahnte sie sich langsam und gesetzt ihren Weg durch die Menge und traf auf halber Strecke mit dem Mann zusammen, der in Kürze ihr Ehemann sein würde. Mit Hochzeitskörben in der Hand nahmen die beiden ihre Sitze neben ihren Müttern und vor den versammelten Häuptlingen und Glaubenshütern ein

Ohne Eile erhob sich der zuvor gewählte Sprecher der Häuptlinge und wartete geduldig, bis sich die Aufregung legte. Kein Fanfarenstoß leitete seine Rede ein, mit sanfter Stimme, die kaum lauter als ein Murmeln war, hieß er alle Versammelten willkommen und dankte ihnen für ihr Erscheinen.

Wie es bei jeder Einleitung zu feierlichen Anlässen uralter Brauch ist, zitierte er dann aus dem Gedächtnis das überlieferte Eröffnungsgebet bzw. die Danksagungsrede. Nachdem er die Anwesenden an die Schönheit und die Pflichten aller lebenden Wesen der Schöpfung erinnert hatte, verkündete einer der Alten, der den Vorsitz führte, daß die Hochzeitszeremonie, die auf den ältesten gültigen Weisungen des Schöpfers beruhte, offiziell eröffnet sei.

Ernst wies er das aufmerksame Paar darauf hin, daß sie ihre Gelübde voreinander und vor dem Schöpfer ablegten. Es läge nicht in der Macht der Häuptlinge, sie zu verheiraten; diese würden nur die Weisungen des Schöpfers weitergeben. Wenn sie ihre Schwüre nicht hielten, würden sie sich und den Schöpfer betrügen.

Das Paar tauschte die Hochzeitskörbe aus. Im Korb der Braut befanden sich Kleidungsstücke als Zeichen dafür, daß sie sich ihrem Mann und ihren Kindern widmen und sie versorgen würde, indem sie deren Kleider in Ordnung und sauber hielt. Mit dem Überreichen seines Korbes, in dem sich der Hochzeitskuchen befand, versprach der Bräutigam der Braut, daß er sein Leben lang dafür sorgen würde, daß sie genug zu essen hätte.

Dann gab der Sprecher das Wampum, das das heilige Feuer des Stammes der Mohawk repräsentierte, zuerst der Braut und dann dem Bäutigam in die Hand als Symbol für ihren Schwur an den Schöpfer, sämtliche Weisungen und Eheverpflichtungen bereitwillig einzuhalten.

Zurück in New York City übertönt Lorraine Canoes fröhliche Stimme das Samstagsgelärme der Kunden und übrigen Verkäufer des Obst- und Gemüsemarktes am Union Square. Mit einem breiten Lächeln, die Hände trichterförmig vor dem

Gesicht und die Nase gekräuselt, ruft sie laut: »Arugula! Wenn Sie einen Strauß nehmen, ihn auf ihre Hände legen und dran riechen, duftet es wie Chanel Nummer fünf.«

Mit kräftiger, tiefer Stimme, wie um ihren Worten Nachdruck zu verleihen, verkündet sie: »Ich rieche lieber Arugula als Chanel Nummer fünf.«

Lorraine hatte als junge Frau, sehr zur Mißbilligung ihrer Mutter, die Sicherheit der Familie aufgegeben, teils aus Abenteuerlust, teils, um den Arbeitsplatz zu finden, den sie dringend brauchte, den es im Reservat jedoch nicht gab. Die Lichter der Großstadt zogen sie an, und sie landete – verheiratet und Mutter zweier Töchter – in Brooklyn, wo sie immer noch lebt.

Der Tanz ist nicht für jeden

Als die Nicht-Indianer aufstanden, um mitzutanzen, verlor der Tanz seine Bedeutung. Der Tanz nach der Hochzeit ist nicht für jeden, und als ich sah, wie die weißen Leute aufstanden, hat er für mich die Bedeutung verloren.

Ich habe zwei Töchter. Sollten sie jemals im Langhaus verheiratet werden ... Ich habe überall im Land Freunde – Nicht-Indianer, Juden, schwarze Freunde –, aber die kommen auf keinen Fall ins Langhaus. Das Langhaus ist nicht für Weiße, nicht für Schwarze. Sie sollten da nicht herumsitzen, bloß weil sie neugierig sind und etwas Neues erfahren wollen, was ihnen eventuell weiterhilft, nein. Weil sie verstehen, wer ich bin und woher ich komme, und aus Respekt akzeptieren sie das, ohne sich verletzt zu fühlen. Das macht ja ihre Freundschaft zu mir aus.

Durch jedes Reservat in diesem Land läuft eine Bundesstraße, und es gibt keine Schilder, auf denen steht, daß alle Besucher willkommen sind. Nicht, daß niemand willkommen wäre; aber wir alle haben unsere eigene Lebensweise. Es ist sehr, sehr schwer für uns, uns unsere Lebesweise zu bewahren, wenn einfach jeder ins Reservat kommen kann.

Wenn ich das Nicht-Indianern erzähle, sind sie manchmal verletzt. Manchmal sehe ich, wie ihre Augen feucht

werden. Es tut ihnen weh, es ist schmerzlich für sie. Manche möchten wirklich dazugehören, aber das ist nicht möglich. Sie müssen ihr eigenes Erbe finden.

Beim Tanz für alle werden die Schildkrötenrasseln nicht benutzt. Nie! Für mich ist es so: Wenn du die Schildkrötenrasseln herausholst und auf eine Bank legst, dann sollten niemals Weiße anwesend sein. Wo sind wir nachlässig und lassen sie mitmachen? Ich möchte dazu nichts weiter sagen, denn ich lebe ja nicht das ganze Jahr in Akwesasne, und wer zum Teufel ist denn schon Lorraine Canoe, sich da einzumischen?

Aber.. Ich werde *niemals* Kompromisse machen, was meine Tradition, meine Lebensweise, meine Zeremonien betrifft, und das gilt für *jeden*, für *alle*, und wenn ich dafür sterben muß. Ich muß ganz deutlich machen, wo ich denn stehe.

Ich würde alles tun, was in meiner Macht steht, um das Langhaus vor Außenstehenden zu schützen und Akwesasne vor Spielern, vor der Mafia, vor einflußreichen Leuten, die herkommen und denken, sie könnten etwas kaufen ... wie unsere jungen Frauen, und vor Leuten, die Drogen für die jungen Leute anschleppen. Die kommen und führen das Spielen ein – denkst du, da bleibe ich zu Hause sitzen und verstecke mich vor Angst? Wenn ich an die fünfhundert Jahre der Angst denke, an das, was meine Leute alles durchgemacht haben – vertrieben aus Deerfield, Massachusetts, am Ende des Mohawk Trail, und zurückgedrängt zum Sankt-Lorenz-Strom, meinst du, da weiche ich von meiner Haltung ab, von meinen Überzeugungen, damit wir mit den Spielkasinos einen wirtschaftlichen Aufschwung erleben? *Das kommt für mich, solange ich lebe, überhaupt nicht in Frage*, niemals werde ich zulassen, daß mir das passiert! Und auch meinen Kindern nicht. Und wenn uns das Große Gesetz sagt, wir sollen an unsere Kinder, an die nächsten sieben Generationen denken, wie kann ich das wahr machen, wenn ich mich heute nicht darum kümmere und etwas tue, damit in Zukunft dafür gesorgt ist? Ich würde da niemals Kompromisse machen.

Nicht genug damit, daß die Außenwelt uns ständig angreift, es gibt auch Mohawk, die die Zerrüttung unserer Lebensweise betreiben. Sie wissen gar nicht, was sie tun, weil sie nur im Kopf haben, was sie brauchen. Schicke Autos? Wollen sie so sein, wie die Leute da draußen? Gut, dann geht hin und macht da draußen Kasinos auf! Viele traditionelle Leute sind diesen Weg gegangen, und das ist sehr schmerzlich für mich.

Es passiert schnell, dass die Dinge verfälscht werden

Es passiert schnell, daß die Dinge verfälscht werden. Dort, wo ich geboren wurde, in Caughnawaga, gibt es drei Langhäuser, das heißt, drei verschiedene Gruppierungen von Traditionalisten. Alle glauben an das Große Gesetz. Das sind Verfälschungen. Das Große Gesetz ist besser als unsere Auslegungen. Diese Art der Einstellung kommt nicht von innen, sondern von außen. Je mehr Anpassung, desto mehr Gruppierungen. Es gibt unter den Mohawk immer noch viele traditionelle Leute, aber wo sind sie?

Ich bin aus Caughnawaga weggegangen, weil ich mit der Politik dort nicht einverstanden war. Drei Langhäuser! Wenn ich eines besuchte, waren die anderen wütend. Besuche ich das andere, werden die da drüben wütend. Warum

drei Langhäuser, wenn es nur einen Schöpfer, ein Großes Gesetz und überall nur das Eine gibt? Warum drei? Sie haben sich nach äußeren Entwicklungen gerichtet, statt darauf zu achten, um was es uns wirklich geht.

Ich sagte: »Ich kann hier nicht leben. Wie soll ich denn meine Traditionen umsetzen? Ich kann das nicht.«

O mein Gott! Und sie machen dort immer noch so weiter. Das kann man leicht sehen.

Ich vermisse Caughnawaga. In diesen letzten Jahren, wie sehr habe ich mich nach Caughnawaga gesehnt! Trotz all des Aufruhrs, all des unterschwelligen Mists, der dort läuft, ich vermisse es. Ich vermisse die Menschen, mit denen ich aufgewachsen bin, ihre Kinder. Ich vermisse diese Gemeinschaft,

aber ich bin nicht der Typ Mensch, der sich einer politischen Ideologie anschließt, um seine persönlichen Bedürfnisse zu befriedigen. Ich werde keine Kompromisse machen. Ich kann es nicht.

Wenn du Kompromisse machst, gefällt dir dein Gesicht nicht mehr, wenn du in den Spiegel schaust.

Ich ging vor 14 Jahren nach Akwesasne. Alle waren nett und freundlich. Akwesasne war genau das, was ich brauchte. Und was passierte dann? Aufruhr. Traditionelle Mohawk schlugen sich auf die Gegenseite! Warum? Es ging um Spiele und Geld!

Ich werde meine Tradition nicht verraten

Ich werde meine Tradition nicht verraten. Die Tochter einer Freundin von mir hat vor vier Jahren geheiratet. Ich habe sie vor dieser Hochzeit gar nicht mehr zu Gesicht bekommen. Ihre Mutter war Klan-Mutter, ich weiß nicht, warum sie es nicht mehr ist. Ich parkte vor der katholischen Kirche, und als sie aus dem Wagen stieg, ging ich zu ihr hin, packte sie beim Handgelenk und zog sie beiseite. Und ich sagte zu ihr: »Du trägst ein weißes Kleid; du siehst schön aus. Betritt dieses Gebäude nicht mit dem Wissen, das du hast. Noch hast du Zeit, deine Meinung zu ändern, doch wenn du erst einmal weitermachst, wann willst du dich dann umdrehen und zurückkommen?« Sie weinte, aber sie ging hinein.

Ich werde nicht in die katholische Kirche gehen. Ich werde mich nicht an etwas beteiligen, das unsere Kultur zerstört. Die meisten von uns sind getauft, aber ich lehnte die Religion ab, lehnte zwei Regierungen ab, die kanadische und die der Vereinigten Staaten, ich lehnte alles ab, was mich dazu bringen sollte, mich in diese Systeme einzufügen.

Wenn wir ein reines Herz haben, ein völlig reines Herz, so wie unsere Weisungen es uns lehren, dann sollten wir täglich danach leben, aber andere Religionen wollen uns ein anderes Glaubenssystem aufdrängen.

Die anderen Religionen lehren uns nicht, unserem reinen Herzen zu folgen; sie bringen uns bei, ihren Lehren zu folgen. Wo bleibt das reine Herz, wenn wir morgens aufstehen? Danken wir für das Tageslicht? Einige von uns nicht.

Sagen wir zum Beispiel, »Dieser verdammte Regen«? Das sollten wir nicht. Jeder Tag ist ein guter Tag, ganz gleich, welches Wetter wir haben. Es gibt Gründe für das Gewitter, für den Schneesturm. Es gibt keine miesen Tage.

Mein Mann kaufte mir einen Sony Walkman. Ich höre mir in der U-Bahn die Wassertrommel an. So bleibe ich in Berührung mit meiner eigenen Lebensweise. Ich nehme drei verschiedene U-Bahnen, um von Brooklyn zum Hunter College zu fahren, wo ich unterrichte. Wenn ich das Haus verlasse, beginne ich mit meinem Eröffnungsritual. Ich danke allen Menschen, all den Menschen, die überall dazu beitragen, daß diese Erde weiterlebt, ich danke der Erde und gehe weiter. In der U-Bahn bringe ich das Ritual zu Ende.

Und dann abends, nachdem ich gegessen, abgewaschen und aufgeräumt habe, kommt das Abschlußritual, oder ich sage einfach: »Ich danke dafür, daß ich heute einen so schönen Tag hatte.« Die anderen wollen die Leute bekehren und beherrschen. Wir mußten das durchmachen. Jetzt ist es an der Zeit, dem reinen Herzen zu folgen.

Die Welt ist gross genug

Souveränität. Was für ein großartiges Wort! Wenn ein Reservat zwei Regierungen hat, ein gewähltes Stammessystem und ein traditionelles, dann ist es vorbei mit Souveränität. Souveränität bedeutet, daß die Leute einer Meinung sind. Alle. Wenn alle drei Klans der Mohawk einer Entscheidung zustimmen – das ist Souveränität.

Wenn zwei Menschen nicht übereinstimmen, gibt es keine Souveränität mehr. Nimm zum Beispiel eine Herde Pferde, bei der alle in verschiedene Richtungen laufen, dann sind sie gespalten, und du kannst dir eine Spaltung nicht leisten. Wenn ein Mensch etwas tut, was nicht in Ordnung ist, versuchst du ihn darauf aufmerksam zu machen, damit er aufhört damit.

Wenn du eine Entscheidung triffst, dann gilt sie nicht nur für dich, sondern auch für die Menschen, die mit dir zu tun haben. Wenn du da ausscheren möchtest, gut, weiß du, die Welt ist groß genug.

Du kannst deiner eigenen Wege gehen und loslaufen, allein loslaufen.

Unsere Pflicht ist es, die Regierung zu erhalten, die uns vom Großen Gesetz gegeben wurde, und das Große Gesetz zu erhalten.

Eine Frau muss unabhängig sein

Mir wurde, als ich aufwuchs, beigebracht, unabhängig zu sein. Das ist nicht gerade das gleiche wie Souveränität. Meine Mutter hat mich zur Unabhängigkeit erzogen; als ich dann größer wurde und bestimmte Dinge tun wollte, konnte sie mir das nicht verwehren, denn sie hatte mich ja so erzogen. Sie verfing sich in ihrem eigenen Netz.

Eine Frau im Reservat muß unabhängig sein. Sie muß einen Reifen wechseln und einen Ölwechsel machen können und viel handwerkliches Geschick haben, denn die Männer müssen wegfahren, um Arbeit zu finden. Manchmal bleiben sie über einen Monat weg.

Die Mohawk-Frauen müssen für ihre Kinder Mutter und Vater sein, weil es im Reservat einfach keine Arbeit gibt. Um einen Job zu bekommen, müssen die Männer woanders hinfahren.

Manchmal kommen sie nicht zurück. Wenn früher ein Kind nur die Mutter hatte und keinen Vater, wurde es von der Großfamilie aufgenommen. Es hatte haufenweise Mütter und Väter. Jeder sorgte für dieses Kind mit.

Die alte Lebensweise beibehalten

Du wendest dich niemals von deinem Volk ab, niemals! Meine Großmutter sagte: »Wenn du weggehst von hier und draußen arbeitest, dann kaufe niemals irgendwo anders ein Haus, denn wenn du das tust, kommst du nicht mehr zurück. Kaufe also niemals draußen ein Haus. Und heirate niemals einen Mann mit weißer Haut, auf gar keinen Fall!«

Wenn eine meiner Töchter mit einem weißen Mann losziehen würde, wüßte sie, welche Konsequenzen das hätte.

Selbst wenn sie Kinder bekäme, wüßte sie, daß diese Kinder vom Erbe der Hotinonshonni ausgenommen wären.

Und du heiratest auch niemandem von deinem eigenen Klan. Du kannst in andere Klans einheiraten, aber nicht in deinen eigenen. Als meine Tochter 15 war, traf sie sich immer mit jemandem aus Akwesasne. Das erste, was ich sie fragte, war, ob seine Mutter Wolf war. Wenn ja, würde ich zu meiner Tochter sagen: »Du kannst nicht mit ihm gehen.«

»Warum?«

»Er ist Wolf. Seine Mutter gehört zum Wolf-Klan. Du kannst nicht mit ihm gehen, denn wenn du dich emotional auf ihn einläßt, tust du etwas Verbotenes. Du kannst nicht innerhalb deines eigenen Klans heiraten.«

Du versuchst deine Kinder, während sie aufwachsen, mit beiden Systemen vertraut zu machen – dem traditionellen System, dem Großen Gesetz, den Zeremonien, und dem System der Außenwelt. Das müssen sie auch kennen, um überleben zu können. Du kannst sie lediglich anleiten. Dafür sind Eltern da. Es kommt für mich überhaupt nicht in Frage, daß ich meine Tochter einfach losziehen lasse, nur weil sie 21 ist. Ich lasse sie erst los, wenn ich sterbe. Ich kann nicht anders. Ich bin ziemlich hart.

Sich den Missionaren unterwerfen

Die Kirche hat uns dazu getrieben, daß wir uns den Missionaren unterwerfen und uns dem Christentum anpassen. Trotzdem lebte das indianische Volk, wir alle, noch unser traditionelles Leben. Der einzige Unterschied war, daß sie sonntags in die Kirche gingen. Sie gingen nicht ins Langhaus, denn sonst hättest du als Heide gegolten, und es war eine Schande, für die Religion zu tanzen. Wo ist da die Schande?! Wenn du bei einer Zeremonie tanzt, tanzen die Frauen im Schleifschritt und kitzeln damit Mutter Erde. Ist das eine Schande?

Ich jedenfalls lebe nach meinen Traditionen, und auch wenn manche Leute vielleicht denken, ich würde in New York ein lockeres Leben führen, fahre ich doch nach Onondaga, um an den Zeremonien teilzunehmen. Das ist meine Pflicht. Ich sage in der Schule, daß ich mit meinen beiden Kindern zehn Tage zum Mittwinter-Fest fahre. Ich sage: »Wir haben bei uns keine Weihnachtsferien und auch keine Neujahrsferien. Unsere Festlichkeiten sind im Januar. Wenn ihr meinen Kindern helfen könnt, die Hausaufgaben für diese zehn Tage nachzuholen, wunderbar. Aber wir fahren auf jeden Fall!«

Mutter war eine fromme Katholikin

Meine Mutter war eine fromme Katholikin. Ich konnte sie nie bewegen, ihre Einstellung zu ändern, und trotzdem sagte sie zu mir: »Dies ist das Leben, das du dir ausgesucht hast. Dieses Langhaus. Dann lebe danach.«

Ich sagte: »Aber Ma, wir haben immer danach gelebt. Der einzige Unterschied ist, daß wir nicht zu unseren Zeremonien gehen.«

Wir haben über das Langhaus gesprochen, bevor sie gestorben ist. Ich sagte im Scherz: »Und du würdest eher sterben, als mit mir ins Langhaus zu gehen?«

Da schoß sie zurück: »Wage es bloß nicht!« Sie muß gedacht haben, daß ich sie zur Beerdigung dorthin bringen lassen würde. Deswegen gab sie mir genaue Anweisungen. Ich habe sie bis auf's i-Tüpfelchen befolgt, fünf Jahre dafür bezahlt, daß jährlich eine Gedenkmesse für sie abgehalten wurde. Ich tat, was sie mir aufgetragen hatte. Nach fünf Jahren war es abgeschlossen. In unserer Gemeinschaft gehen wir anders vor. Zehn Tage nach dem Tod findet ein Fest statt, und damit ist die Sache erledigt. Endgültig. Aber wer macht das schon noch? Selbst das machen wir heute kaum.

Wir haben kein Wort für »Tante« und »Onkel«

Mein Vater verließ uns. Er kam mit der ganzen Situation nicht klar. Also nahm meine Großmutter die Sache in die Hand und sagte zu meiner Mutter, sie solle nach Hause

kommen. Du kannst deine Kinder nicht allein großziehen. Du brauchst andere Menschen, die dir dabei helfen. Wir gingen zurück zu meiner Großmutter, wo auch deren Mutter lebte – die Mutter meiner Großmutter, meine Mutter und ich. Vier Generationen von Frauen unter einem Dach

Und all die anderen Frauen . . . du hast nicht »Tante« zu ihnen gesagt. Wir haben kein Wort für »Tante« und »Onkel«. Sie sind alle Mütter. Und die Männer sind alle Väter.

Mit der Urgrossmutter auf dem Aussenklo

Ich weiß noch, wie ich mit meiner Urgroßmutter aufs Außenklo ging. Dort gab es zwei Sitze, einen für Kinder und einen für Erwachsene. Da saßen wir beide oft nebeneinander, und was sie mir da alles erzählt hat! Sie war 1880 geboren, das ganze Wissen der Alten vor dieser Zeit war noch an sie weitergegeben worden. Selbst das Außenklo war ein Ort, wo

die Lehren weitergegeben wurden! Wir saßen immer lange dort. Die Tür ist offen. Außer uns war niemand da. Wir sind fertig, und sie sagt: »Jetzt lauf los und hole einen Waschlappen. Wir wollen uns die Hände saubermachen, und dann gehen wir Traubenkirschen pflücken.«

Ich habe seit vierzig Jahren keinen Traubenkirschenbaum mehr gesehen. Sie sind ausgestorben. Du kennst doch Weintrauben, dieser Baum hat kleine Beeren, nicht an einem Stiel, sondern kurze Reben mit Beeren, nicht größer als grüne Erbsen, aber mit Kernen. Du hast sie in den Mund geschoben, die Zähne zusammengebissen und den Stiel rausgezogen. Dann hast du sie gekaut und die Kerne ausgespuckt. Köstlich! Als Kind kannte ich nur diese Art Weintrauben.

Man hat uns darauf aufmerksam gemacht, was es rund um uns alles Wunderbares gab, und man brachte uns bei, mit unserer Umwelt achtsam umzugehen. Nimm zum Beispiel den Brunnen, an dem wir unser Wasser holten. Diesen Brunnen hatten meine Großmutter und ihr Mann mit eigenen Händen gebaut. Wir alle sind mit diesem Wasser groß geworden. Alle drei Jahre, wenn das Wasser ganz niedrig stand, kam einer der Neffen meiner Großmutter, schöpfte alles Wasser aus dem Brunnen und schrubbte die Steine mit einer Bürste sauber. Er benutzte sogar noch ein altes Handtuch dazu. Und wenn dann das Wasser wieder zurückkam, meine Güte, so eiskaltes Wasser hast du noch nicht getrunken, dabei lebten wir nicht in den Bergen, in Caughnawaga ist es flach. Das sind so die Erinnerungen.

Mit reinem Herzen leben

Wie kannst du deinen Kindern so etwas beibringen, wenn du dir das Hirn mit Alkohol vernebelst? Dann lebst du nicht mit reinem Herzen. Die Kinder wissen das, und wenn sie erst zwei Jahre alt sind. Sie riechen den Alkohol und werden auch besoffen.

Wie sagte man uns: »Laß nicht zu, daß jemand, der nach Alkohol riecht, dein Kind auf den Arm nimmt. Denn das Kind riecht den Alkohol, und er wandert in seinen Magen. Laß keinen in dein Haus, der eine Schnapsfahne hat. Finde eine gute Ausrede. Sag: ›Ich muß gleich weg, ich habe keine Zeit.‹

Wenn sie beim nächsten Mal wieder angetrunken sind, sagst du das gleiche. Irgendwann kommt es schon an.«

Ich habe keinen Alkohol zu Hause. Ich habe sehr oft Gäste hier. Viele trinken gerne Wein und bringen welchen als Geschenk mit. Ich lasse nicht zu, daß er mir ins Haus kommt.

Ein Freund meiner Tochter kam einmal, um sie abzuholen. Ich sah auf dem Rücksitz seines Wagens eine Kiste Bier. Also sagte ich zu ihm: »Verschwinde aus dieser Einfahrt und komm ja nicht wieder mit Bier, Wein oder sonst einem Alkohol hier an. Ich will das Zeug hier nicht haben. Wenn du eine Kiste Sodawasser da stehen hättest, wäre ich auch skeptisch, denn womit willst du das Soda mixen? Meine Töchter gehen nicht mit dir aus.«

Weisungen können im Traum zu dir kommen

Weisungen können im Traum zu dir kommen.

Weisungen können auch zu dir kommen, wenn dich etwas sehr trifft, wie der Tod deines Vaters, oder du verlierst deine Arbeit, verlierst ... weißt du, wenn du an diese Kreuzung kommst und nicht weißt, in welche Richtung du gehen sollst.

Manchmal findest du genau dann heraus, wie deine Weisungen lauten und welchen Weg du nehmen mußt.

Dann trittst du zehn Schritte zurück und betrachtest das ganze Bild. Und du sagst: »Aha, diese Richtung werde ich einschlagen, und so sehen meine nächsten Schritte aus.«

Redefreiheit praktizieren

Ich hatte höllische Angst, das Hunter College und den Klassenraum, wo meine Studenten schon warteten, zu betreten, aber bevor ich zu Hause aufbrach ... Ich halte zu Hause meine eigenen Zeremonien ab, so daß mich da draußen nichts umwerfen kann. Nichts! Absolut gar nichts! An jedem Semesterende stehe ich an der Tür und gebe allen die Hand. Und im letzten Frühjahr sagte eine Studentin zu mir: »Kann ich offen mit Ihnen reden?«

Ich sagte: »Ich habe Ihnen vom ersten Tag an gesagt, daß hier Redefreiheit herrscht. Sie können alles sagen, was Ihnen auf der Zunge brennt.«

Sie sagte: »Sie sind ein richtiges Biest.«

Aber siehst du, sie hatte mich ja um Erlaubnis gebeten, offen sprechen zu dürfen, und das sagte sie nun mal.

Dann sagte sie noch: »Aber ich kenne niemanden, der so gerecht ist wie Sie.« Das war das beste Kompliment, das man mir machen konnte.

Als die Arbeit des Friedensstifters erledigt war

Der Onkel meiner Freundin erzählte uns diese Geschichte von unserem Friedensstifter.

Als die Arbeit des Friedensstifters im ganzen Bund erledigt war, sagte er zu seinem engsten Freund Ayawentha, der in dem Gedicht Hiawatha heißt: »Ich werde jetzt gehen.«

Ayawentha sagte: »Ich möchte nicht, daß du gehst. Warum bleibst du nicht hier? Wir könnten soviel zusammen machen.«

Er sprach: »Nein, wir haben alles getan. Meine Arbeit ist erledigt.«

»Wohin gehst du?«

»Nach Osten.«

»Wohin im Osten?«

»Ganz weit nach Osten.«

»Kann ich mit dir kommen?«

Er sagte: »Nein, dein Platz ist hier.«

Das alles ist mündlich überliefert.

Er sagte: »Wenn ich dort ankomme, wo ich hin will . . .«

»Wirst du jemals zurückkommen?«

Der Friedensstifter sagte: »Nein. Aber wenn ich sterbe, wirst du wissen, wo ich hingehe.«

Er sprach: »Wie werde ich das erfahren?«

Er sagte: »Durch diesen Baum! Wenn du Kerben in diesen Baum schneidest und sein Saft fließt aus, dann weiß du, daß ich tot bin.«

Wie oft haben Menschen Ahornbäume angekerbt, und ihr Saft floß heraus? Als er dorthin ging, haben sie ihn getötet. Sie werden niemals in Frieden leben, niemals. So sieht das für uns aus. Sie werden niemals in Frieden leben.

Die Europäer schauen sich auf jedem Kontinent danach um, was sie brauchen. Aber sie haben es immer noch nicht herausgefunden. Sie sollten zurückgehen und wiedergutmachen, was sie angerichtet haben. Dann werden sie es herausfinden.

Was Disziplin betrifft, unsere Tradition besagt, daß du das Kind mit zu dem Busch nimmst, der wächst ... zur roten Weide.

Mal sehen, wieviel Disziplin das Kind hat. Es schneidet einen Weidenzweig für seine eigene Bestrafung ab. Streift alle Blätter ab, und der Zweig ist etwa einen Meter lang, gibt ihn Vater oder Mutter, und die schlagen das Kind dreimal – nicht öfter, denn sonst würden sie dem Kind absichtlich wehtun –, und dann nehmen sie den Weidenzweig mit nach Hause und stellen ihn irgendwo hin, so wie: da steht er, da steht er. Und jedesmal, wenn das Kind ihn anschaut, weiß es, er steht da, weil es ihn selbst abgeschnitten hat; und es nimmt sich sehr in acht.

Eines Sonntags war ein kleiner Junge im Langhaus. Als der Tanz zu Ende ist, kommt er zurück zu seiner Mutter und rennt auf sie zu. Er ist zweieinhalb Jahre alt. Er stieß mit jemandem zusammen und fiel hin. Sein Gebrüll war nicht auszuhalten. Er brüllte wie am Spieß. Seine Mutter ging mit ihm nach draußen. Ich weiß nicht, woher sie das Glas Wasser hatte, aber als er nicht aufhörte, schüttete sie ihm das Wasser ins Gesicht. Das ist in meiner Kultur eine traditionelle Strafe. Er hörte einfach nicht auf. Sie holte ein zweites Glas Wasser. In dem Augenblick kam ich dazu. Ich sah, wie sie das Glas Wasser über ihn schüttete. Seine Kleider waren ganz durchnäßt. Sie hielt ihn am Handgelenk fest. Ich sagte zu ihr: »Laß ihn los.«

Als sie ihn losgelassen hatte, machte er weiter, aber jetzt ist es ganz allein seine Sache. Er steht jetzt für sich. Er steht auf seinen eigenen zwei Beinen, und will zu ihr. Als er sich an sie hängte, schob sie ihn weg. Sie hatte gehört, daß ich gesagt hatte, laß ihn los. Sie hatte verstanden, daß das bedeutete, laß ihn die Sache selbst austragen. Ich mußte nichts weiter sagen.

Als das nicht funktionierte, schlug er sie. Sie packte ihn am Handgelenk und gab ihm einen Klaps auf die Hand. Er

hat sie bestimmt sechsmal geschlagen. Die Klan-Mutter kam und gab ihr Wasser. Sie sagte: »Ich habe bereits zwei Gläser über ihn geschüttet.«

Die Klan-Mutter sagte: »Ein drittes kann nicht schaden.« Und sie gab's ihm mit dem Wasser ... die Klan-Mutter.

Dann sagte ich zu dem Jungen: »Reicht das noch nicht?«

Er stand neben dem Langhaus und schrie. Er führte einen Tanz auf, so außer sich war er. Aber vergoß nicht eine einzige Träne, nicht eine eine. Nachdem wir miteinander geredet hatten, beruhigte er sich.

Ich frage seine Mutter: »Seit wann macht er das?«

Sie sagte: »Erst seit einem Monat.«

Ich sagte: »Wo hat er das her? Bei wem hat er das gesehen? Du mußt zurückverfolgen, wo das passierte, wenn du dich erinnern kannst. Und wenn du's weißt, mußt du mit ihm reden und ihm sagen, daß das Benehmen dieses Menschen für euch nicht in Frage kommt. Und das wird gespeichert, denn in diesem Hinterkopf hast du einen Computer. Der speichert das. Momentan mag einem das nicht bewußt sein, aber es ist da, über Monate und Jahre.«

Mit Kindern gibt es einen wichtigen Punkt: Wir müssen sie an Dinge erinnern, die vorbei sind, damit sie sie nicht vergessen. Von allen Seiten prasselt so viel auf sie ein – Bücher, Telefon, Fernsehen, CDs. Ihr Kopf ist dermaßen vollgestopft mit Mist, sie überlegen gar nicht, was es heißt, wie ein menschliches Wesen zu leben.

Unsere Sprache ehrt die Frauen

Im Indianischen sind die Worte weiblich; sie ehren die Frauen; *unsere Sprache ist weiblich*.

Im Spanischen sind all die Endungen auf »o« männlich. So ist es in unserer Sprache nicht. Sie ist weiblich. Sie ist leicht, nicht grob, nicht hart. Wenn du in dieser Sprache schimpfst, tut es nicht so weh. Ich schimpfe mit meinen Kindern auf Mohawk, denn das klingt nicht so hart. Im Englischen klingt es hart. Deswegen habe ich gelernt und mir beigebracht, indianisch zu denken und englisch damit rauszukommen.

Betrachte die Erde und die Frau als ein und dasselbe

Wenn ich schwanger bin, ist auch mein Mann schwanger. Wenn ich das Baby zur Welt binge, bin das nicht nur ich, sondern auch er. Das Verhalten des Babys hängt davon ab, wie er mich behandelt.

Männer, die dazu erzogen wurden, Frauen zu achten, die dazu erzogen wurden, die Erde wie eine Frau zu respektieren, für die die Erde und die Frau ein und dasselbe sind – das sind richtige Männer.

Alles, was gebären kann, ist weiblich. Wenn Männer anfangen zu begreifen, wie alles im Universum zusammenhängt, zu begreifen, was Frauen schon immer wußten, dann wird die Welt sich zum Besseren ändern.

Die Lehren stammen von den Frauen, sämtliche Lehren. Sämtliche Lehren stammen von der Frau. All diese Regierungen und Länder gingen zugrunde, weil die Frau unterdrückt wurde. Wenn du die Frauen ehrst, läuft alles gut. In der Bibel heißt es, du sollst deine Mutter ehren, stimmt's? Und wie viele Leute glauben an die Bibel, ohne ihre Mutter zu ehren?

Ich könnte auf keinen Fall mit einem Mann zusammenleben, der rausgeht in die Welt, ohne daß ich wüßte, was er tut. Und genauso weiß er, wo ich bin, was ich tue und wie lange, und er muß nicht anrufen, um sich zu überzeugen, daß ich dort bin. Mein Wort bürgt dafür. Und das gleiche gilt auch für ihn.

Ich muss mich nicht beweisen

Als man mir zum ersten Mal sagte, ich sei eine Feministin, hielt ich das für eine Beleidigung. Nein. Ich muß keinem Mann beweisen, wie stark ich bin. Ich muß niemandem beweisen, was ich kann. Ich muß mich nicht beweisen.

Seit ich ein kleines Mädchen war, seit der Zeit, als ich in der Schule angemeldet wurde, heiße ich Lorraine Canoe. Canoe, das ist der Name meines Vaters, sein englischer Name. Ein guter Name! Ich mag ihn! Ich werde ihn auf keinen Fall ändern. Ich werde mit diesem Namen sterben. Manche Frauen heiraten und können es kaum abwarten, ihren Namen zu ändern. Ich verstehe das nicht. Ich verstehe nicht, daß die ihren Namen ändern. Ich denke, das ist anerzogen. Die Leute bekommen das beigebracht. Man bringt ihnen bei, wenn du heiratest, bist du Frau Soundso.

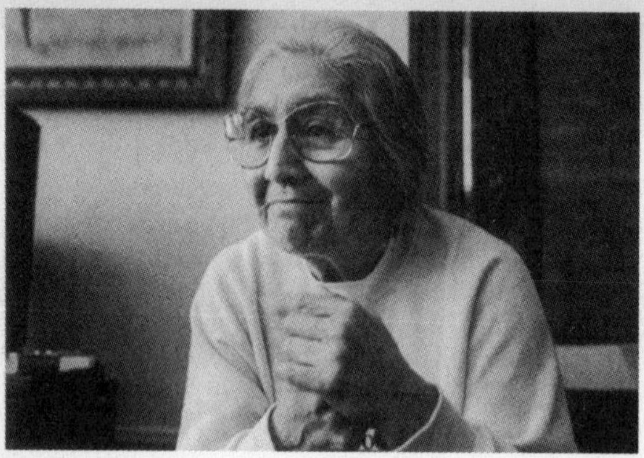

Kanaratitake. Das ist das einzige, was ich vor meinem Namen stehen haben will, denn dieser Name wurde vor meiner Geburt ausgesucht. Niemand vom Stamm der Mohawk trägt diesen Namen.

Jeder hat seine Rolle

Ich habe schon mit sechs Jahren die Arbeiten einer Frau getan. Mein Bruder war erst drei, und meine Mutter ging arbeiten, sie hatte einen zweiten Job. Ich sorgte dafür, daß wir einen Happen aßen, bevor wir um acht Uhr zu Bett gingen. Ich sorgte dafür, daß er saubere Hände hatte, und kümmerte mich um ihn. Ich übernahm ihre Rolle.

Die Rolle der Frau besteht darin, sich um die Kinder zu kümmern, ob es deine eigenen sind oder nicht. Der Mann sorgt dafür, daß Geld für Essen da ist, verrichtet die schweren Arbeiten. Aber die Stammutter der Familie hat die Fäden in der Hand. So klappt es. Manchmal gefällt es dir nicht, aber du sagst nichts.

Wir alle haben unsere Pflichten. Das reicht weit zurück zu unseren Wurzeln. Indianer und Nicht-Indianer. Jeder hat seine Rolle.

Wenn du zwei Rollen erfüllst, die Männer- und die Frauenrolle, dann bist du wirklich Spitze.

Frauen müssen nicht arbeiten gehen. Wenn du ein Baby bekommst, bist du neun Monate schwanger. Das Baby wird geboren. Es wird drei, es wird sechs Wochen alt, und es braucht dich, ob du stillst oder nicht. Das Baby braucht seine Mutter. Es braucht dich bis zum Alter von fünf Jahren. Wenn du dich mit diesem Kind auseinandersetzen mußt, wenn es zehn oder fünfzehn Jahre alt ist, und du hast es zwischen seiner Geburt und seinem fünften Lebensjahr nicht entsprechend vorbereitet, kannst du es vergessen.

Wenn jemand mein Kind großzieht, dann doch wohl ich. Ich glaube, Sarah war sechs und Monica acht, als ich wieder arbeiten ging. Ich mußte gut planen und auf manches verzichten. Aber ich tat es. Es hat ihnen nicht geschadet. Ich habe mich nicht verändert. Ich bin immer noch so eigenbrötlerisch wie immer. Halsstarrig!

Leben nach dem Tod

Leben nach dem Tod! Ich weiß, daß es das gibt! Wenn ich mit Nadel und Faden nähe, sehe ich in meinen Händen die Hände meiner Großmutter.

Wenn ich abwasche oder putze, sehe ich die Hände meiner Mutter. Ich weiß, was meine Mutter für mich getan hat. Ich sehe sie, wenn ich das gleiche für meine Töchter tue.

Ich habe nicht geweint, als meine Mutter starb. Es gab zuviel zu tun, denn wir mußten nach Montreal ins Krankenhaus fahren. Ich hatte die Zeit nicht, und ich wollte meinen Kindern das ersparen, diese Erfahrung, mich weinen zu sehen. Das einzige, was ich zu ihnen sagte, war: »Meine Mutter ruht jetzt. Niemand kann sie mehr aufregen, ärgern oder verletzen . . .«

Es war vorbei; es war erledigt. Aber ich hob mir das Weinen bis zur Rückkehr nach Brooklyn auf. Und der Schmerz ging wirklich tief. Mein Mann sagte: »Lorraine, pack deine Sachen und fahre nach Caughnawaga; geh zurück in das Haus und bleib dort so lange, bis du darüber weg bist. In dieser Verfassung kannst du nicht bleiben.«

Damals tat es enorm weh ... als ich nach Brooklyn zurückkam ... denn ich konnte nicht mehr einfach den Hörer abheben und sie anrufen. Also ging ich allein nach Caughnawaga zurück, und ich hatte die Fenster verdunkelt, weißt du. Ich ließ die Fensterläden zu, während ich im Haus war. Meine Freundin Eleanor sagte zu mir: »Warum wohnst du dort? Komm und wohne bei mir.«

Hören, wie die Erde auf den Sarg fällt

Heute bringt mich das in Schwierigkeiten. Meine Urgroßmutter starb im Januar, zur Zeit des stärksten Frostes. Beerdigt von der katholischen Kirche. Als wir aus der Kirche kamen und am Grab standen, wurde der Sarg hinabgelassen, und die Männer hoben Erde auf, die gefroren war, und man hörte sie auf den Sarg fallen. Das traf mich wirklich vernichtend. Aber diesen Prozeß machen wir alle durch, auch die vom Langhaus; nicht nur die Katholiken. Wir kamen nach Hause und aßen und tranken etwas Warmes, und mein Bruder und ich haben früher immer oben auf der Treppe gesessen, um den Erwachsenen aus dem Weg zu sein, ihnen aber dennoch zuzuhören, während sie sich unterhielten. Er und ich saßen also da oben und redeten miteinander; wir sind die ältesten von den Enkeln. Mein Onkel fuhr damals immer nach Montreal und brachte das *Life*-Magazin mit und die Berichte aus dieser Zeit; ich rede jetzt von der Zeit vor 50 Jahren, damals war Gandhi gerade gestorben, und sie zeigten, wie der Altar für ihn gebaut wurde. Sie legten den Körper obenauf, und ein Mitglied seiner Familie zündete den Holzstoß an, um den Toten einzuäschern. Ich konnte lesen. Und bei der Beerdigung meiner Urgroßmutter im Januar beschlossen wir, uns einäschern zu lassen. Wir beschlossen, uns niemals begraben zu lassen, weil es so niederschmetternd für uns war – das Eis, das laut auf den Sarg fiel.

Mein Bruder ging nie ins Langhaus. Als er starb, lautete seine Anweisung, daß er eingeäschert werden sollte. Und

das geschah. Seine Frau behielt die Asche. Sie erzählte mir, sie habe die Urne auf den Stuhl gestellt und morgens mit ihm Kaffee getrunken.

Ich sagte: »Du hast einen Vertrag mit ihm geschlossen, als du ihn in der Kirche geheiratet hast. Bis daß der Tod euch scheide. Nun, der Tod hat euch geschieden. Er ist mein engster Verwandter. Ich möchte, daß seine Asche zurück in die Erde kommt.«

Ich rief meine Kusine an und sagte: »Geh und hilf ihr.« Sie besorgten sich einen Korb aus Süßgras. Ich sagte: »Nehmt das Tuch vom Küchenschrank, ein sauberes Geschirrtuch oder sonstwas, legt es in den Süßgraskorb, öffnet die Urne und schüttet die Asche hinein.« Sie gruben ein Loch in das Grab meiner Mutter und vergruben die Asche dort. Ich wollte nicht, daß mit seiner Asche Kaffee getrunken wurde.

Also dieses Versprechen, das ich meinem Bruder vor etwa fünfzig Jahren gegeben habe, das macht mir jetzt Schwierigkeiten. Werde ich eingeäschert werden, wenn ich in New York sterbe? Denn wenn ich hier sterbe, geben sie irgendein Zeug in meine Venen . . . ich werde einbalsamiert. Wenn ich einbalsamiert werde, ist es scheißegal, wo ich gerade bin. Ob sie mich wohl von New York nach Akwesasne oder Caughnawaga bringen, damit ich bei meinen Leuten begraben werde? Denn von meinen Leuten wird doch erwartet, daß sie sich auf heiligem Boden aufhalten. Ich kann aber jetzt nicht dorthin gehen. Der Boden ist mir ganz egal, ja. Wie geht es mit mir weiter, wenn ich gestorben bin? Das macht mir Kopfzerbrechen.

Musik

Wenn du Musik hören willst, Musik, die von Menschen gespielt wird, kannst du nur der Wassertrommel oder der Schildkrötenrassel zuhören. Es gibt aber auch andere Möglichkeiten, Musik zu hören. Setz dich nach draußen und hör zu, wie die Vögel singen, sich streiten. Sie streiten sich, Vögel streiten, und wenn du ihnen zuhörst, brauchst du keinen Psychiater. Du brauchst keinen Therapeuten; du brauchst niemanden, wenn du den Vögeln zuhörst.

Du kannst dich auch ans Wasser setzen und dem Fluß zuhören, denn er spricht zu dir. Oder den Bäumen. Dem Geräusch der Blätter und Zweige, wenn der Wind heftig in sie hineinfährt, wenn es knackt, und er wiederkommt. Das ist Musik.

Die Erde erzählt uns etwas

Vielleicht erzählt uns die Erde etwas. Was haben wir gelernt aus der Verarbeitung von Uran, aus der Anwendung von Uran und der Zerstörung des Grundwasserspiegels beim Abbau von Uran aus der Erde? Nicht nur auf diesem Kontinent sind sie so vorgegangen, sondern auch in Afrika . . . um an Uran heranzukommen. Das ist Zerstörung.

Wieviel Respekt bringst du deiner Umwelt entgegen? Den Geist des Wassers, die Luft – all das brauchst du zum Leben . . . das ist das Leben, das dich trägt.

Das Zeug, das sie bei der Alcoa-Fabrik in den Sankt-Lorenz-Strom leiten – gut, der Fluß versucht sich selbst zu reinigen. Die Fische, die auf den Grund schwimmen, um ihn zu reinigen, die treiben dann mit dem Bauch nach oben an der Wasseroberfläche. Und trotz dieser Anzeichen merken sie immer noch nicht, wie schlimm es mit der Umweltverschmutzung steht. Wie können diese großen Schiffe immer noch da entlangfahren? . . . Ich habe Angst, diesen Fisch zu essen; ich esse keinen Fisch aus diesem Fluß. Ich esse keine Meerestiere, denn die meisten sind Aasfresser, man kann sich ja denken, was sie auf dem Meeresgrund finden, und das soll ich in meinen Körper lassen? Nein!

Er nahm die Kuhscheisse und packte sie auf meine Füsse

Ich spielte im Stall, und als ich runtersprang, trat ich in einen rostigen Nagel. Der bohrte sich durch meine Slipper. Der Mann da nahm eine Zange und zog ihn heraus. Dann holte er Wasser und goß es über meine Füße. In dem Stall waren Kühe. Eine Kuh hatte gerade geschissen. Er nahm eine Art Spachtel, nahm die Kuhscheiße, strich sie auf meine Füße, wickelte sein Taschentuch um meine Füße und trug mich nach Hause. »Laß das drauf!«

Am nächsten Morgen war das Loch in meinem Fuß so sauber wie weißes Papier. Die Scheiße hatte alles rausgezogen. Alles! Der Fuß heilte in drei Tagen. Glaubst du, Kinder von heute würden das zulassen?

Das gleiche kannst du auch mit Moos machen, wenn du dich geschnitten hast. Ich weiß noch, wie meine Mutter, als sie sich geschnitten hatte, in den Schuppen ging, wo wir das Holz aufbewahrten, und dort alle Spinnweben einsammelte. Nimm alle Spinnweben, forme einen kleinen Ball daraus, lege ihn auf den Schnitt und wickele etwas rum. Das stoppt die Blutung sofort. Bring keine Spinnen um! Das Netz ist Medizin. Von jeder Spinne.

Ich bin Wolf. Alle Wolf-Klan-Leute sind Sprecher. Die meisten Wolf-Klan-Leute sind Redner.

Ich hielt eine Rede in Rhyne, New York. Hinterher kam ich mit den Frauen zusammen. Sie fragten mich, ob es möglich wäre, daß ich wiederkäme, um nur mit Frauen zu reden. Ich sagte: »Klar komme ich wieder. Samstag ist ein guter Tag, denn da muß keiner arbeiten.«

Ich schlug vor, einen Gesprächskreis einzurichten. Nur mit Frauen. Du eröffnest ihn, indem du dich bedankst. Dann entscheiden die Frauen, ob der Kreis geschlossen oder offen sein soll – das heißt, am Ende können sie nicht hingehen und darüber reden. Hier entschieden sie, daß er geschlossen sein sollte. Da sitzen also diese Frauen, die darauf vertrauen, daß unter uns bleibt, was sie sagen. Und was du mit dabeihast, was ich dabeihabe, ist ein Stock, ungefähr so lang, mit vier Adlerfedern. Der ist mir auf dem Längsten Gang gegeben worden. Den benutze ich als Redestab. Wenn ich mit meinen Anweisungen fertig bin, verbrenne ich Salbei. In dem Raum darf nicht geraucht werden, aber ich verbrenne Salbei. Und dann gebe ich den Stab der Frau zu meiner Rechten, das heißt, wir gehen gegen den Uhrzeigersinn im Kreis rum. Eine der Teilnehmerinnen war eine Nonne, sie war 75 und im Ruhestand. Sie sprach über ... etwas, was ihr Leben betraf. Als sie fertig war, sagte sie zu mir: »Wo warst du vor 40 Jahren, als ich dich brauchte?«

In dem Kreis saßen eine Großmutter, ihre Tochter und zwei Enkelinnen, denn ich hatte gesagt, daß der Kreis für alle Frauen offen ist, nicht nur für die verheirateten. Die jüngste von uns war zwölf Jahre. Sie brachte uns alle zum Weinen ... was sie uns sagte! Ihre Schwester schluchzte.

Viele wollten reden, hielten sich aber zurück. Ich weiß, daß sie sich zurückhielten. Ich konnte es ihnen am Gesicht ablesen.

Der Gesprächskreis reicht weit, weit zurück. Die Treffen der AA (Anonymen Alkoholiker, Anm. d. Ü.) gehen auch darauf zurück. Davon stammen sie ab. Bei den Indianern

dauern diese Kreise manchmal Tage, denn wenn der erste Tag zu Ende geht . . . sagen wir um 17 Uhr, und du bist noch nicht fertig, machst du am nächsten Tag da weiter. Das kann tagelang so weitergehen. Nicht-Indianer haben Zeitprobleme. Indianer haben die Zeit. Ich fand heraus, daß Frauen reden wollen. Es ist Zeit für die Frau. Es ist an der Zeit, zu reden und Dinge ins rechte Licht zu rücken, es ist an der Zeit, daß Frauen aufstehen. Und wenn die Welt die Frauen achtet, die Mütter und Mutter Erde, wird es allen bessergehen.

Kommt, wir gehen Beeren pflücken

Meine Großmutter war bei uns zu Hause die Familienmutter. Sie sagte zu uns: »Wenn ihr etwas macht, und ich denke, das geht so besser oder leichter, werde ich euch das sagen. Denn wie wollt ihr gesunden Menschenverstand entwickeln, wenn ich nichts sage?«

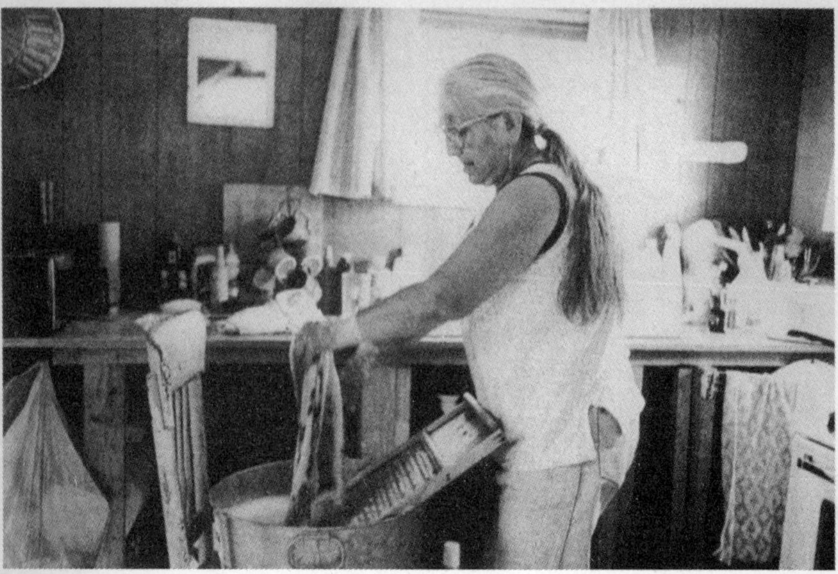

Meine Großmutter konnte kein Englisch, die Generation meiner Mutter war die erste, die Englisch sprach – aber wer wollte meine Großmutter als Analphabetin bezeichnen? Wenn ich jemanden das Wort *Analphabet* sagen höre, könnte ich ihm an die Gurgel fahren. Dieses englische Wort *Analphabet* macht mich ganz wütend. Meine Großmutter war keine Analphabetin. Sie war klüger als ein Mensch mit Doktortitel. Viel klüger.

Meine Großmutter sagte immer: »Wenn ihr an einen Punkt kommt, wo ihr nicht weiterwißt, was macht ihr dann?«

Meine Großmutter hatte dafür folgende Therapie: Sie holt den Eimer, macht alles fertig, sorgt dafür, daß wir früh ins Bett kommen, weckt uns morgens um halb sechs und sagt:

»Kommt, wir gehen Beeren pflücken.«